나는 87년생 초등교사입니다

나는 87년생 초등교사입니다

1판 1쇄 발행 2020. 5. 8.
1판 5쇄 발행 2024. 5. 10.

지은이 송은주

발행인 박강휘
편집 구예원 디자인 홍세연 마케팅 김새로미 홍보 김하은

발행처 김영사
등록 1979년 5월 17일(제406-2003-036호)
주소 경기도 파주시 문발로 197(문발동) 우편번호 10881
전화 마케팅부 031)955-3100, 편집부 031)955-3200 | 팩스 031)955-3111

값은 뒤표지에 있습니다.
ISBN 978-89-349-8635-5 03370

인스타그램 instagram.com/gimmyoung   블로그 blog.naver.com/gybook
페이스북 facebook.com/gybooks   이메일 bestbook@gimmyoung.com

좋은 독자가 좋은 책을 만듭니다.
김영사는 독자 여러분의 의견에 항상 귀 기울이고 있습니다.

나는 87년생 초등교사입니다

열정과 타협 사이에서 흔들리는
밀레니얼 교사들의 이야기

송은주 지음

김영사

프롤로그

나는 미래가 두렵다

"군인입니다. 전역이 안 보입니다." 어떤 군인이 고민상담 글을 올렸다. 시간이 가는 줄은 알겠는데 끝이 안 보이니 진심으로 답답해서 올린 고민일 것이다.

답변이 달렸다.

"전역요? 그게 보이지 않는 게 정상이죠. 병장은 보이시는지?"

답변을 보고 웃기는 했지만 군인의 질문도, 응답도 이해가 됐다.

나는 대한민국의 초등교사. 2011년에 발령을 받아 6년을 보내고 4년째 휴직 상태이다. 일을 하던 중간에 출산과 육아로 이렇게 쉬어갈 수 있다는 것은 참 감사한 일이다. 경단녀(경력

단절여성)가 되지 않고 돌아갈 곳이 있다는 건 엄청난 위안이고 힘이다.

그런데 다시 학교로 돌아갈 생각을 하면 나도 두렵다. 새로 바뀌었을 학교가? 아니다. 학교는 쉽게 바뀌지 않는다. 업무 처리 방법 등이 바뀌긴 했겠지만 적응하면 된다. 더 영악해졌을 아이들이? 아니다. 아이들도 걱정하지 않는다. 나는 성선설을 믿는다. 아이들은 여전히 순수할 것이다(아마도). 워킹맘으로 살 것이? 아니다. 나는 엄마로서 내 일을 사랑하며 사는 모습을 아이에게 보여줄 수 있다는 것이 행복하다.

그렇다면 "정년도 보장되고 복지도 좋고 월급 걱정도 없는데 도대체 두려운 게 무엇이냐?"라고 사람들은 물을 것이다. 나는 바로 그것이 두렵다. 정년도 보장되고, 좋은 복지에 월급 걱정도 없다는 사실이 두렵다. "배가 불렀구나." "이게 무슨 궤변이냐." 심지어 누군가는 "국민 세금으로 좋은 거 다 하면서 뭐가 무섭다는 말이냐!" 하며 분개할지도 모른다.

교사가 힘들다고 하면 사람들은 요즘같이 취업이 어렵고 먹고살기 힘든 때에 공무원이자, 아이들과 함께하는 행복한 직업에 불만이 있다니 배가 불렀다는 말로 일갈한다. 그러나 나는 늘 배가 고팠다. 06학번으로 교대에 입학해서 1년 미국 유학 포함 5년을 예비교사로 살았다. 임용시험에 바로 합격하고 출산할 때까지 쉬지 않고 달렸다. 매년 새로운 경험과 도전이 있었다. 그사이에 두 번 6학년을 졸업시키고 석사 학위를 받고 다른 지역에서 임용시험에 한 번 더 합격했다. 2년 차에 맡았던 6학년 제자들은 이제 성인이 되어 동생 같은 존재가 되었다. 이렇게 보람차고 바쁜 시간을 보냈는데도 어딘가 항상 허전했다.

나는 그 이유를 휴직 기간 동안 찾았다. 답을 찾기는 생각보다 쉬웠다. 스스로에게 물었다. "너 같은 선생님이 네 아이의 선생님이라면 어떻겠니?"

아! 내 아이가 다닐 학교, 내 아이가 만났으면 하는 선생님, 우리 사회의 교육문제… 엄마로서 교사로서 살펴야 할 수많은 문제가 있었지만 결국은 모든 것이 이 질문에 가닿았다. 놀랍게도 나 같은 선생님이 내 아이의 선생님이 되기를 바라지 않는 나 자신을 발견했다.

솔직히 말하면 많은 아이들이 내 수업을 즐거워했다. 하지만 그게 다가 아니었다. 나는 때때로 게을렀고, 아이들의 본이 되기에는 미숙한 면도 꽤 많았다. 때로는 아이들이 무엇을 배워야 하는지, 어떤 사고 과정을 겪을지 본질적인 질문을 잊은 채 수업 준비를 했다. '있어 보일 것 같아서' 인터넷 초등교사 커뮤니티에서 공유되는 자료들을 다운받고, 그대로 활용했다. 직접 좋은 콘텐츠를 만들 때도 있었지만 별생각 없이 남이 해놓은 것을 그대로 다운받을 때가 훨씬 더 많았다. 생활지도는 더 어려웠다. 2년 연속 6학년 담임을 했던 3년 차까지, 나는 큰 목소리와 협박성 말투가 카리스마라고 믿었고, 담임의 그런 미숙함 속에 아이들은 상처를 받기도 했다.

또 익숙한 학교생활에 동화되어 그럭저럭 티 안 나게 해야 할 것만 해나가는 관성에 찌들어갔다. 조금만 노력해도 아이들은 감동했다. "선생님은 이런 거 도대체 어떻게 준비하세요?" 하며 좋아해주었다. 아예 노력하지 않는 것보다는 낫겠지만 나 자신과 아이들 모두를 성장시킬 수 있는 진지한 고민을 때때로 잊고 살았다.

이렇게 쓰니 참 부끄럽다. 하지만 사실이다. 분명 초임 때는 아이들과 하고 싶은 걸 하면서도 교육과정도 어떻게든 잘 해나갔는데. 더는 '어떻게든'이 힘들었던 걸까. 적극적으로 배우고 열심히 실천하려고 했던 신규교사의 열정을 잃어가면서 어느 순간부터는 "적당히 일하면 된다. 업무는 적을수록 좋다"고 생각하는 나를 발견했다. '적당히'라는 타성은 업무, 수업, 관계, 모든 곳으로 스멀스멀 퍼져가려고 했다.

무엇보다도 나를 가장 두렵게 한 것은 '정년이 안 보인다'는 사실이다. 명예롭게 정년퇴직을 하지 못할까 봐 걱정하는 게 아니다. 성찰과 낭만이 있는 교사가 아니라 적당히 되는 대로 월급만 받고 사는 '직업인'으로 정년만 바라보고 있을까 봐 두렵다. 일은 최대한 빨리 꼭 해야 할 것만 하고 퇴근 후에는 지쳐서 쓰러져 자거나 취미에 탐닉하는 교사가 될 수도 있겠지. 오늘도 별일 없이 보냈다는 사실에 안도하고 지긋지긋해하면서 사는 똑같은 일상. 아! 그런데 연금까지는 대체 몇 년이 더 남은 것이냐! 가끔 재확인하는 그런 인생. 정말로 철밥통이라는 말이 내 인생을 깡통처럼 만들어버릴까 봐 두렵다.

특기도 없고 성찰도 없는 교사로 30년을 넘게 살아야 가까스로 정년퇴직을 할 수 있다는 사실이 무서웠다. 수많은 시간을 기꺼이 즐겁게도 아니고, 나다워서 만족스러운 시간도 아닌 채로 보낼 수도 있다는 사실. 나 자신으로 실존하지 못하고 행복할 것 같지 않다는 게 가장 두려웠다.

이대로 살면 학교 밖에서나 안에서나 나를 필요로 할 자리도 없을 것 같고, 내 손으로 명예퇴직할 용기도 없을 것 같다. 그렇다고 명예든 정년이든 퇴직하면 혼자서 되는 대로 살 수 있게 연금이라도 충분할까? 내 세대는 그것도 아니다. 그러니 막막하고 두렵다.

아이들에 대한 사랑만큼은 대체 불가능하다고 자신하지만 사랑이 밥 먹여주지 않는다는 사실을 이미 잘 알고 있다. '그 넘치는 사랑과 사명감을 어떻게 전문성으로 표현하느냐' 하는 고민이 끊임없이 계속된다. 마음에는 사랑을, 손과 입에는 전문성을. 그게 교사의 미덕임을 지난 10년 동안 깨달았다.

그래도 나는 오랜 경력에도 끊임없이 고민하고 실험하는 선배선생님들을 보고 성장했다. 실제로 학교에는 훌륭한 선생님들이 많이 계시다. 다음 달에 명예퇴직하시는 선생님이 어제 연수에서 배운 걸 오늘 적용해본 경험을 나누어주실 때는 정말 존경스럽다. 그런 분들도 많기 때문에 나의 고백이 다른 선생님들의 노력까지 깎아먹진 않을까 조심스럽다. 그래서 이 고백이 선생님들은 게으르다거나 쉬지 않고 달려야 마땅하다는 의미로 받아들여지지 않았으면 좋겠다. 내 개인적인 고백으로 다른 선생님들을 비추어 평가하지 마시길 바란다.

이 고백이 공감되고 와닿는 선생님들도 분명 있으리라고 생각한다. 이미 이 모든 과정을 거쳐 성숙하게 영근 선배선생님들도 함께해주시리라 믿는다. 또 초등교사라는 직업이 누리는 많은 직업적 혜택을 생각하며 이 길을 고려하고 있을 예비선생님들, 학부모들도 가능하다면 이 책에서 돌아보는 문제들에 대해 한번쯤 함께 고민하고 선택해주었으면 좋겠다. 우리 모두 배부른 소크라테스가 될 수 있음을 믿는다.

3장 / 할 말은 하겠습니다

4장 / AI 시대를 준비하며

1장

밀레니얼 교사로
산다는 것

안정성을 추구하며 교직을 선택하는 경향이 세대의 특징이라니 약간의 죄책감도 덜어주며 나만 그런 게 아니라는 위안을 받았다. 또 교사가 된 후에도 왜 계속 '내가 잘하는 것' '잘할 수 있었던 것' '하고 싶었지만 용기가 없어 선택하지 못했던 길'을 잊지 못하고 끊임없이 되뇌며 사는지 의문을 좀 덜 수 있었다.

나는 밀레니얼 세대 교사다

어느 날 인터넷 뉴스 기사를 보다가 눈이 커졌다. 칼럼 제목은 〈세대교체 바람 부는 교단, '밀레니얼 세대'를 아십니까?〉였다. 칼럼에서는 2002~2011학번인 젊은 교사들을 밀레니얼 세대라고 불렀다. 어, 난데?

기사 내용은 이러했다. 밀레니얼 세대 교사들은 IMF금융 위기를 겪은 부모 세대를 보고 자랐기에 고용안정성과 경제적 안정을 보장하는 교직을 선호하기 시작했으며, 이들이 교직을 선택하는 데는 부모의 권유가 강한 영향력을 발휘했다는 것이다. 사회재건 세대로 사회 정의와 변화를 추구했던 부모 세대와 달리 밀레니얼 세대는 "교직을 통해 안정을 비롯한 기존 체제의 장점을 최대한 누리고자 하는 성향"이 두드러진다는 내용이었다.

그런 것 같기도 한데? 뭔가 체제에 순응하면서 장점만 취하는 느낌이라 거부감이 살짝 들면서도 수긍하게 되는 오묘한 기분이 들었다. 교육열 높은 중산층 부모 밑에서 자란 사람이 밀레니얼 세대 교사들 중에 많다는 점이 조금 달랐다. 나의 부모님은 중산층은 아니었지만 내가 배우고 싶다는 건 최선을 다해 지원해주신 교육열 높은 베이비붐 세대였다.

우리나라가 가장 어려울 때 어린 시절을 보냈고, 집안도 가난했던 아버지는 원하는 만큼 공부를 마치지 못하셨다. 자식이 돈 때문에 가고 싶은 대학을 못 가는 일은 없게 하려고 내가 어떤 학교, 어떤 과를 지원하든지 "너 하고 싶은 거 해"라고 하시며 응원하고 선택을 존중해주셨다. 그런데도 결국 내가 교대를 선택했다는 말은 초등교사라는 직업의 장점에 수긍하도록 어느새 동화되어 있었다는 뜻일까. 정확히 기억은 안 나지만 초등교사가 직업상 좋다는 말을 꽤 여러 곳에서, 아주 자연스럽게 들어왔다.

무엇이 나에게 교직을 선택하게 했을까? 대학 서열 경쟁을 피하려는 이유도 있었지만 인생을 결정하는 중대한 문제가 생각보다 그렇게 단순한 이유로 결정되는 건 아니었다.

교대 진학은 스무 살에 평생 직업이 결정되는 엄청난 선택이었다. 그만큼 교사라는 직업에 매력을 느껴야 했다. 나는 무엇보다 생계 걱정을 안 해도 될 만큼 매우 안정적인 직업인데다 육체적으로 힘들지 않고 존중받고 권위 있는 직업이라는 이미지가 마음에 들었다.

물론 요즘은 교사가 권위 있는 직업이라는 인식이 줄기는 했다. 2019년 5월 《교육정책포럼》에 발표된 〈교권침해 현황과 특성〉 통계 자료를 보면 2018년에만 2,454건의 교권침해 사례가 신고되었다. 고등학교 신고 건수는 하락세이지만, 중학교는 2016년에 857건이었던 신고 건수가 2018년에는 1,094건으로 늘었다. 특히 초등학교에서는 2014년 25건이었던 신고 건수가 2018년에는 122건으로 상승해 급증하고 있다. 상황이 이렇다 보니 존경받는 직업이라는 인식만으로 교직을 권하기는 힘들어졌다. 그런데도 여전히 우리나라 학생들은 교사라는 직업을 선호한다. 스스로 판단하고 결정하는 학생들도 있겠지만 교사가 최고라며 권하는 부모님들의 영향도 클 것이다. 공무원으로서 신분과 정년 보장, 일단 교사라고 하면 인정받는 듯한 인식도 있고, 높은 실업률 등 팍팍한 경제 현실을 보면 부모님들 입장에서 교사는 참 좋은 직업이다.

게다가 우리는 'N포세대'이다. 시사상식사전에는 N포세대를 다음과 같이 규정한다. "2015년 취업시장 신조어로 어려운 사회적 상황으로 인해 취업이나 결혼 등 여러 가지를 포기해야 하는 세대를 뜻하는 말." 기존 3포세대는 연애, 결혼, 출산을 포기했다. 여기에 내 집 마련과 인간관계를 포기하면 5포세대가 된다. 덧붙여 꿈과 희망을 포기하면 7포세대가 된다니

점입가경, 안타까울 뿐이다.

삶에서 기본적인 것들을 포기해야 하는 이유를 살펴보면 교사를 권하는 이유를 알 수 있다. 실업률이 높다는 말은 즉 취업이 어려우니 안정적인 수입 창출이 힘들다는 뜻이다. 경제상황이 어려워 어찌어찌 취업을 해도 언제 잘릴지 모른다. 연애하는 데도 돈이 드는데 결혼은 무슨! 아이 한 명 키우는 데 1억, 아니 3억이란다. 아무튼 억 소리 나는 출산 육아는 꿈도 꾸지 못한다.

그런데 교사가 되면 정년이 보장되는 안정적인 월급쟁이가 될 수 있을 것 같다. 게다가 출퇴근 시간이 사기업에 비해 잘 지켜지는 편이니 워라밸(일과 삶의 균형을 뜻하는 Work-Life-Balance의 줄임말)도 보장될 것 같다. 공무원이라고 국가에서 보장하는 많은 복지 혜택이 있어 결혼하고 미래를 준비하는 데 어려움이 덜할 테니 얼마나 좋은가. 게다가 초등 여교사는 일등신붓감이라고 하니 결혼시장에서 인기도 있을 것 같다. 진실이 그런지는 뒤에서 살펴보겠지만 아무튼 팍팍한 경제 상황을 피해가기에 교직은 참 좋은 안식처 같아 보일 만하다.

한국교육학회 학술지 〈밀레니얼 세대 초등교사 연구〉(2018)에서는 밀레니얼 세대 초등교사들의 특성을 이렇게 정리했다. "밀레니얼 세대 교사들은 그들이 체득하고 체화한 지적 능력과 중산층의 아비투스Habitus(습성)를 활용하여 입시라는 치열한 조기 경쟁에서 생존하였고 그 대가로 더 이상의 치열한 경쟁과 스펙 쌓기의 고난으로부터 탈출하여 취업이라는 열매를 얻었으며, 화려한 성공은 아니더라도 '워라밸'과 '소확행'을 추구할 수 있는 '조기입장 패스'를 획득한 것이다."

2019년 12월 11일 교육부는 전국 초·중·고 1,200개교 학생 24,783명을 대상으로 조사한 〈2019 초·중등 진로교육 현황조사 결과〉를 발표했다. 초등학생 희망직업 2위, 중·고등학생 희망직업 1위가 바로 교사였다.

초·중학생이 진로 정보를 획득한 경로 1위는 부모님, 2위는 대중매체, 3위는 웹사이트였다. 고등학생의 경우는 1위가 대중매체, 2위가 웹사이트, 3위가 부모님이었다. 결과를 보면 부모님의 생각이나 대중매체에서 비추어지는 직업 이미지 등이 학생들의 진로 선택에 큰 영향을 미친다는 사실을 알 수 있다. 교사 권하는 사회는 여전히 진행 중이다.

학교 밖 밀레니얼과
학교 안 밀레니얼

밀레니얼 세대 교사를 다룬 기사는 나에게 큰 위안이자 힌트가 되어주었다. 안정성을 추구하며 교직을 선택하는 경향이 세대의 특징이라니 약간의 죄책감도 덜어주며 나만 그런 게 아니라는 위안을 받았다. 또 교사가 된 후에도 왜 계속 '내가 잘하는 것' '잘할 수 있었던 것' '하고 싶었지만 용기가 없어 선택하지 못했던 길'을 잊지 못하고 끊임없이 되뇌며 사는지 의문을 좀 덜 수 있었다.

알고 보니 사회는 온갖 책과 방송을 쏟아내며 이들을 품기 위해 부단히 노력 중이었다. 요즘 들어 특히 밀레니얼 세대를 알려고 하는 이유는, 이들이 어느덧 20~30대 중반을 차지하여 우리나라의 주력 소비층이 되었기 때문이다. 또한 기업마다 신입사원부터 과장급까지 가장 젊고 역동적인 위치를 차지하기 시작했다. 그만큼 그들의 선택은 기업의 흥망성쇠에 중요했다. 그런데 그들을 이해할 수 없다는 게 문제였다.

그들은 퇴사를 너무 쉽게 했다. 좀 가르쳐놓으니 퇴사하겠다는 젊은 사원의 선택은 회사 입장에서는 손실이다. 인내심도 없는 것 같고 의지도 부족한 것 같다고 기성세대는 걱정한다. 디지털 네이티브Digital Native라고 스마트폰이나 인터넷 활용 능력이 특출나서 정보검색, 공유, 유튜브 같은 크리에이티브 콘텐츠 생산 수준이나 속도가 놀랍다. 그래서 괜찮은 아이템으로 그들에게 '간택'되면 성공가도를 달리고, 아니면 '폭망'한다.

국민대학교 경영대학 이은형 교수가 저술한《밀레니얼과 함께 일하는 법》에는 밀레니얼 세대를 이해하는 9가지 특징이 나와 있다. 그들은 선택의 자유, 개인의 취향, 진정성, 재미와 의미, 협업, 성장, 속도와 혁신, 공유가치, 글로벌한 유연성과 전문가 수준의 능력을 추구한다. 기성세대에 비해 조금 까다롭긴 하지만 솔직하고, 디지털 능력에 힘입어 가능성이 무궁하다는 장점이 있다.

1990년생은 2018년 한국 나이 기준으로 스물아홉 살로, 초등학교 1학년 때 IMF 외환위기를 겪었다. 초등학교 1학년이 외환위기를 인지하지는 못했겠지만, 교사와 공무원이 좋은 직업이라는 말은 많이 듣고 자랐다. 사회의 전반적 안정성이 떨어지면서 안정적인 것이 최고라는 인식이 팽배해지고, 모든 것이 불안정하므로 나의 이익을 스스로 챙겨야 한다는 인식이 자연스레 자리 잡았다. 알바천국 광고에서 보여주는 '사장님에게 당하지 말고 챙길 수 있는 것은 스스로 챙겨야 한다'는 인식. 나라를 살리자, 회사를 살리자는 구호 속에 후순위로 밀려 있었던 개인의 권익을 어느 때보다 강하게 주장하는 세대. 신자유주의 사회에서 성장한 세대. _박현영 외 5인,《2019 트렌드 노트》에서

안정성을 중요하게 인식하는 경향, 권익을 소중히 여기는 가치관, 워라밸을 적극적으로 추구하는 모습은 밀레니얼 세대의 공통점으로 꼽힌다. 금융위기를 맞은 사회에서 같은 광고와 뉴스를 보고 자랐기 때문이다.

당연히 밀레니얼 세대는 학교 안에도 있다. 초등교사 커뮤니티 인디스쿨에서 연구 보고서 〈Enjoy the Waves 밀레니얼 초등교사를 만나다〉(2018)를 발표했다. 교직 문화의 주력 세대로 자리 잡아가는 밀레니얼 세대 교사들이 어떤 특징을 보이며 그 특징들이 학교에 어떤 변화를 가져올지에 대해 연구했다. 총 330여 명의 교사가 개별, 그룹인터뷰나 설문조사에 참여했다. 동그라미재단과 진저티프로젝트에서 발행한 잡지 〈매거진 밀레니얼Magazine Millenial〉에서도 밀레니얼 세대 교사 656명을 대상으로 설문조사를 진행했다. 두 설문조사 결과를 바탕으로 밀레니얼 세대 교사들의 특징을 정리해보면 다음과 같다.

밀레니얼 세대 교사들은 재미와 의미를 추구한다. 자신에

게 의미가 없으면 할 마음이 안 생긴다. 그래서 기존에 남들이 해온 방식도 내키지 않으면 따르지 않는다. 따라서 선배들이 만든 틀을 따라가며 조직이나 전체의 흐름에 자신을 무리하게 녹여내지 않는다. 예를 들어 남교사라면 은근히 승진을 권유받는 교직사회에서 승진점수를 쌓기보다 동영상을 만드는 것이 더 재미있다며 유튜버로 살기를 선택한다.

밀레니얼 세대 교사들은 개성을 존중한다. 당연히 교사 자신의 개성도 중요하다. '선생님이니까'라는 말로 표준화되는 무언가에 얽매이고 싶어 하지 않는다. 학생들의 개성도 존중하려고 노력한다. 밀레니얼 세대 이전의 X세대 등 선배 세대 교사들은 그렇지 않았다는 뜻이 아니다. 학생을 존중하려고 노력하는 선생님은 언제나 있었지만 자기 자신을 솔직하게 드러내며 학생과 더불어 개성이 있는 인간으로 교실에 자리하려고 하는 사람이 밀레니얼 세대 교사이다.

밀레니얼 세대 교사들은 교사인 동시에 다양한 관심사를 지닌 인간으로 살기를 원한다. 밀레니얼 세대 이전의 선배교사들 중에도 교사이면서 화가이거나 동화작가인 분들도 계신다. 밀레니얼 세대 교사들이 이전 세대와 다른 점은 관심사를 한정하지 않으며 잘하고 즐겨하고 좋아하는 일로 자신의 정체성을 규정한다는 사실이다.

예를 들면 나는 교사이자 작가이자 독서와 리뷰를 업으로 삼는 독서가, 블로거, 유튜버이면서 취미로 그림을 그리고 그림책을 내고 싶은 예술가이다. 88년생인 10년 차 교사 A는 댄스스포츠 강사 자격증과 스쿠버다이버 자격증까지 있다. 그녀는 초등교사이자 댄서, 스쿠버다이버이면서 여행가이다. 그냥 한번쯤 해본 일의 차원을 넘어 상당한 집중도로 관심을 쏟으며 내공을 쌓아온 일들이다. 이것이 요즘말로 '덕업일치'이다. 이렇게 자신을 자기답게 하는 좋아하는 일들이 다양하고 깊은 사람들이 밀레니얼 세대 교사들이다.

그들은 기술원주민이다. 학창시절부터 핸드폰을 다루기 시작하고 스마트폰의 시작을 함께한 세대. 그래서 사회를 바꿔나가는 기술 혁신을 자연스럽게 활용하는 적응력이 뛰어나고 어려서부터 PC를 사용해왔기에 디지털 콘텐츠 생산과 소비에 익숙하다. 궁금한 것이나 어려운 일이 생기면 검색을 선호한다. 이런 특징 때문에 학교에서는 디지털 관련 업무를 도맡기도 하고 선배교사들의 디지털 도우미 역할을 하기도 한다.

그들은 또 일과 삶의 균형이 중요하다. 배우 이병헌과 박정민이 나오는 TV 커피 광고가 있었다. 나는 그 광고를 보고 묘한 통쾌함을 느꼈다. 광고 화면 한쪽에는 오매불망이라는 사자성어가 쓰여 있다. 배경은 한 회사의 사무실. 부장급으로 보이는 이병헌이 "오늘도 매 순간 불태웠으니" 하며 회식을 권하는 듯한 그 순간, 검도복을 차려입은 막내 직원 박정민이 나타나 "망내(막내) 먼저 가보겠습니다!" 하고 인사를 꾸벅한다. 퇴근과 동시에 취미생활을 하러 출동하는 신입사원의 인사에 당황하는 부장님이라니. 광고는 "시대도, 커피도 바뀌었다"면서 워라밸을 응원하는 대용량 커피 컨셉을 강조하며 끝난다.

배경만 사무실이지, 학교도 마찬가지이다. 나는 박정민이 백번 이해됐다. 단지 당황스러워하는 부장님의 모습을 모르는 척하느냐 마느냐에 개인차가 있을 뿐. 밀레니얼 세대 교사들의 70.5퍼센트가 4시 40분에 '정시퇴근'한다는 설문결과[1]를 보아도 이 광고에 공감할 사람은 나 혼자가 아니라는 생각이 든다.

밀레니얼 세대 교사들은 퇴근 후 시간뿐만 아니라 휴직과 같은 복지도 충분히 활용한다. 모성보호시간, 남성 육아휴직 등을 사용하는 밀레니얼에게 "쓰란다고 진짜 쓰냐" 같은 말은 통하지 않는다. 주어진 권리를 당당하게 행사하고 돌아와서 자신의 역할에 충실하면 된다고 생각한다. "피해를 주지 않는 한 자유를 행하라"를 몸소 실천하는 것이다. 비록 복지가 교직을 선택한 가장 중요한 이유는 아니었더라도, 그들은 애초에 이런 혜택을 충분히 누리기 위해 온 사람들이다.

학교 밖에서는 밀레니얼 세대의 존재가 두드러지는데 학교 안에서는 그렇지 않은 이유는 역시 낮은 퇴사율 때문이다. 알다시피 학교 안 밀레니얼들은 퇴사를 잘 하지 않는다. 학교 밖에서 보기에도 웬만해서는 퇴사할 이유가 없어 보인다. 밖에서 보기에 교사들은 고용이 안정되어 있을 뿐만 아니라 정부가 보장해주는 복지가 충분히 갖추어져 있다. 초등학교는 8시

~9시에 출근하여 4시 반~5시에 퇴근이 가능하니 특별한 일이 없으면 퇴근 후 자기 생활을 즐기는 워라밸도 가능해 보인다. 교직은 평교사와 관리자로 이루어진 직급 체계 때문에 구성원 간 관계와 업무 추진 형태가 수평적인 편인데 초등학교는 각 교실이 개인 사무실이나 마찬가지이므로 어느 정도 프라이버시도 있다. 게다가 방학까지! 아이들을 가르치는 직업이니 업무강도도 견딜 만할 것 같고, 인간관계로 아무리 힘들어도 퇴근 시간이 빠르니 참을 만해 보인다.

"아, 또 영양교사 합격했대."

식품회사에서 일하는 86년생 J는 후배들이 자꾸 그만둬서 슬프다. 작년부터 벌써 두 번째다. 자기도 곧 과장을 바라볼 만큼 연차가 쌓였는데 이번에 들어온 막내 사원이 퇴사하면 다시 부서 내 막내가 된다. 후배 책상에서 한국사능력검정시험 교재를 우연히 발견하면 소름이 끼친단다. 요즘 기업에는 이런 상황이 비일비재하다. 임용에 합격하거나 교대나 교육전문대학원 진학으로 발걸음을 옮기는 사람들이 늘어나고 있다. 밀레니얼이라는 큰 그룹 안에서도 이렇게 사람들은 자기가 행복할 수 있는 자리를 찾아 부단히 움직인다. 밀레니얼의 행복을 규정하는 기준 중에 하나는 단연 워라밸이다. 그렇다면, 그들이 좇아가는 교직은 정말 워라밸이 보장되어 있을까?

워라밸 동상이몽

우리나라에서 본격적으로 워라밸이 화두로 떠오른 것은 2017년쯤부터다. 워라밸은 1970~1980년대에 서구 사회에 이미 등장한 개념이다. 이제야 우리나라에서 중요하게 언급되는 이유는 1980~2000년대 초반에 태어난 밀레니얼 세대가 이제는 30대 초중반, 20대로 성장하였고, 경제 중추를 차지한 그들이 새로운 삶의 형태를 추구하기 시작했기 때문이다. 하필 밀레니얼 세대가 이처럼 다른 이유는 성장 배경에서 온다. 그들은 해외여행과 어학연수에 익숙하고 인터넷을 이용한 해외 직구에 능하며 유튜브나 SNS 등의 채널로 글로벌 디지털 라이프를 살고 있는 사람들이다.

《트렌드코리아 2018》에서는 특히 1988~1994년생을 한정하여 '워라밸 세대'라 명명하고 그들이 완벽함보다는 불완전함 그대로를 수용하고 긍정적인 태도로 '자기애'를 높이며 돈 보다 '스트레스 제로'를 추구하는 젊은 직장인이라고 규정했 다. 워라밸 세대가 특히 적극적으로 워라밸 수호를 위한 행보 를 보이는 편이긴 하지만 사실 워라밸의 문제는 이들에게만 한정되지 않는다. 수당 없는 야근과 주말 근무, 잦고 밀착된 회 식 문화처럼 뿌리 깊었던 기존 기업 문화 자체에 대항하는 새 로운 바람이다. 워라밸이라는 말은 저녁과 주말이 있는 삶이 필요하고 중요하다는 인식을 사회 전체에 퍼트렸다. 디지털 네 이티브라는 밀레니얼 세대의 특성은 이런 인식 변화라는 불길 에 기름을 붓는 역할을 했다.

중소기업에 다니는 87년생 I는 워라밸에 대해 이렇게 말 했다.

> 워라밸이라는 게 일과 자기 생활이 구분된다는 거잖아. 퇴근하면
> 일과 딱 구분된 자기 생활을 즐길 수 있어야 한다는 뜻인데 자기 생
> 활에서도 특히 중요한 건 재미인 것 같아. _87년생 8년 차 회사원 I

I의 취미는 도시락 레시피 개발이다. 그녀는 실제로 남편 도시락을 매일 싸주면서 레시피를 개발하여 블로그에 공유하 고 있다. '냉장고 파먹기(냉장고에 구석구석 있는 재료를 활용하기)' 로 그때그때 맞는 레시피를 개발해서 싸준 도시락을 남편이

맛있게 먹고 블로그 이웃들의 반응이 좋으면 재미있단다.

4시 반~5시에 퇴근할 수 있는 초등교사는 저녁이 있는 삶이 가능하니 자연히 워라밸이 있는 직업으로 인식된다. 13년 차 초등교사인 85년생 E는 이렇게 묻는다.

솔직히 나는 라이프라는 것이 무엇인가 하는 의문이 들어. 라이프를 내 개인생활로 본다면 선생님은 퇴근하면 업무가 완전히 끝나고 딱 내 사생활이 시작하느냐? 그건 아니거든. 저녁 8시에 학부모한테 전화 오길래 안 받았더니 문자로 '선생님, 늦게라도 확인하시면 연락주세요' 하는데 그걸 안 받을 수가 있나? 물론 담임이 알아야 할 급한 일도 있을 수 있지. 하지만 안 그런 경우가 더 많고. 그런데 사람들 인식은 아이들 가르치는 선생님은 상시 대기해야 한다고 당연하게 생각하는 부분도 있는 것 같아. 그래서 라이프가 좀 더 구별이 되었으면 좋겠어. _85년생 13년 차 교사 E

워라밸 판타지를 누린다고 인식되는 초등교사도 워크와 라이프의 구분, '워라분'이 필요하다고 말한다. 라이프의 요소에는 무엇이 들어가는가. 어떤 요소에 초점을 맞추느냐에 따라 워라밸 만족도에 대한 대답이 달라진다.

라이프의 요소에 경제적 여유도 들어간다면 특히 서울에 사는 초등교사에게는 사실 그 측면에서는 부족한 것 같아. 돈이라는 것은 상대적이기는 하지만 서울에서 가정을 이루어 살면서 이 월급으로 투자는 하지도 못하고. 그렇게 보면 라이프의 질이 높다고는 볼 수 없지. 하지만 시간의 의미로 본다면 시간적 여유가 있는 것은 확실한 것 같아. _85년생 5년 차 교사 Y

밀레니얼 세대에서 퇴사가 잦은 이유를 '돈보다 워라밸을 중시하는 세대'라는 점에서 찾곤 한다. 하지만 워라밸 안에는 경제적 여유가 당연히 포함된다. 경험까지 돈이 있어야 가능한 자본주의 사회에서 안분지족은 쉽지 않은 경지이다. 94년생 S는 취미 생활을 찍은 유튜브 영상 중 하나가 월 500만 원을 벌어들이는 경험을 하고 다니던 회사를 그만뒀다. 하지만 유튜브에 매진해보고 나서야 취미를 일로 삼는 게 쉽지 않다는 사실을 깨달았다. 먹고살기라는 현실적 과제 앞에서 취미는 사치가 될 수도 있다는 사실을 말이다. 대박 영상의 인기도 반짝이었고, 결국 그는 다른 회사에 재취업했다. 밀레니얼 세대에게도 돈은 분명 중요하다. 정확히 말하면 돈이 중요하지 않은 세대는 없다.

초등교사의 급여체계를 간단히 설명하면 이렇다. 초등교사의 급여는 호봉제로 책정된다. 신규로 발령받은 교사는 9호봉부터 시작이다. 1호봉이 아니라 9호봉인 이유는 교대를 졸업하면 받게 되는 2급 정교사 자격증이 8호봉으로 산정되기 때문이다. 그리고 임용시험에 합격하면 1호봉의 가산호봉이 적용되어 9호봉에 임용이 된다(과거에는 2급 실기교사, 2급 준교사 등 최종학력에 따라 교원자격증이 다양하였고, 그에 따라 호봉을 책정하였다. 점차 교원들의 최종학력이 높아지고 교원사회 내부에서도 형평성 논란이 있어 2급 정교사 자격증을 8호봉으로 하는 기준이 만들어졌다).

국가법령정보센터에 공개되어 있는 2020년 교육공무원의 봉급표를 보면 신규 발령을 받은 9호봉 교사는 2,061,700원, 10년 차인 18호봉 교사는 2,841,400원, 20년 차인 28호봉 교사는 3,977,900원을 받는 것으로 나와 있다. 군복무를 한 남자 신규 교사의 경우 군복무 기간에 따라 1~2호봉 더 가산된 금액을 받는다. 이 기본급에 특수업무수당 지급규정에 따라 담임수당(2020년 기준 13만 원), 보직교사수당(2020년 기준 7만 원) 등 각자 해당하는 수당이 가산되어 한 달 급여가 책정된다. 세전 금액이며 공무원연금으로 납부되는 '기여금'도 포함되어 있다.

다른 직업에는 없지만 교사의 워라밸에서 중요한 요소 중 하나가, '근무지와 거주지'이다. 전라도 시골 마을에서 근무하다 경기도 큰 도시로 올라온 20년 차 교사 C는 시골 마을 근무 시절 관사에서 생활했을 때를 회고하며 이렇게 말했다.

시골로 갈수록 정말 교사의 삶은 동네 주민의 삶과 언제나 함께지. 동네에서 뭐 할 때마다 불러주시고. 나 전라도 있을 때 관사 살았는데 하루는 시내에서 놀고 좀 늦게 들어갔거든. 그런데 관사 들어가서 불 켜자마자 문자가 오는 거야. '선생님, 오늘 늦으셨네요.' 진짜 얼마나 소름이 끼치던지. _77년생 20년 차 교사 C

또 직업에서 느끼는 정신적 만족도를 포함하여 워라밸을 말하는 관점도 있다.

나는 개인적으로 교사로서의 삶에 대한 만족도가 높은 것 같아. 교사로서 사명감을 가지고 산다는 게 내 자존감을 높여주기도 하는 것 같거든. 이런 정신적인 만족감도 워라밸의 일부라면 나는 워라밸이 좋은 일을 하고 있다고 생각해. _88년생 10년 차 교사 A

초등교사들의 워라밸에 관한 대화를 살펴보면 다른 직종보다 일에서 큰 영향을 받는다는 점을 알 수 있다. 최근 들어 교원연수원에 '행복한 학급 운영과 워라밸'과 같은 연수명도 종종 등장하고 있다. 학급 경영이나 교육 업무를 워라밸과 연결해 이해하고 대안을 제시하려는 시도들이 늘고 있다는 증거이다.

일반 회사와 교직을 모두 경험한 사람은 워라밸에 대해 어떻게 생각할까. 경기도에 근무 중인 교사 L은 누구나 알 만한 대기업에서 10년 동안 일하고 교대에 다시 입학했다. 초등교사로서도 어느덧 10년 차가 된 그녀는 워라밸에 대해 이렇게 말한다.

개인차가 있을 수 있지만 내가 느끼기엔 회사에서 받는 스트레스와 학교에서 받는 스트레스는 완전히 성질이 다른 것 같아. 그래서 일 측면에서 비교하기는 솔직히 힘들고… 나는 교직에 대체로 만족하고 살고 있어. 스트레스가 없는 건 아니지만 아이들과 지내는 게 좋거든. 그런데 그것도 방학 때 잠깐 떨어져 있어서 할 만한 것 같기도 하고…. _76년생 10년 차 교사 L

이 말은 바꾸어 말하면 아이들과 함께하는 시간이 즐겁지 않으면 만족도는 크게 떨어질 수 있다는 뜻이다.

가장 좋은 경우는 역시, 워라밸을 갈구하지 않는 상태일 것이다. 요즘 말하는 '덕업일치'가 그런 상태 아닐까. 그렇다면 좋아하는 일을 직업으로 삼은 예술가는 어떨까?

돈 걱정만 없으면 솔직히 예술가로 산다는 건 정말 풍요로운 삶인 것 같아. 아무래도 일로 만나는 사람도 대부분은 자기가 좋아서 하는 예술가들이고 그림이나 작품들, 인문학 이야기를 하며 시간을 보낼 수 있다는 건 참 행복한 인생이라고 생각해. 그런데 돈도 무시할 수 없지. 좋아하는 일이 업이 돼서 좋기는 한데, 경제적으로 팍팍하면 라이프의 질이 떨어지는 느낌. 내 사촌동생도 영화감독을 하는데

하고 싶은 예술 영화만 할 수는 없으니 뮤직비디오 촬영 같은 일들을 더 하기도 하거든. 좋아하는 일을 하려면 하고 싶지 않은 일들을 해야 하는 현실을 무시할 수는 없는 것 같아. _84년생 화가 C

그래도 C는 자기 인생에 후회가 없고 행복하다고 했다. 이 말이 희망적으로 들렸다.

이렇게 워라밸은 직업적 특성이나 개인의 가치관에 따라 기준이 달라진다. 초등교사들이 말하는 워라밸의 의미를 듣다 보니, 그동안 워라밸을 위해 퇴근 후 시간을 확보하는 데에만 집중해 정작 생활에서 일이 차지하는 의미를 놓치는 오류에 빠져 있었다는 생각이 들었다. 일과 생활을 완전히 분리한다는 개념은 애초부터 어불성설일지 모른다. 일이 주는 만족도, 업무량, 스트레스, 금전적 보상 등이 생활의 질을 결정하기 때문이다. 누구나 본능적으로는 일과 생활을 관련지어 생각하지만 워라밸이라는 말에 치우쳐 일과 생활의 관계를 제로섬게임처럼 인식하는 경향이 있다.

각종 복지와 시간상 혜택이라는 조건에 이끌려 교직을 택했지만 일에서 의미와 만족을 느끼지 못하는 교사들도 분명 있다. 내가 생각한 워라밸 안에 무엇이 포함되는지, 남의 기준이 아니라 나의 기준으로 보았을 때 지금 워라밸은 어떤지 한번쯤 진지하게 생각해보자.

퇴사의 이유

86년생 E는 6년 다닌 회사를 나왔다. 오랜 고민 끝에 내린 결정을 실행에 옮기기는 생각보다 쉽고 간단했다. 회사에 퇴사 의사를 전하고, 한 달의 인수인계를 마치자 회사에 갈 필요가 없는 자유의 시간이 왔다.

E가 다닌 회사는 중소기업이었다. E가 휴가차 해외여행을 갈 때 대표님이 직접 환전해서 따로 용돈을 챙겨줄 만큼 E는 회사에서 인정받는 인재였다. 그래서 대표님은 그녀를 설득하려고 애썼다. E도 알았다. 대표님이 얼마나 자신을 좋게 봐주시고 능력을 인정해주시는지. 기획부터 영업까지 자신의 역할이 얼마나 중요한지. 그동안 쌓아온 정과 책임감을 뒤로하고 나가기가 얼마나 미안한지. 그런데도 E의 마음은 확고했다.

이 회사에 언제까지 다닐 수 있을까, 계속 여기에 남아 나에게 남는게 뭘까 하는 생각이 들었어. 내가 하고 싶은 진짜 내 일을 찾고 싶기도 하고. _86년생 프리랜서 E

E는 프리랜서 일을 하며 사업 아이템을 찾고 있다. 사업 아이템을 찾아놓고 퇴사했어야 하지 않냐고 생각하는 사람들도 있지만, E의 생각은 다르다. 지금까지 충분히 하고 싶은 일을 탐색할 시간 없이 살았다고 생각하기 때문에, 서른 넘어 처음 누리는 이 자유 시간 동안 그녀는 마음껏 자신을 알아가고, 즐기고 싶다. 그러다 보면 후회 없는 선택을 할 수 있지 않을까. 또 언젠가 임신하고 애를 낳으면 회사 경력이 단절될까 불안하다. E는 그런 미래를 알면서도 가만히 있을 수는 없었다고 말한다.

대기업에 다니는 85년생 H는 몰래 작은 사업을 하고 있다. 오늘도 회사 블라인드에 올라온 글에 공감한다. "회사 몰래 따로 카페를 하거나 가게를 열면 걸릴까요?" 익명의 동료는 물었다. 자신이 했던 고민을 똑같이 하는 누군가에게 먼저 길을 가본 사람으로서 대답해주고 싶지만 댓글은 달지 않는다. 도움을 주지 못해 안타깝지만 아무 흔적도 남기지 않을 작정이다. 몇 달 후 자리가 잡히면 조용히 떠날 거니까.

회사에 다니는 사람들은 말한다. "회사 일은 결국은 내 일이 아니고, 결코 내 일이 될 수 없고, 부품처럼 소모되다가 버려질 날이 두렵다." 회사 일이 적성에 잘 맞고 만족스러운 사람들도 있지만 그들에게도 끝에 대한 막연함과 두려움은 있다.

누구나 처음에 입사할 때는 타당한 이유가 있었을 것이다. 그런데 충족되지 못한 무언가가 있고, 희망이 없다고 생각할 때 사람들은 회사를 떠난다. 글로벌 컨설팅 회사에서 36개국의 밀레니얼 직장인 10,455명을 대상으로 입사 시 중요하게 고려한 요인을 물었다. 1위는 금전적 보상과 혜택(63퍼센트), 2위는 긍정적인 조직문화(52퍼센트), 3위는 유연 근무(50퍼센트), 4위는 지속적인 학습기회(48퍼센트)였다. 다음으로 웰빙 프로그램과 인센티브(33퍼센트), 기업윤리(22퍼센트), 다양성과 수용성(19퍼센트), 사회 공헌 기회(12퍼센트)[2] 순으로 중요하게 고려한다는 결과가 나왔다. 이 중 결핍을 느끼는 요인들이 곧 퇴사 이유가 된다.

H가 대기업에 다니는데도 불구하고 자기 사업을 하는 가장 큰 이유는 "내가 하는 만큼 만족스러운 금전적 보상을 받을 수 있어서"이다. 그는 자신이 회사로부터 충분한 웰빙 프로그램 지원과 인센티브를 받지 못한다고 여기기도 했다. 그에게 금전적 보상, 웰빙 프로그램 지원, 인센티브는 단순히 돈의 액수와 복지의 형태만을 뜻하지 않는다. 그는 자신이 한 일에 정당한 대가를 받는 사람으로서의 정체성과 자존감을 갖고 싶어 한다.

E가 중소기업을 퇴사한 이유는 한마디로 '성장가능성' 때문이었다. 입사 시 고려하는 사항들 중에 성장가능성에 해당하는 요인들이라면 지속적인 학습 기회, 웰빙 프로그램과 사회적 공헌 기회 정도가 들어갈 수 있다. 하지만 뭔가 이상하다. 딱 맞아떨어지는 항목은 없는 느낌이다. 설문에서 물어본 입사 시 중요하게 고려한 요인에는 성장가능성의 필수요소인 '자기다움'이나 '자기실현' 항목이 없기 때문이다.

취업을 하고 입사, 퇴사하는 과정이 바로 이렇다. 취업할 때는 금전적 보상이나 조직 문화, 기업 윤리, 공헌 기회 등 회사가 제공하는 여건에 초점이 맞춰져 있다. 그런데 막상 입사해보니 자기다움이 억제되는 기업 문화 속에서 자아실현이 아니라 회사의 수익을 실현하고 있다는 사실을 깨닫고 퇴사하는 것이다. 퇴사하는 사람들이 참을 수 없는 것은 월급의 액수가 아니라, '그런 대우가 상징하는 나의 가치'이다. 그 정도밖에 평가받지 못할 내가 아닌데, 자존감과 정체성으로 대표되는 나의 자아에 손상이 온 현실을 참을 수 없는 것이다. 물심양면으로 만족스럽지 않을 때 사람들은 후회한다. 과거의 선택을 지금이라도 만회하고 싶어 그들은 핸들을 꺾는다.

자아실현이 도대체 뭐길래? 자아실현의 의미는 옛날과 오늘날이 조금 다른 것 같다. 과거에 자아실현은 진로의 성격이 강했다. 내가 하고 싶은 분야에 진출하여 장래희망에 불과했던 '꿈'을 실현해내는 모습이 전형적인 자아실현의 결말이었다. 하지만 오늘날 젊은이들은 그런 자아실현보다는 '진짜 나의 자아를 실제로 살아내고 표현해내는' 자아실현을 추구한다. 《트렌드 코리아 2019》에서 제시한 2019년 트렌드 중 하나는 '나나랜드'였다. 남의 시선보다는 자신에게 주목하는 사람들이 만들어가는 '나의 세계'를 표현한 말이다. 많은 사람이 이미 인정받은 사고방식을 거부하고 자신이 좋아하는 것을 추구하기 시작했다. 복지가 좋다는 어떤 회사, 안정적이어서 좋다는 공무원, 돈을 많이 번다는 '사' 자 직업을 거부하고 다른 길을 찾는 사람들이 늘고 있는 것은 이와 같은 맥락이다.

이런 자기애가 《트렌드 코리아 2020》에서는 '멀티 페르소나'로 발전하였다. 페르소나Persona란 가면으로 해석되기도 하는데, 사람들에게 드러내는 정체성을 말한다. 자신의 페르소나를 규정하는 핵심 질문은 '나를 어떤 사람으로 드러낼 것인가'이다. 그런데 이제는 사람들이 하나의 페르소나가 아니라 여러 개의 페르소나 즉, 가면을 시간과 공간에 따라 바꿔가며 다른 모습으로 산다고 한다. 가령 학교에서 반 아이들에게 충실한 담임교사로서의 페르소나를 보여주었다면, 학교를 나서는 순간 동네 독립책방에서 사람들에게 책과 차를 권하는 다정한 일일 호스트로서의 페르소나로 사는 식이다. 페르소나가 여러 개여도 모두 나의 취향을 따라 선택한 무언가라는 사실에는 변함이 없다. 교직에 닿은 이유가 무엇이든, 교사로서의 페르소나에 스스로 매력을 느끼지 못한다면 그 가면은 유지될 수 없다. 결국 핵심은 나는 무엇을 좋아하는가, 어떤 사람인가, 나는 누구인가라는 물음으로 귀결된다.

작품활동을 하는 삶이 행복하다고 말했던 화가 C가 화가의 길에서 '퇴직'하는 날은 아마도 없을 것이다. 작품을 만들 때 가장 자기다운 모습이라고 느끼고 만족하기 때문이다. 어쩌면 이것이 우리가 워라밸에서 따져야 할 가장 중요한 문제일지도 모른다. '나는 누구인가, 무엇을 할 때 행복한 사람인가, 그 일이 나의 삶을 가장 나답게 하는가.' 나다울 수 없을 때 사람들은 퇴사한다.

이제, 자아만을 생각하며 솔직하게 물어보자.

지금 하고 있는 '그 일'을 할 때 가장 나답고 행복한가?

그때 퇴근하면 뭐 하세요?

"해 떠 있을 때 퇴근하면 뭐 하세요?"

교직에 있지 않은 누군가를 처음 만나면 자주 듣는 질문이다. 심지어 퇴근 후에 간 문화센터에서도 들었다. 멋쩍게 웃으며 대답했다.

"여… 여기 오지요. 수채화 배우러…."

"아! 그러네."

그리고 다시 묻는다.

"여기 안 오실 때는 뭐 하세요?"

정말 궁금한가 보다. 그런데 교사로 산 지난 10년간 이분만 이런 게 아니었다.

"소개팅 나가면 제일 많이 물어보는 질문이 '그렇게 일찍 끝나면 뭐 하세요?'잖아."

초등교사 A가 한 말에 듣고 있던 일동 모두가 공감하며 웃었다.

그래서 준비했다. 초등학교 교사들은 일찍 끝나면 뭘 하는지. 이 사회에서 6시 이전에 퇴근하는 직장인은 분명 희귀하기 때문에 관심을 받는다. 그런 호기심을 존중해 주변의 데이터를 모아모아 공개한다.

#사례1 1년 차 H

퇴근하고 원룸에 돌아와 가방도 던져놓고 누워버렸다. 셔츠가 갑갑하긴 하지만 귀찮아서 옷도 못 벗은 채로 그냥 잠깐 눈만 감고 있었다. 그런데 이럴 수가! 눈을 떴더니 시계가 잘못됐나! 잠깐이라고 했는데 눈을 떠보니 9시가 넘었다. 아, 내 체력이 저질인 걸까. 하루 종일 수업하고 2학년 아이들한테 같은 말하고 또 하다 보면 정말 기가 빨리는 느낌이다. 학급 밴드에 오늘 학습활동 사진과 알림장을 올리면 저학년이라 그런지 아이들 한 명 한 명의 컨디션이나 친구와 있었던 일에 대해 묻는 학부모님들의 채팅이 계속 온다. 답변하다 업무 처리가 늦어져서 초집중하여 일을 처리하고 나면 녹초가 된다. 오늘도 나는 워크-잠-밸런스를 유지했다. 이건 내가 꿈꾸던 워라밸이 아닌데. 언제까지 이럴까. 선배 샘들이 4월 지나면 좀 나을 거라고 했는데

벌써 7월이다. 운동은 언제부터 시작하지? 교감선생님 모시고
하는 배구가 운동이라는 말은 넣어두시길.

#사례 2 3년 차 S ⊗

6교시까지 마치고 나니 오후 2시 40분. 오늘 본 수행평가를 채
점하고 수업준비를 하느라 눈코 뜰 새 없이 바빴다. 내일은 다른
교과선생님이 들어오시는 전담시간도 없다. 아, 다 마치지도 못
했는데 시간은 벌써 4시 25분. 오늘도 늦으면 안 된다. 하던 일
은 책상 위에 남긴 채 부랴부랴 가방을 싸고 4시 30분이 되자
마자 교실 문단속을 했다. 자, 달려! 교문을 나설 때 4시 32분,
M버스 정류장까지 열심히 달린다. 아! 39분이다! 버스가 바로
왔다. 버스를 탄 지 한 시간 후 강남에 도착했다. 또 달린다. 지
하철을 갈아타고 대학원에 도착했다. 대학원 앞 편의점에서 삼
각김밥을 흡입하고 들어간다. 6시 10분 세이프! 그런데 오늘 읽
어 왔어야 할 국제문화론 책을 다 못 읽었다. 선비 같은 우리
교수님은 또 말씀하시겠지. "여러분, 이러시면 안 됩니다."

#사례 3 5년 차 J ⊗

여유 있게 저녁을 먹고 교사 아카펠라 동호회 연습실로 들어왔

다. 저녁을 먹는 동안에도 애들 얘기다. 다른 학교 이야기라는 점만 빼면 선생님들 고민은 비슷한가 보다. 학교 밖에서는 일부러라도 학교 얘기는 안 했으면 좋겠는데 어느 순간 보면 또 하고 있다. 오늘은 수업을 많이 했더니 목이 좀 안 좋지만 우리반 학생이 준 도라지즙을 먹고 힘내본다. 알토파트의 한 선생님은 갑자기 학부모 상담이 잡혔다고 못 왔다. 아쉽지만 우리 넷이 해야지. 한 명이 빠졌지만 함께 만드는 아카펠라 화음에 기분이 정화된다.

#사례 4 8년 차 A

여기는 댄스스포츠 학원이다. 오늘은 자이브를 배운다. 강사 선생님의 스텝은 언제 봐도 신기하다. 초급반인데도 사람들은 참 잘 따라 한다. 거울에서 혼자 버벅대는 나를 보면 좀 웃기기도 하지만 여기서는 나로 살 수 있어 참 좋다. 선생님의 힘찬 목소리에 박자를 맞춰 박수를 친다. 열 명 남짓한 사람들이 치는 박수 소리가 한 사람 소리같이 잘 맞는다. 춤을 추다 보면 오늘 있었던 일도 기억이 잘 안 난다. 또 쉬는 시간에 학교 밖 사람들과 이야기를 나누는 건 그 자체로 신선한 경험이다. 그래서 개운하고 기분이 좋다. 이번 주말에 있을 프로 대회 참관이 기대된다. 나는 언제쯤 나갈 수 있을까?

#사례 5 12년 차 K ⊗

육아시간을 써서 3시에 퇴근했다. (공무원은 24개월의 범위에서 만 5세 이하의 자녀에 한해 1일 2시간씩 육아시간을 쓸 수 있다.) 3학년 수업을 마치고 도서관에서 기다리고 있던 첫째를 데리고 차에 탔다. 첫째 학원 시간에 맞추려면 부지런히 가야 한다. 첫째를 수학 학원에 내려주고 둘째를 데리러 어린이집에 간다. 엄마 기다리느라 문 앞에 서서 밖에만 바라보고 있었다는 둘째가 웃으며 달려 나온다. 아이를 와락 끌어안고 선생님께 인사를 드린다. 아파트 놀이터에서 좀 놀다가 6시에 첫째를 데리러 간다. 두 아이를 마트 카트에 태우고 장을 본다. 집에서 밥해 먹이고 좀 놀다 보면 금방 9시이다. 이번 주말에도 다음 주 수업 준비하러 잠깐 나갔다 와야겠다. 전담이라 더더욱 수업 준비를 철저히 해야 하니 애들과 놀아주랴 일하랴 주말이 더 바쁘다.

#사례 6 16년 차 C ⊗

회식이다. 식당에 도착하니 5시 20분. 어, 저기 또 한 팀이 있다. 남녀노소 섞여 있고 이 시간에 고기를 구워 먹는 집단이라면 저들도 초등교사인가 보다. 새로 생긴 고깃집인데 역시 우리 부장님이 추천해주신 곳은 모두 맛집이다. 95년생 막내가 알려주는 앱으로 게임을 몇 개 했다. 내가 대학 시절에 하던 게임들이 모두 앱에 있다니 정말 신기하다. 대학 이후엔 하지 않던 게임들을 다시 해보니 추억도 새록새록 떠오르고 샘들도 신났다. 단지 7명이 각자 자기 핸드폰을 보면서 게임을 하는 풍경이 좀 낯설었을 뿐이다. 1차를 마치고 나오니 7시. 이제 좀 거리가 북적인다. 미리 잡아놓은 원데이 클래스가 있다는 막내를 먼저 보내고 카페에서 커피를 마셨다. 애들 얘기 하다 보니 9시. 학교에도 애들이 있고 집에도 애들이 있으니 애들 얘기가 끊이지 않는다. 이제 집에 가야겠다. 집에 가는 길에 보니 총무인 5반 샘이 공지를 보냈다. 3만 5,700원 각출 공지다. 어휴, 먹을 땐 몰랐는데 값이 꽤 나왔다. 근무했던 학교마다 유지하는 동학년 모임들이 벌써 4개이다. 법인카드도 없는데 한 달간 용돈으로 회식하고 모임 회비 내려면 허리가 휜다.

#사례 7 20년 차 B

겨울방학이 일주일 남았다. 요즘 동학년 샘들은 다 아프다. 한 학기 내내 긴장을 유지했으니 방학이 얼마 안 남은 요즘은 아플 시즌이다. 무슨 유행병 돌듯 동학년 연구실에 편도염이 돈 것 같다. 퇴근하고 나면 아무것도 하지 않고 그냥 집에서 소파와 물아일체가 되어 책만 읽는다. 아내가 가끔 일을 부탁하면 나갔다 오는 정도이다. 정말 격렬하게 아무것도 하고 싶지 않다. 다음 날을 위해서는 이것이 최선이다. 그나저나, 5학년인 둘째가 또 반 친구를 때렸단다. 내가 봐도 우리 아들 담임선생님은 참 힘드실 것 같다. 이번 주에 담임선생님 상담이라도 가야 하나. 동업자끼리 서로 사정 뻔히 알면서 담임선생님께 다른 말씀을 드리기도 그렇고 가봐야 드릴 말씀도 없는데. 거참, 부담스럽다.

#사례 8 10년 차 Y ⊗

우리 학교는 전교생이 6학급인 농촌에 있는 소규모 학교이다. 학교가 작다고 일이 적은 게 아니다. 학교라는 조직은 크나 작으나 해야 할 일은 정해져 있고 비슷하기 때문에 오히려 적은 인원이 많은 일을 나누어 해야 하는 업무환경이 된다. 게다가 나는 부장이다. 큰 학교에서도 부장은 일이 많은데 말이다. 다행히 구성원들이 좋아 다들 으쌰으쌰 힘내서 일을 다 함께 하는 분위기이긴 하지만 분위기가 좋다고 일이 줄어들지는 않는다. "초등학교 선생들은 다 낮에 오는 거 아니었냐?"고 묻던 시어머니는 이제 나에게 언제 오느냐고 묻지도 않으신다. 오늘도 어두워진 학교에 남아 대충 끼니를 때우고 일한다. 밤에 학교에 혼자 있는 건 어른이 돼도 무섭다.

일반 공무원은 9시간 근무라서 보통 9시 출근, 6시 퇴근한다. 하지만 초등교사는 8시간 근무한다. 6시 이전에 끝나는 것도 빠른데 8시간 근무라니 초등교사만 특혜를 받나 싶겠지만, 엄밀히 말하면 초등교사는 점심시간이 없기 때문에 8시간 근무 후 퇴근이 가능한 것이다.

근로기준법 제54조에는 근로시간이 4시간인 경우에는 휴게시간을 30분 이상, 8시간인 경우에는 1시간 이상을 근로시간 도중에 주어야 한다고 되어 있다. 또 휴게시간은 근로자가 자유롭게 이용할 수 있다는 설명도 덧붙여 있다. 법에 따라 일반 공무원이나 직장인이 8시간 일할 경우에는 1시간 휴게시간이 점심시간 명목으로 들어가 총 9시간을 근무하게 된다.

하지만 초등교사의 점심시간은 학생들의 점심시간이다. 점심시간에 초등교사는 인솔 및 급식지도를 하느라 밥도 편히 먹을 수 없다. 음식이 잘 배급되도록 지도하고, 아이들이 골고루 먹었는지 확인한다. 학부모의 요청에 따라 학생이 먹지 말아야 할 음식을 기억하고 더 먹여야 하는 음식은 권하며 개별지도한다. 아이들이 음식을 쏟거나 토하면 치우는 일도 도맡는다. 학생들이 점심을 먹고 놀다가 다쳐도 그에 대해 책임을 진다. 근무시간이기 때문이다. 그래서 교실에서 놀고 있는 아이들도 지켜보면서 밖에서 놀고 있는 아이들이 5교시 전에 무사히 돌아오도록 지도해야 한다.

법이 보장하듯 휴게시간은 근로자가 자유롭게 이용할 수

있는 시간이어야 하는데 초등교사에게는 쉼과 자유가 없다. 그러므로 초등교사가 8시간 근무 후 6시 이전에 퇴근을 한다는 사실은, 특혜라기보다는 휴게시간 없는 근로 후 정당한 퇴근이다.

종종 "초등학교 선생님들은 4시 이전에도 퇴근하고 가는 사람이 많더라. 4시 이후에 주차된 차가 없다"고 말하는 사람도 있다. 초등교사들이 업무시간을 지키지 않고 마음대로 일찍 퇴근한다는 생각은 오해일 가능성이 크다. 초등교사들도 법적으로 보장된 조퇴를 쓸 수 있다. 하지만 책임진 업무가 있는 만큼 조퇴하고 싶다고 무조건 할 수 있는 것도 아니다. 교사들이 일찍 교문을 나서는 경우는 연수에 참여하기 위해서일 때가 많다. 다른 학교나 교육청에서 하는 연수는 주로 방과 후에 많기 때문이다. 그러면 교사는 수업을 마치고 2시, 3시에 다른 장소로 이동해서 연수를 받는다.

초등교사의 퇴근 후 모습도 일반 회사를 다니는 직장인들과 별반 다를 것이 없다. 취미생활을 하고, 회식을 하고, 대학원을 다니고, 아니면 귀가해 쉰다. 그냥 사람 사는 모습이다. 해가 떠 있을 때 직장을 나설 수 있다는 사실은 생각만 해도 광명을 보는 듯하지만 교사도 야근을 하고 정시 퇴근을 못할 때도 많으며, 조금 일찍 가도 주말이든 집에서든 결국 해야 할 일은 해야 하는 직장인이다.

'배워서 남 줘야' 하는 직업은 말도 많이 하고 많이 배워야 하고 인간관계에서 에너지 소모도 많다. 혹자는 "선생님들이여 애들 가르치는 거 힘들다고 징징대지 마라, 일찍 끝나고 복지도 다 좋지 않냐"라고 하기도 한다. 한 가지 좋은 면이 다른 힘든 면을 모두 상쇄하라는 법은 없다. 장점으로 단점을 완화하려는 시도는 좋게 말하면 긍정하려는 노력이다. 하지만 다르게 말하면 노고의 가치를 깎아내리는 합리화이다. 각자 서로의 위치에 서보지 않으면 완벽히 이해할 수도 없다.

모든 직업에는 유난히 힘들게 하는 특징이 있다. 교직도 그렇다. 언젠가 도서관에서 우연히 〈밥벌이의 지겨움〉(절판된 후 《라면을 끓이며》에 〈밥1〉으로 수록)이라는 글을 읽었다. 김훈 작가의 수필이었다. 제목을 보는 순간 측은지심이랄까 인지상정이랄까, 밥벌이를 하는 사람이라면 공유하는 무언가가 내 안에도 있음을 느꼈다.

이 세상의 근로감독관들아, 제발 인간을 향해서 열심히 일하라고 조져대지 말아달라. 제발 이제는 좀 쉬라고 말해달라. 이미 곤죽이 되도록 열심히 했다. 나는 밥벌이를 지겨워하는 모든 사람들의 친구가 되고 싶다. 친구들아, 밥벌이에는 아무 대책이 없다. 그러나 우리들의 목표는 끝끝내 밥벌이가 아니다. 이걸 잊지 말고 또다시 각자 핸드폰을 차고 거리로 나가서 꾸역꾸역 밥을 벌자. 무슨 도리 있겠는가. 아무 도리 없다. _김훈, 《라면을 끓이며》〈밥1〉에서 각자의 위치에서 최선을 다하는 사람에게 보내는 애정 어린 눈빛이 그나마 그 고단함과 지겨움을 덜어주지 않을까. 눈에 보이는 조건보다 자기 삶을 사느라 애쓰는 인간다움을 봐주길 바란다. 그 인간다운 애씀을 감싸줄 수 있는 것도 인간다운 따뜻함뿐이다. 모든 인간들, 우리들의 목표는 끝끝내 밥벌이가 아니니까.

밀레니얼 SWAG

언젠가부터 사람들은 세상에 자신을 당당하게 표현하는 래퍼의 스왜그Swag를 인정하기 시작했다. 부담스러운 허세로 느껴지던 스왜그가 이제 인정받을 만한 멋, 잘난 자의 잘난 척이라는 이미지까지 담기에 이르렀다.

밀레니얼 세대 교사는 젊다. 1984년생 교사는 2020년 기준으로 서른일곱, 2000년생 예비교사는 스물한 살이다. 교대에 다니는 예비교원들이 앞으로도 몇 년은 더 양성된다. 자기 목소리를 내는 데 당당한 젊은 그들의 스왜그는 무엇일까?

밀레니얼 세대 교사들의 강점과 약점, 가능성을 살펴보기 위해 SWOT 분석기법을 내 마음대로 변형하여 스왜그로 분석해보았다. SWOT 분석기법은 기업의 환경 및 내부의 강점Strength, 약점Weakness, 기회Opportunity, 위협Threat 요인을 분석하여 기업의 경영, 마케팅전략을 만드는 기법이다. 기업뿐만 아니라 개인의 역량을 분석하기 위한 틀로도 유용하여 창업을 준비하거나 역량 계발을 하고자 하는 개인이 활용해보면 좋다. SWOT에서 기회와 위협 요인인 O, T를 가능성Ability과 목표Goal로 바꾸어 정리해보았다. 강점(S)과 약점(W)은 밀레니얼 세대가 자라온 과정과 현재를 바탕으로 분석했고, 미래에 대응할 수 있는 능력과 기량을 가능성(A)으로 대입해 분석했다. 목표(G)는 주변의 밀레니얼 세대 교사들에게 교사로서 추구하는 목표를 묻고 정리했다.

밀레니얼 세대 교사들의 최대 **강점(S)**은 '자기를 자기답게 하는 힘'을 안다는 것이다. 그들은 개성 있는 존재로서 자신의 가치를 알고 그 가치를 키워나가는 과정을 중요하게 생각한다. 그렇기 때문에 학생들의 개성을 받아들일 준비가 누구보다도 잘 되어 있다. 선례를 강요하거나 개별성을 인정하지 않는 문화에 예민한 편이다. 이런 특징은 유난히 보수적이고 변화가 많지 않은 학교 현장에서 더 빛날 수 있다. 보여주기식 행사, 띄어쓰기와 글씨 크기에 집착하는 공문 작성, 수업시간에도 재촉되는 공문 압박, 가장 나이가 어린 여교사에게 강요되는 졸업식 시상보조(일명 꽃순이) 등 밀레니얼 세대 교사들이 학교에서 바꿔가야 할 이슈는 매우 많다.

디지털 원주민이라는 점도 이 세대의 강점이다. 디지털

화된 교육자료와 환경은 교사가 학생에게 개별화된 교육 환경을 좀 더 수월하게 제공할 수 있게 해준다. 크리에이티브 동영상 콘텐츠의 성장은 어쩌면 밀레니얼 세대 교사들이 특기를 가장 잘 펼칠 수 있는 환경이 되어줄지도 모른다. 선생님의 마음을 랩으로 풀어내는 교사 '달지'의 유튜브 구독자는 36만 명(2020년 4월 기준)에 달한다. 최근에는 교사 혼자 또는 아이들과 함께 찍은 영상을 유튜브에 올리는 교사들이 많이 늘었다. '교사가 최고의 콘텐츠다'를 슬로건으로 하는 참쌤스쿨은 미디어 콘텐츠를 개발하고 공유하는 교사들의 교육공동체이다. 유튜브를 하거나 개성 있는 교육콘텐츠를 만들려고 노력하는 젊은 교사들이 모여 집단지성을 발휘하는 예로 알려져 있다. 이들은 학생들과 소통하고 새로운 방식의 교육 스타일을 만들어나가는 중이다.

이전 세대와 구별되는 밀레니얼 세대 교사들의 **약점(W)**에는 '현실 도피 성향'이 있다. 현재를 중시하는 특징과 모순되는 성향인 것 같지만 깊은 내막을 살펴보면 두 가지는 결국 뿌리가 같다. 밀레니얼 세대들이 지금, 자기 자신이 중요하게 된 기저에는 미래를 준비하느라 현재에 집중하지 못하고 욕구를 억누르며 자랐다는 공통원인이 관여하기 때문이다.

밀레니얼 세대는 많은 이가 IMF키즈이다. 어른들에게서 안정성이 최고라는 생각을 물려받은 그들은 '안전한 학벌과 직업'에 이르기 위해 치열하게 공부했다. 미래를 담보 잡힌 채 현실을 인내하며 살았다. 밀레니얼 세대 교사들이 교직을 선택한 이유에는 교대 입학이라는 관문을 넘어서면 취업이 어느 정도는 보장되기에 다른 대학이나 과를 선택했을 때 겪어야 하는 경쟁을 피할 수 있다는 '경쟁 회피' 기제가 작용하기도 했다. 밀레니얼 세대 교사들이 보이는 현실 도피 성향이란 정확히 말하면 경쟁이 치열한 현실을 피해 교대, 즉 교직에 은신하는 심리라고 할 수 있다. 취업 경쟁을 피하기 위해 수능과 학생부라는 전 국민적 경쟁체제에서 살아남아야 한다는 사실은 아이러니이다. 그런 치열한 과정을 거쳤기에 그들은 지쳐 있다. 그래서 경쟁을 너무나 당연한 것처럼 권하고 주입하는 세상으로부터 도피하는지도 모른다. 그들의 경쟁 회피 성향은 '소진'의 형태를 띠고 있다. 경쟁을 피하며 얻은 안정성이 안식처가 될 때, 매너리즘에 빠지기 쉬운 점도 간과할 수 없다.

이런 성향이 있어서인지 일부 밀레니얼 세대 교사들은 승진에 별 관심이 없는 경향을 보인다. 현재의 제도상에서는 승진을 하려면 일과 가정생활의 조화가 깨지기 쉬우며 신규교사 때부터 겪은 관리자들에 대한 반감과 실망 때문에 많은 이들이 승진을 꿈꾸지 않는다.

작년부터 방과 후 업무도 하고 일을 엄청나게 하기 시작하면서 승진을 할까 1년 내내 정말 심각하게 고민했는데 도저히 '그들처럼'

Y는 학교의 주요 업무를 담당하기 시작하면서 행정 업무 처리가 학생들을 대하는 것보다 더 잘 맞는다는 사실을 깨달았다. 그래서 빠른 승진에 유리한 장학사 시험도 고려하고 승진을 진지하게 고민하기 시작했다. 그런데 그녀가 학교에서 마주치는 '승진을 준비하는 교사들'의 모습은 매우 실망스러웠다. 평정자(교장, 교감)의 눈치를 보며 따르는 행동이 주변의 원성을 사거나 가정도 거의 제쳐두고 승진을 위해 매달리는 선배들의 모습은 안타까운 충격으로 다가왔다고 했다.

이런 생각을 하는 밀레니얼 세대 교사가 많을수록 학교는 리더십의 부재라는 난제에 부딪힌다. 밀레니얼 세대 교사들이 승진하지 않으려고 하는 것도 문제이지만, 학교의 원로 교사들이 스스로 학교를 떠나는 현상도 난제이다. 학교에는 분명 존경받을 만한 선배들도 많다. 그러나 안타깝게도 원로 교사들은 원로 교사에 대한 선입견을 숙명처럼 안고 살아가는 것이 현실이다. 학생들과 세대 차이가 나고, 트렌드에 뒤처졌으며 하루하루 무사 무탈하기만을 바라며 퇴직 날만 기다린다는 등의 선입견은 때로는 존경받는 선배이자 스스로 당당한 교사로서 살기 위해 애쓰는 개인의 노력을 가리기도 한다. 이런 인식 때문에 경력 교사들은 스트레스를 받는다. 자연스럽게 경력 교사들의 명퇴 신청이 증가하고 있다.

앞으로 학교에는 젊은 세대에게 경험을 나누어줄 연륜 있는 교사가 부족해질 것이다. 그런 상황에서 리더를 자처하는 사람조차 적으면 새로운 리더를 어디서 찾아야 할까? 교육계는 앞으로 '젊은 교사들의 잠재된 리더십을 어떻게 개발시키고 동기를 부여할 수 있는가'와 '능력 있고 존경받는 경력 교사들을 어떻게 오래 학교에 머무르게 할 것인가'를 심각하게 고민해야 할 것이다.

물론 승진을 준비하겠다는 밀레니얼 세대 교사들도 있다. 그들이 승진하려는 이유는 '발언권을 얻고 변화를 이끌어내기 위해서'이다.

승진하는 게 인간적으로나 업무적으로 워낙 힘들다고들 하셔서 그 과정이 쉽지는 않을 거라고 생각해. 그렇다고 물러서만 있으면 변화가 없잖아? 힘들어도 해보는 게 나쁠 건 없지. _92년생 5년 차 교사 S

'수업을 하지 않아도 되어서'라거나, '학교 최고 높은 자리에 있어보고 싶어서' 같은 이유가 아니라 '진심으로 변화를 이끌어내고 싶어서' 승진을 하겠다는 리더는 반드시 필요하다. 승진에 가장 관심이 없는 세대에서 가장 순수한 리더가 나올 수도 있지 않겠는가? 이렇게 밀레니얼 세대 교사들에게는 약점마저도 강점으로 승화될 수 있는 무언가가 있다. 젊은 교사가 이상적인 교육을 향한 꿈을 품고 발언하고 싶다는 욕구를 품는다는 점은 매우 중요하고 아름다운 현상이다. 이렇게 돋아나는 싹을 학교는 소중히 여기고 가꾸어줄 수 있어야 한다. 변화를 만들어내고 싶어 하는 마음이 꺾이지 않도록, 이 나라의 교육을 더 낫게 이끌어줄 리더십이 실종되지 않도록 말이다.

밀레니얼 세대 교사들은 어려서부터 넓은 세계를 무대로 자랐다. 그래서 **가능성(A)**도 무한하다. 그중에서도 가장 큰 가능성은 바로 융합의 산증인이 될 수 있다는 점이다. 4차 산업혁명 시대의 키워드는 '융합과 연결'이다. 미래에 교사는 학생들에게 융합하는 능력, 세계의 연결망을 활용하고 창조할 뿐만 아니라 스스로를 세계에 연결시키는 능력을 키워줘야 한다. 밀레니얼 세대 교사들은 학생들에게 본이 될 수 있다. 본인들부터가 융합과 연결의 성장 과정을 거쳤기 때문이다.

밀레니얼 세대는 어학연수, 배낭여행 등 글로벌한 문화 경험이 이전 세대에 비해 보편화된 세대이다. 학창 시절부터 이런 경험을 할 기회가 이전 세대에 비해 상대적으로 많았다. 밀레니얼 세대 교사 656명을 설문조사 했을 때 258명(복수응답 가능)이 자신의 가치관이나 행동에 영향을 준 경험 1위로 '해외 경험(어학연수·유학·여행)'을 꼽았다. 책, 영화가 235명으로 2위였다.[3]

그들은 이미 디지털 연결망으로 SNS를 포함한 소셜미디어를 사용하고 있다. 연결됨을 즐기고 활용할 뿐만 아니라 새로운 디지털 테크놀로지를 활용하는 데도 적극적이다. 학생들이 스마트폰을 좋아한다는 점을 문제로만 인식하지 않는다. 학교 숲에서 자연 관찰 수업을 할 때나 영어 프로젝트를 수행할 때 스마트폰을 활용한다. 선진화된 디지털 장비가 부족한 학교 현실에서 이런 시도는 얼마나 고마운가? 많은 밀레니얼 세대 교사들은 학생들이 지닌 물심양면의 디지털 자원을 활용하여 교실을 세계로 연결하려고 노력한다.

밀레니얼 세대 교사들은 SNS 등 온라인 소통망을 활용해 신념을 표현하고 다른 사람들과 연대하는 데 익숙하다. 방관하지 않고 참여하는 힘을 그들은 안다. 이미 2002년에 교복을 입고 미선·효순 양 사건에 항의했던 세대이다. 2002년 월드컵 때부터 목표로 하나 되는 힘을 체감한 사람들이다. 이명박 정부 당시 소고기 파동, 2014년 세월호 사건, 2016년 최순실 박근혜 게이트 등 사회에 굵직한 사건이 있을 때마다 그들은 인터넷과 모바일 환경을 이용하여 소통하고 모이며 변화시키려고 노력했다. 그러다 보니 '미닝아웃'이 생활화된 세대이다. 소비를 하거나 행동하는 데 자신만의 원칙을 표현하기를 주저하지 않는다. 고등학교 교사인 84년생 B는 동물실험을 하는 화장품 브랜드를 사지 않는다. 환경을 덜 파괴하는 소비를 지향하기 때문에 주로 생협을 이용하려고 한다. 그리고 이런 소비 선택을 블로그에 게시하기도 한다. 이렇게 밀레니얼 세대 교사들은 관심사와 생활을 연결하고 삶과 세상의 변화를 연결시키

는 힘이 있다. 교사의 이런 모습은 학생들에게 참여의 모델이
되기도 한다.

이런 가능성을 지닌 밀레니얼 세대 교사들의 **목표(G)**는
무엇일까? 밀레니얼 세대 교사 20명에게 교사로서의 목표를
자세히 이야기해달라고 요청했다. 사실 이 질문을 할 때 나는
밀레니얼 세대의 특성을 염두에 두고 뭔가 혁신적이거나 특별
한 소망을 품고 있지 않을까 예상했다. 하지만 생각보다 많은
밀레니얼 교사들이 가르치는 사람으로서 교사 본연의 역할에
충실하겠다는 목표를 세우고 있었다. 평생 평교사로 재직하며
아이들 가까이에서 교직 생활을 하고 싶다는 교사 K는 목표를
묻는 말에 비장하게 대답했다.

아이들의 가슴속에 영원히 기억될 멘토가 되는 것! _85년생 10년 차
교사 K

오, 멋진데? 웃음이 났지만 진심으로 멋있었다. 추상적인
목표이지만 솔직히 교사로 살기로 한 사람이라면 가슴 한편에
간직하는 꿈이지 않을까 하는 생각이 들었다.

학교란 작은 사회이니만큼, 학생들이 학교생활을 통해 성실, 배려
등 살아가는 데에 필요한 태도를 익히도록 돕고 싶어. 또 학생들의

장점을 충분히 인정하고 칭찬해줘서 높은 자존감을 갖게 하고 자기가 잘하는 것이 무엇인지 아는 사람이 되게 하고 싶어. _85년생 10년 차 교사 H

교사 H는 사회화라는 학교의 기능이 실현될 수 있도록 노력하면서 교사가 학생의 성장을 어떻게 도울 수 있는지를 항상 고민한다고 했다. 때로는 가장 기본적인 문제가 가장 해결하기가 어렵다.

나의 목표는 교과 배경지식을 넓히고 수업을 잘하는 교사가 되는 거야. 또 초등학생의 발달특성을 잘 이해하며 학생과 좋은 관계를 이어가는 교사가 되고 싶어. _91년생 4년 차 교사 K

K는 밀레니얼 세대이지만 교사가 되고 싶다는 생각이 아주 간절해서 교대에 온, 교직관이 성직자관(교직은 인간의 인격형성을 돕는 정신적 활동이므로 특별한 소명의식을 지녀야 하며 세속적인 것들과는 거리가 멀어야 한다는 교직관)인 신심 깊은 교사이다. 그는 교사가 행복해야 아이들도 행복할 수 있고, 그럴 때 교사의 워라밸은 완성되는 게 아니겠느냐고 물었다. 그러면서 교사와 학생들이 행복한 학교생활은 특별한 무언가로 결정되는 것이 아니라, 가르치는 사람인 교사가 수업을 잘하면서 학생들을 이해하면 되는 것이라고 했다. 그렇게 대답하는 그의 모습을 보

자니 몇 년이나 후배임에도 매우 성숙하게 느껴졌다.

수업과 생활지도가 원하는 대로 원활하게 진행되면 바랄 게 없어. 이런 기본적인 교육의 목표를 위해서는 일단 교사가 그 부분에 집중할 수 있는 충분한 시간이 확보되어야 하지. 그런데 현실은 안 그런 거 같아. 소방관리나 물품관리 같은 행정 업무를 하느라 할애되는 시간이 아직도 너무 많아. _83년생 15년 차 교사 C

C의 말은 밀레니얼 세대 교사뿐만 아니라 '교사와 학생 모두 행복한 교육'이라는 교육목표를 지닌 모든 세대의 교사들의 공통된 바람이다. 교사가 수업과 학생에만 몰입할 수 있는 환경이 되기까지 여전히 갈 길이 멀다.

'타성과 아집에 매몰되지 않는, 사고가 유연한 트랜스포머 교사'가 되고 싶다고 말한 교사 J는 이런 말을 덧붙였다.

그런데 밀레니얼 세대라는 말과 교사로서의 목표라는 말이 상충되는 것 같아. 밀레니얼 세대라는 게 물질적으로 전보다 나을 수 있어도 경제 불황으로 심리적 위축감을 느끼면서 워라밸을 추구하는 사람들인데, 그들이 교사로서 목표를 분명하게 설정하고 그걸 향해 나아가길 기대한다는 것 자체가 과연 현실적일까? _86년생 10년 차 교사 J

이 이야기를 함께 듣고 있던 교사 Y도 이렇게 말했다.

나만 해도 아이들을 좋은 사람으로 가르치겠다는 목표를 세우기보다는 그냥 나부터 먼저 좋은 사람이 되려고 노력하는 중이야. 좋은 교사는 그런 과정에서 되면 더 좋은 거고. 꼭 교사로서의 목표라기보다는 인간으로서의 목표랄까. _87년생 11년 차 교사 Y

이들의 말은 밀레니얼 세대의 특성을 잘 반영하고 있다. 교육자로서 거창한 목표보다 스스로 좋은 사람이 되겠다는, 한 인격으로서 '나'를 중요하게 생각하는 사람들. 교사 J는 밀레니얼 세대 특성상 교사들에게 목표를 세우고 추구하라는 요구가 현실적이지 않다고 말했지만, 그렇다고 교사로서 목표가 필요 없고 추구하지도 않는다는 무력함을 뜻하는 것은 아니었다. 오히려 스스로 타성과 아집에 빠져 불행한 '사람'으로 아이들 앞에 서고 싶지 않은 교사라는 점에서 좋은 교사는 어떠해야 하는가 생각하게 된다.

이 책에 다 싣지는 못했지만, 많은 밀레니얼 세대 교사들의 목표는 행복한 마음으로 교육하는 교사, 아이들의 성장을 바르게 이끌고 후에 좋은 교사로 기억되는 것이었다. 이야말로 전 세대를 아우르는 교사의 꿈이 아닐까. 그런 꿈이 과중한 업무라는 현실과 좀 맞지 않는 것이 문제일 뿐이다.

교사 J는 민주주의가 실천되는 학교를 만드는 것이 목표라고 답했다.

학교는 특히 민주주의 교육이 실천되어야 할 현장인데 교사사회에서부터 민주주의의 실천이 잘 이루어지지 않고 있는 것 같아. '갑질'이라는 말로 표현되듯, 관리자가 교사의 많은 부분에 간섭할 수 있는 구조에서 효율성과 합리성이라는 이름으로 교사의 자율성과 자발성을 제한하고 있어. 그러니 그런 관리자를 양산해내는 승진제도에 대해 인식이 좋을 수가 없지. 나는 민주주의가 실천되는 학교에서, 시민으로 자랄 아이들과 즐겁게 수업하는 교사가 되고 싶어.
_87년생 10년 차 교사 J

많은 교사를 '관리'하고 이끌어나가는 교장, 교감의 역할이 어떻게 민주주의의 실현과 공존할 수 있느냐는 문제에는 관리자 개인의 인성, 승진제도뿐만 아니라 학교 내 민주주의 실현을 이루려는 교사들의 열망과 공감대도 중요한 역할을 한다. 관리자에게 필요한 덕목을 논의하고 학교의 민주주의를 실천하는 일에도 교사들의 관심은 필요하다.

이 글을 쓰는 나의 개인적인 목표는 '변화의 시작'이다. 관례를 따르지 않는 과감한 발걸음이, 획일화를 거부하는 밀레니얼 세대 교사들의 목소리가 변화의 시작이 되기를 바란다.

경력에 상관없이 교사들의 의견이 평등한 협의거리가 되고 좋은 의견은 학교교육에 적용되기를 바란다. 밀레니얼 세대 교사들은 경력 15년 이하의 교사들이다. 연차가 더해지고 부장급 교사가 되면서는 좀 덜하지만 5년 미만의 신규교사들은 대부분 목소리를 낼 기회조차 없는 것이 현실이다. 뭔가를 말하면 은근히 '뭘 안다고'라는 반응이 돌아온다.

인터넷에 나도는 '꼰대 6하 원칙'이 있다. '누가(내가 누군지 알아?) · 언제(나 때는 말이야) · 어디서(감히 어디서) · 무엇을(네가 뭘 안다고) · 어떻게(어떻게 나한테) · 왜(내가 그걸 왜?).' 특히 "그 연차에 뭘 안다고" 같은 말은 좀 더 신중하게 해야 하지 않을까. 그런 말은 오히려 본인이 '그 연차'였을 때 아는 게 없었다는 사실을 반증하기 때문이다. 그 연차였을 때도 자신 있는 교육 철학과 부끄럽지 않은 교육 방식이 있었던 교사라면 그 연차인 누군가에게 함부로 말하지 않는 깊은 내공이 생기지 않았을까? 사람은 자기 경험에 비추어 세상과 다른 사람을 보게 마련이다.

젊은 교사들의 이야기를 조금만 더 들어주고 실행에 옮긴다면 꽤 많은 것들이 바뀔 것이다. 갓 발령받은 1년 차 교사의 눈이 더 예리할 수 있다. 원석이기 때문이다.

또 다른 목표 한 가지는, '의미 있는 내 위치 찾기'이다. 학창 시절 공부만 열심히 하고 사회에서 인정받는다는 교직에 들어섰는데, 막상 해보니 자기 자신은 없고 교사라는 이름표만 남은 현실을 깨닫게 되는 순간을, 아는 사람은 안다. 진짜 자기다움이 뭔지, 이 일이 나와 잘 맞는지 모르고 선택했다는 후회를 하기도 한다. 그래서 그들은 '어쩌다 보니' 닿게 된 교직에서 존재 의미를 찾고 싶어 고민한다. 꿈에 그리던 안정된 직업 여건은 좋지만 늘 그 이상의 뭔가를 찾아야 할 것만 같다. 그래서 누군가는 대학원에 가서 학위공부에 기대보고, 누군가는 연구를 한다. 누군가는 끊임없이 여행을 떠나고 누군가는 독서와 인문학에 탐닉한다. 어떤 방법을 선택하든 그들은 자신과 누군가에게 의미 있는 교사이고 싶어 한다. 그 모든 과정이 뒤늦게 나다움을 찾는 과정이자, 어떻게든 초등교사라는 직업에서 만족감과 의의를 찾고자 하는 분투기가 아닐까. 교사의 길을 걷다 돌아보았을 때, 스스로 잘 맞는다고 느껴 행복한 것도 아니고 보람도 없다면 너무나 슬픈 일 아닌가.

매슬로Abraham H. Maslow는 말년에 인간 욕구 5단계 이론Hierarchy of Needs의 최고위였던 자아실현욕구Self-Actualization Needs 위에 자기초월욕구Self-Transcendence Needs를 추가했다. 자아실현이 자기 가능성을 확인하는 수준이라면 자기초월은 자아실현을 뛰어넘어 타인의 자아실현과 가능성을 돕는 차원이다. 밀레니얼 세대 교사들은 학생의 성장을 돕고 사회에 기여함으로써 교사로서 가능성을 증명해내고 싶은 사람들인지도 모른다.

나 또한 지나간 세대가 되겠지만

자기 권리를 지키고 일과 생활의 조화를 이루려고 노력하는 밀레니얼 세대의 성향은 때로 윗세대 교사들과 갈등을 빚는 요인이 되기도 한다.

서울에서 근무하는 10년 차 O 교사. 임신한 몸으로 학교에 근무하며 모성보호시간을 써보니 건강관리를 하고 몸을 돌보는 것이 업무 능률에도 크게 도움이 되는 걸 느꼈다. 그런데 어느 날 이해할 수 없는 일을 겪었다. 출산 예정일이 다가올수록 몸이 무거워 하루하루 출근과 수업이 힘든 나날이었다. 출산이 임박했으니 손가락 마디와 다리도 퉁퉁 부어 조금만 서 있어도 아프고 배가 당겼다. 그런데 출산예정일을 한 달 앞두고 전담을 맡은 학년이 수학여행을 갔다. 수학여행 기간 동안 수업이 없어 연가를 쓰고 싶다고 요청했는데 받아들여지지 않왔다. 정확히 말하면 교장선생님이 결재해주지 않은 것이다. "수업이 없다고 출근하지 않는 선례를 만들어서는 안 된다." 교장선생님이 말한 이유였다.

내 관점에서는 어떤 합리성도 찾아보기 힘든 이유다. 무엇을 위한 선례이고 무엇을 향한 추종이란 말인가? 아마도 방학도 아닌 학기 중에 연가를 사용하는 교사의 빈자리가 다른 교사들에게 미칠 영향을 생각했기 때문이라고 심정적으로는 이해하려고 노력해볼 수 있다. 수업 없는 날이라고 전담교사가 연가를 쓰면 수업 없는 날이 없는 담임교사들과 형평성이 맞지 않는다고 생각하는 입장도 있을 수 있다.

그런 이유에도 나는 반문하고 싶다. "누구를 위한 형평성입니까?" 다른 누군가가 못 쉰다고 쉴 수 있는 사람을 쉬지 못하게 하는 것이 진정한 형평성인지 생각해볼 일이다. 선례가 있으면 무조건 따라야 하는지도 말이다. 출산을 앞두고 몸이 힘든 임신부라는 특수성은 감안될 수 없는 것인지 묻고 싶다.

이런 상황일 때 중견 이상의 선배교사들이 하는 말이 있다. "우리 때는 임신해도 두 시간 넘게 통근하고 힘들어서 앉아서 수업해도 혼나고 그랬어." 그때 무리해서라도 지키려 했던 가치를 모르는 것은 아니지만 지금 세대에 맞는 최선은 따로 있다는 사실을 인정할 필요가 있다.

세대의 형성에는 개인의 범위를 넘어선 사회 배경, 역사의 공유라는 흐름이 작용한다. 세대사회학에서는 특정 시간 동안 공통의 역사적, 사회적 경험을 지닌 연령 집단을 코호트 Cohort라 하고 활발히 연구 중이다. 흔히 쓰이는 코호트 구분의 예는 베이비붐 세대, 386세대 등이다.

한 사회의 구성원들을 이렇게 세대로 나누는 시도는 위험성을 안고 있다. 세대의 특성이라고 규정되는 면면이 사실은 세대에 속한 사람들의 개별성을 말살하고 표준화할 수 있기에 위험하다. 앞의 사례 또한 교장선생님의 개인 성향에 따른 선택일 수도 있다. 모든 교장선생님이 그렇지는 않기 때문이다. 또 세대 구분은 세대에 속한 사람과 속하지 않은 사람을 나누고 다르게 규정하므로 위화감을 만든다.

그럼에도 세대를 나누어 말하는 이유는 세대의 분리가 오히려 세대를 통합해주는 힘이 있기 때문이다. 이해할 수 없던 젊은 사람들의 행동을 세대의 특성으로 설명하면 조금 더 이해하려는 마음이 생기기 쉽다. 사회적 배경과 근거가 어느 정도 타당성도 있으니 수긍도 된다. 기성세대들은 자신들 또한 언젠가 새 세대였으며 이해받지 못했고 고군분투했음을 기억하고 있다. 그러므로 한 가지 변하지 않는 진리는 '세대를 초월하여 결국 각자 열심히 사느라 애쓴 인간이고, 결국 모든 세대는 지나가며, 그래서 우리는 서로가 측은하다'는 사실이다.

밀레니얼 세대가 아닌 선배교사들에게 학교에서 세대 차

이를 많이 느끼는지 물었다.

솔직히 크게는 못 느껴. 초등은 각자 교실에 들어가 있으면 부딪칠 일도 별로 없고. 가끔 학년 업무로 협조해야 할 때 빼면 같이 뭔가를 하는 경우가 별로 없으니까. _77년생 20년 차 교사 C

이럴 때는 있지. 신규라서 이걸 잘 모를 텐데 싶어서 알려주려고 할 때 '알겠는데 제가 알아서 할게요' 같은 뉘앙스가 느껴질 때가 있어. 그래서 먼저 알려준다고 하기가 선배 입장에서도 조심스럽고. _72년생 21년 차 교사 B

근데 또, 똑똑해서 잘하기도 해. 밀레니얼 세대라고 모든 사람이 똑같은 건 아니잖아. 어려울 때 얼마나 먼저 다가와 주는지는 개인차가 있는 것 같아. 우리 신규는 2년 차인데 모를 땐 바로바로 물어보고 도움받기를 주저하지 않아. 계속 물어봐서 죄송하다고 커피도 내밀거든. 그럼 나도 귀찮지 않고 귀엽고 고맙지. _80년생 17년 차 교사 C

선배 세대 교사들은 밀레니얼 세대 교사들이 선배에게 도움을 청하기보다는 스스로 찾아서 문제를 해결하려는 자립 성향이 강하고 퇴근 후 각자 스케줄이 있어서 단합을 위한 자리를 만들기 힘든 것 같다고 느끼고 있었다. 21년 차 교사 B는 "젊은 샘들이 '단합'이 필요한지 의문을 갖는 것 같아서 회식하자고 하기가 좀 그렇다"고 했다.

하지만 선배들 역시 후배 세대의 반응을 세대 문제라기보다는 교실이라는 개인 공간이 있는 직업적 특성과 개인 성향으로 이해하고 있었다. 세대를 넘어 인간 대 인간으로 만나려는 노력이 보였다. 한번은 7명이 모인 자리에서 모두 입을 모아 동의한 점이 있었다.

> 꼰대라는 소리는 진짜 듣고 싶지 않아. 나도 꼰대 싫어. 꼰대 같아 보일까 봐 걱정되고 후배라도 어렵게 느껴져. _80년생 17년 차 교사 C

> 꼰대 콤플렉스가 있는 것 같아. 꼰대가 되고 싶지 않다는 강박 같은 거. _71년생 22년 차 교사 K

'꼰대'에 강력한 반감을 보인 세대는 밀레니얼 세대 전부터 있었다. 1968년을 전후해서 태어난 X세대가 그들이다. 88서울올림픽을 개최할 만큼 발전한 우리나라의 경제적 풍요를 학창 시절부터 누린 세대이다. 배꼽티, 탱크톱 등 파격적인 문화로 기성세대를 놀라게도 했다. 오죽 놀라우면 세대 이름조차 X, 알수 없음이라는 의미로 붙였을까. 그러니 꼰대를 얼마나 싫어했을지, 그래서 그들이 얼마나 꼰대가 되기 싫은지도 알 것 같다.

굳이 세대 차이라고 느낀 걸 찾자면 이럴 때야. 아닌 것 같으면 아니라고 선 긋는 게 나보다는 확실한 것 같아. 저번에 갑자기 예정에 없던 회의에 부장 이하 교사들도 참석하라면서 교감선생님이 7시까지 시간외근무를 상신하라고 했거든. 그랬더니 30대 초반 동학년 샘이 딱 4시 반까지만 하고 가겠다면서 거부하더라고. 교감선생님한테는 애초에 부장급 교사들 회의인데 참석 의무도 없는 데다 시간외근무까지 할 필요 없는 거 아니냐고 하면서. _77년생 20년 차 교사 C

자기는 이의 제기는 생각지도 않았다며 오히려 본인이 좀 순종 바보처럼 느껴져 그런 솔직한 모습이 부럽기도 하다는 C 교사의 말에 모두 웃었다.

선배 세대가 후배 세대를 이해하려고 노력하는 만큼, 후배 세대도 선배 세대의 입장을 이해하려고 노력한다는 점을, 여러 밀레니얼 세대 교사들을 인터뷰하며 느꼈다.

40~50대 선배들이 승진을 희망하는 이유를 단순히 관리자가 되고 싶다는 욕망만으로는 단정 지을 수는 없을 것 같아. 선배들은 '나이 든 교사들은 교육계의 니즈를 충족시키고 학생들과 소통하는 데 어려움을 느낄 것'이라는 사회적 인식에 대한 불안도 있는 것 같고. 그래서 사람들이 교사를 보는 시선이 좀 변화했으면 좋겠어. _92년생 6년 차 교사 K

이 후배 교사는 고경력 교사들이 승진이나 눈에 보이는

성과로 자신을 증명하도록 떠미는 사회적 분위기를 인식하고 선배들의 심리적 어려움에 공감하고 있었다. 분명 고경력 교사들은 저경력 교사들이 아직 알지 못하는 고민거리를 많이 안고 있다. 승진을 준비하는 사람과 준비하지 않는 사람 간의 갈등도 많고, 승진하지 않으면 관리자나 나이 어린 동료 교사에게조차 무시받는 경우도 있다. 학교에 꼭 필요한 고경력 교사들이 점점 설 자리를 잃어간다. 고경력 교사들이 자기다운 모습으로 바로 설 수 있는 변화가 필요하다.

세대론과 개성을 적절히 이해하면 서로 다름을 받아들이기에 이보다 좋은 도구도 없는 것 같다. 결국 의미를 결정하는 것은 관점과 존중의 문제이다. 그러니 잠시만 세대로 묶는 단순함을 허락해주시길. 솔직히 말하면 나에게 '밀레니얼 세대'라는 기준은 지금까지 살아오며 느낀 점들을 해석하기 위한 하나의 도구이다. 세대라는 다수의 힘을 빌리면 힌트를 얻을 수 있지 않을까 하는 바람에서 말이다.

2장

정년까지의 몸 사림을 거부합니다

명예퇴직이 더 이상 명예롭지만은 않은, 오히려 명예를 잃기 전에 떠나는 비상구가 되어가고 있다.

나는 언제, 어떤 모습으로 어떻게 학교를 떠나게 될까? 정년을 생각하기에는 너무 멀어서 아득하기만 한데 매일 뉴스를 장식하는 교권 관련 문제들은 "당신이 언제까지 교사를 할 수 있을 것 같아?"라고 묻는 듯하다.

교대신은 없다

교대에는 〈교대신〉 그림이 전해진다. 불교의 탱화처럼 손이 여러 개인 이국적인 외모의 신이 각각의 손에 교육과정 책, 피아노, 단소, 팔레트, 배구공을 잡고 있고 왼발에는 토슈즈를 신은 채 오른발로는 축구공을 밟고 있다. 교대생들이 얼마나 다양한 과목을 배우고, 가르칠 수 있는 교사로 거듭나는지를 재미있게 표현한 그림이다. 언제부터인지, 저작권은 누구에게 있는지도 알 수 없을 정도로 오랫동안 내려온 절대신이다. 얼마나 대대손손 이어왔는지 한 손에는 플로피디스크가 있다 (후배님들, 들어는 봤나 플로피디스크?).

교대생들은 실제로 초등학교에서 가르치는 과목들을 모두 배운다. 과학실험은 당연히 하는 거고, 예체능은 실기로 배운다. 예를 들면 음악실기 3학점짜리를 1학점씩 쪼개어 피아노, 국악(단소, 장구), 성악 등을 배운다. 배구나 농구도 기본자세와 기술을 모두 배운다. 모두 초등교사가 되기 위한 현실적 관문이지만 부채춤용 부채를 들고 다니는 모습이 유리문에 비치거나, 단소가 안 불어져 답답할 때는 '내가 대학에 온 것이 맞나' 하는 의문이 드는 순간들도 간혹 있다.

내가 교대신을 처음 만난 것은 대학 캠퍼스의 설렘이 가득했던 1학년 어느 날이었다. 첫 느낌은 뭐랄까, 복합적이었다. 웃기기도 하고 뭔가 아쉽기도 하고, 이렇게 다방면의 재주를 갈고닦는 나 자신이 기특하기도 하고 쓸쓸해지기도 했다. 결국 나는 애국가도 제대로 연주를 못해 C⁺를 받았고, 발레는 B, 뜨개질과 체조는 D를 받았다. 나는 신이 아니었다.

그래도 기죽지 않았다. 음악 실기점수가 C⁺라고 해서 음악을 가르치는 내 실력이 C⁺는 아니고, 겉뜨기 안뜨기를 할 줄 모른다고 해서 내가 실과를 못 가르치는 것도 아니니까. 내가 아이들과 하는 일은 단순한 실기지도가 아니라 교육이니까.

교대에서는 초등학교에서 가르치는 모든 과목의 교육론을 3학년까지 기초와 심화 수준으로 나누어 배운다. 국어교육을 예로 들면 국어과교육1에서 기초단계 국어과교육론을 배우고 3학년쯤에 국어과교육2 강의에서 심화단계 국어과교육론을 배운다. 교대생은 이런 식으로 전 과목의 교육론 강의를 이수해야 한다. 교육학 강의도 따로 있다. 여기에 추가로 각자 선택한 전공과목을 좀 더 심화적으로 배운다. 나는 입학할 때 선택한 과가 초등수학교육과라서 수학과 심화과목으로 집합론과 위상수학, 대수학, 수학학습심리학 등을 배웠다.

초등학생을 가르치기 위해서는 인간의 성장을 이해하고, 과목으로 불가피하게 나누어놓은 지성의 각 영역을 공부해야 한다. 필요하다면 융합도 해야 한다. 각 과목의 교육론 강의들은 저마다 인간을 탐구하는 서로 다른 관점과 학문적으로 독특한 방식을 담고 있다. 기초소양을 갖춘 인간, 삶을 풍요롭게 살아갈 인간의 바탕을 다지는 초등학생들을 가르치는 사람으로서, 각 과목의 특성과 차이를 이해하고 적용하는 일은 매우 중요하다. 가르치는 대상이 초등학생이기에 교사들은 다양한 분야를 경험하기를 요구받는다. 그런 점에서 교대신은 초등교사의 직업적 특성 일부를 표현한 그림이라고 볼 수 있다.

그러나 교대신이 교대생의 표상은 될 수 없다. 가장 중요한 것이 빠졌기 때문이다. 바로 아이들이다. 아이들은 인간의 성장을 상징한다. 교대신의 가장 가운데 자리에는 교대생들이 알아야 하고 가르쳐야 할 아이들과 관련된 무언가가 있어야 했다.

교대에는 교대생들이 초등학생을 더 이해하고 탐구할 만한 교육과정이 필요하다. 실습은 4년 동안 3~4번, 그것도 1~4주 정도뿐이다. 많은 교대생이 여러 동아리 활동이나 봉사활동을 하며 아이들을 만날 기회를 찾는다. 교대의 공식교육과정만으로는 아이들을 만날 기회가 적기 때문이다. 실습프로그램도 개선되어야 하지만 실습기간이 아닐 때에도 교대생들이 초등학생을 알아갈 강의가 필요하다. 초등 학령기 아이들의 관심사와 발달 과정을 알고, 이 아이들이 알아야 할 내용을 가르치는 교수능력을 배우고, 가르칠 내용을 엄선하는 안목도 기를 수 있도록 해야 한다.

지금 사회는 초등교사에게 사고력 교육 능력, 2015 개정 교육과정 용어로 '창의융합인재'를 길러내는 역량 등을 기대한다. 그런데 시대가 초등교사에게 요구하는 것들이 과연 교사를 양성하는 교대에서부터 이루어지고 있을까? 교대는 입학하자마자 시간표가 짜여져 나온다. 학점별로 2개 강좌 중 선택할 수 있는 경우가 있기는 하지만 많지 않다. 초등학교 과목만큼 다양한 학과들의 강의가 각각 이루어진다. 교수들은 전공과목을 가르친다.

초등학교에서는 각 과목별로 지도해야 할 때도 있지만 통합적으로 가르쳐야 할 때도 많다. 안타깝게도 교대에서는 그런 경험을 할 수 없다. 국어는 국어이고, 수학은 수학이다. 프로젝트 학습처럼 주제를 중심으로 여러 과목을 통합하는 교육 방식이 창의융합인재를 길러내는 방법으로 추천되는 교육계의 흐름 앞에, 교대생들은 괴리를 느낀다. 현장에선 융합을 하라는데, 안타깝게도 융합교육을 하는 교사의 모델을 찾을 수 없는 사태가 일어난다. 교대는 교사양성의 가장 중요한 원칙을 잊고 있다. 교사는 경험한 만큼만 가르칠 수 있다는 사실 말이다.

교대는 이미 오래전부터 교육현장에서 요구하는 역량을 대비하지 못하고 교대의 커리큘럼, 실습과 임용시험, 실제 발령 후 학교 근무까지 모두 연계되지 않는다는 비판을 받아왔다. 학생수가 종합대에 비해 워낙 적고 학교가 작다보니 교수진의 부족과 공간적 제한 때문에 시간표가 짜여 나온다는 이유가 당연하듯 따라붙는다. 학생수가 적고 학교가 작으면 정말 그럴 수밖에 없을까?

미국에 올린이라는 대학교가 있다. 정식명칭은 프랭클린 W. 올린 공과 대학Franklin W. Olin College of Engineering으로, 미국 공학 교육의 혁신모델로 인정받는 대학이다. 교수 40명, 학생 350여 명으로 규모가 작은 학교이다.

올린에서는 과목 개설이 아주 자유롭다. 학생들이 개설 희망 과목에 의견을 내놓을 수도 있고, 교수들이 시범적으로 개설한 과목을 파일럿 형태로 진행하면서 보완해 나간다. 학생들은 새로 개설된 학점도 없는 과목에 참여하여 의견을 개진하면서 과목의 정체성과 방법이 정교화되도록 교수들과 상호작용한다. 커리큘럼 개발에 학생이 중요한 역할을 하는 것이다. 교수들은 전공 분야나 영역을 고집하지 않고 전공이 다른 교수들과 '컬래버레이션(컬래버)Collaboration'을 한다. 물리학 교수가 디자인 과목을 가르치기도 하는 파격적인 곳이다. 그 교수는 "보통 다른 대학에서는 교수들끼리 영역 다툼을 하는 경우가 많은데, 올린에서는 서로 배우고 함께 공부하는 문화가 있어서 정말 좋다. 덕분에 교수들도 끊임없이 성장하고 있다는 것을 느낀다"고 했다.[4]

조봉수가 쓴 《미래의 교육, 올린》에는 올린에서 교육과정 개설에 어떻게 학생들이 참여하고 교사들이 협조하는지 자세히 나와 있다. 한 예로 '역사의 물건The Stuff of History'이라는 강의가 있는데, 재료공학 교수와 역사학 교수가 함께 개설한 강의이다. 교수들의 의도에 따르면, 학생들은 이 강의를 통해 재료공학의 의미와 인문사회학의 현실 적용 예를 배울 수 있다. 강의라고 해서 교수들이 강의법으로만 진행하는 것이 아니다. 첫날 학생들 앞에 플라스틱 컵, 고무줄, 운동화 등 일상적인 물건이 놓이고, 학생들은 이 물건 중 하나를 골라 5주 동안 상세히 조사하며 심도 있는 연구를 한다. 그 후에 5주를 또 그 물건과 비슷하게 사용됐던 과거의 물건을 찾아 발전 과정을 연구한다. 이 과정에서 교수들은 코치 역할을 한다. 전공과목이 다른 두 교수는 학생들의 내적동기를 높이는 수업을 하기 위해 엄청난 토론을 했고, 고민만 반복하고 길을 찾기 어려워하는 학생들에게는 본질을 놓치지 않게 하면서도 이끄는 방법을 연구해야 했다.

올린에 입학하는 학생들의 수준은 하버드나 MIT에 입학할 만한 수준이다. 2002년에 개교한 학교가 2006년에는 〈뉴스

위크Newsweek〉가 선정한 미국의 25개 명문대(일명 뉴 아이비스 New Ivies 그룹)에 포함됐다. 올린이 인정받는 이유는 실험과 혁신을 추구하는 교육을 실제로 교수들과 학생들이 협력하여 철저하게 구현해내기 때문이다. 입학하면 기초 이론부터 배우는 다른 대학들과 달리, 올린에서는 실험을 위주로 현장 중심 교육을 실시한다. 올린에서는 학생과 교수의 비율이 9대 1이다.

올린이 교대에 주는 시사점은 네 가지이다. 첫째, 학교가 작은 게 문제는 아니라는 점이다. 올린은 작지만 재단으로부터 전폭적인 재정지원을 받는다. 교수는 최고 수준으로 초빙하고, 재학생 전원이 4년 내내 장학금을 받는다. 학교의 커리큘럼 운영 과정에는 별도의 지원금을 받는다.

둘째, 좋은 교육과정은 교수와 학생의 협력으로 만들어진다는 점이다. 올린은 2001년에 교수를 채용하면서 30명의 학생들을 '올린 파트너'로 초빙해 교육과정 개발에 참여시켰다. 대학 설립단계부터 학생들이 참여하다니, 굉장한 파격이다. 대학이 학생의 주체적인 역할을 인식하고 학생과 교수의 원활한 의사소통이 가능하다고 믿은 것이다. 교수와 학생의 관계인식 자체가 우리나라의 일반적인 인식과는 다르다.

셋째, 교수도 학생도 각자 제 몫을 다 한다는 점이다. 최고로 인정받는 교수진임에도 정년을 보장해주지 않고 5년마다 재계약한다. 학생은 한 개 이상의 기업을 창업하고 운영해야 졸업할 수 있다. 우수한 학생들을 소수 정예로 뽑아 최선의 지원을 한 후 졸업과 동시에 특수 대학인 공대의 설립목적을 충족하게 하는 것이다. 교대는 목적형 대학임에도 학생 선발과 교원임용 인원이 맞지 않아 임용 외에는 길을 찾기 힘든 실업자를 양산해낸다는 비판을 받는다. 올린의 사례는 교대의 학생 선발과 졸업에 중요한 힌트가 될 수 있다.

넷째, 융합의 필요성이다. 올린은 과를 구분하지 않으며 전기공학, 컴퓨터공학, 시스템디자인 등의 분야에서 학위를 수여한다. 우리나라의 일반 대학도 과를 구별하지 않는 학부가 운영되는 곳들이 많아졌다. 교대에 과가 꼭 있어야 하는지도 한번쯤 생각해볼 문제이다. 일부 교대 대학원에는 융합교육학전공과정이 있지만 그 과 안에서도 각 교수님들이 전공분야를 따로 강의하고, 학생들은 주로 지도해주시는 교수님의 전공분야와 관련된 연구를 한다. 대학원의 융합교육학전공과에서도 컬래버 강의를 보는 것은 쉽지 않다.

융합이 필요한 이유는 각각 따로 서 있을 때 보지 못하는 것들을 볼 수 있는 기회를 주기 때문이다. 교대에서도 학생들에게 교육과정의 일부라도 이런 강의를 경험할 유연성을 발휘하면 좋겠다. 교수님들은 각 분야에서 전문성을 인정받은 학자이자 전문가들이다. 가장 정통한 사람들의 컬래버라면 멋지지 않을까? 또 융합이 중요한 이유는, 섞일 수 없는 것들이 섞이려고 할 때 발생하는, 활발한 대화와 조정의 과정 때문이다. 융합은 소통과 이해와 설득, 비판과 수용, 실험과 성찰 없이는 불

가능하다. 그 과정에서 문제해결력도, 사고력도, 의사소통능력
도 길러질 수 있다. 이것이 바로 우리가 아이들에게 길러주고
경험시켜야 하는 과정이다.

교대의 커리큘럼을 묻는 인터뷰에서 교대생들은 또 다른
점에서 의견을 제시했다.

> 현직 출신 강사들이 더 많은 강의를 맡았으면 좋겠어. 학교현장에
> 서 근무해본 경력이 있는 교수나 현직에 계신 선생님들께 배운 강
> 의가 더 다채롭고 현장감각이 있는 것 같아. _96년생 교대졸업생 H

2020학년도 임용시험을 보고 발령을 앞두고 있는 H는
다른 대학에 다니다가 교대에 왔다. 1학년으로 다시 입학해 교
대 수업을 들으면서 교수님께서 본인이 십몇 년 전에 저술한
교재를 복사해서 수업하시는 것을 보고 놀랐다. 교대가 너무
과거에 머물러 있다는 생각을 했다고 H는 말했다.

교육의 질은 교사의 질을 뛰어넘지 못한다고 한다. 교사
의 질을 높이려면 교사들이 양성과정에서 겪는 경험들이 그들
에게 본보기가 되고, 새로운 아이디어의 출발점이 될 수 있어
야 한다. 교대에서 교대생들은 자신이 배우고 싶은 것, 교사로
서 배우고 싶고 배워야 할 것을 고민할 기회가 없다. 그런데 생
각해보면, 이것이 바로 우리가 학생들에게 키워주어야 할 배움

에 대한 내적동기 아닌가? 교대생들은 자유롭게 선택하고 의견을 개진하는 민주교육을 경험하거나, 수준 높은 융합교육의 성과를 체득해보지 못한 채로 민주교육과 융합교육을 하러 현장에 나간다. 무에서 유를 창조하라는 불합리한 요구이다.

다시 교대신으로 돌아가보자. 교대신이 들고 있는 갖가지 예체능 도구들은 교대의 전부가 아니다. 그러므로 교대생은 교대신을 보고 '초등다운 교대의 한계'라고 자조하거나 그것들이 교대생이 해야 할 전부라고 착각하지 말자. 각 과목을 알아가되, 각 과목의 특성을 통찰하고, 필요할 때는 연계하고 섞고, 그 과목의 교육론을 쓴 사람은 생각지 못한 새로운 관점을 창조해보자. 몇 가지 예체능 실기를 조금 못하더라도 낙담하지 말고 본질을 보자. 기초 기본 교육을 할 수 있는 자신의 소양과, 자신이 일조할 인간의 성장을 바라보자. 좋은 강의를 원한다면 건의하고, 대화하고, 참여하자. 올린에서처럼 학점 없는 파일럿 과목에도 뛰어들어 오로지 배움의 기쁨을 위한 시간과 노력을 들일 준비가 되어 있는가?

교대에 온갖 기예를 멋지게 해내는 신은 없다. 예비교사로서 배움을 고민하고 당당히 요구하는 인간만이 있을 뿐이다. 교수님들은 이런 예비교사들에게 지성인의 모델이 되어주시길, 그리고 대학은 자유와 논의를 허락하는 시스템으로 최선의 지원 노력을 보여주길 바라본다.

교생의 추억

　예비교사를 진짜 교사로 만드는 필수 교육과정은 바로 교생실습이다. 교대에 따라 조금씩 다르기는 하지만 거의 일 년에 한 번, 1~4주 동안 이루어지는 교생실습을 통해 현장을 배울 수 있다. 그래서 기대도 많이 하고 짧은 기간 동안 최선을 다한다. 하지만 실습학교가 어디인지, 담임선생님이 누구인지에 따라 실습의 질은 천양지차이게 마련이다.

　첫 교생실습은 1학년 때 1주일간 나간 참관 실습이었다. 교대부설초등학교로 갔다. 6학년 부장선생님 학급에 배정을 받았다. 아이들은 교생선생님이라는 사실만으로도 우리를 좋아해주었다. 1주일뿐인데도 처음이라는 설렘이 있었다. 참관만 해도 1주일은 엄청 짧았다. 수업을 참관하는 스케줄 사이사이에 교생 교육 프로그램들도 있어서 강당과 교실을 부산하게 오고 가다 1주일이 끝났다. 생각보다 담임선생님과 우리반 아이들을 볼 시간이 부족해서 많이 아쉬웠던 기억이 난다.

특별한 역할도 없고 손님처럼 왔다 가는 1학년 교생을 위해 담임선생님은 많이 배려해주셨다. 아이들의 사진과 이름을 인쇄해주시고 참관록에 코멘트도 성의 있게 써주셨다. 1학년 실습생에게도 진지하게 현장에서의 고민을 나누어주셨다. 나는 첫 실습 때 자상하고 꼼꼼한 담임선생님을 만나 1주일이지만 뜻깊은 실습을 마칠 수 있었다.

2학년 때는 인천에서 학부모가 열성적이고 학군이 좋다는 초등학교로 참관실습을 2주 동안 나갔다. 2학년 반에 배정이 되었다. 갓 아홉 살이 된 아이들은 정말 귀여웠다. 1학년 때보다는 기간도 조금 더 늘어나고 교육과 전공 공부를 시작해서인지 와닿는 게 더 많았다. 그때 담임선생님은 교육경력이 20년이 넘었는데도 '웃음전도사'로서 아이들의 마음을 돌보고 다독이는 좋은 모습을 보여주셨다. 선생님은 '열성이 지나쳐 교사의 권위를 침해하는 학부모에게 대처하는 지혜'에 대해 이야기해주셨다.

3학년 교생실습 때 담임선생님은 4학년 반의 5년 차 선생님이었다. 지금 생각하면 1급 정교사자격을 받자마자 교생을 맞은 상황이었던 것 같다. 교대생이 교대를 졸업하면 2급 정교사 자격이 생기고, 임용시험에 합격해서 교육경력이 3년 이상 쌓이면 발령 순차에 따라 1급 정교사 연수를 받은 후 시험을 치러 1급 정교사 자격을 얻는다.

교대 3학년이라고 좀 보고 들은 게 있어서 담임선생님의 지도 방법에 의문이 생기기 시작했다. 체육 수업인데도 선생님은 청바지나 치마 차림 그대로 그늘에 서서 마이크에 대고 지시만 했다. 아이들이 줄을 잘 서지 않는다고 한 시간 내내 '좌향좌 우향우 뒤로 돌아'만 시켰다. 4학년 아이들도 기대했던 체육 시간에 제식훈련만 하면서 시간이 가니 짜증을 내기 시작했다. 그러면 "어쭈, 누가 짜증 내" 하면서 대기하는 시간이 더 길어졌다. 어쩌다 제식훈련이 짧은 날은 '아나공' 수업("아나 공 좀 줘"의 줄임말. '아나'는 '여기'를 뜻하는 경상도 사투리. 교사의 특별한 지도 없이 공만 던져주고 아이들끼리 놀게 하는 체육 시간을 뜻하는 말로, 교대생들은 교대에서 '하지 말아야 할 체육 수업'으로 이 말을 듣는다)일 때가 많았다. 여러 면에서 교대 강의에서는 하지 말라고 배운 예들을 실제로 보는 실습이었다.

내가 수업했던 과학 시간에 있었던 일이다. 알코올램프를 쓰는 실험이라 실수로도 큰 불이 날 수 있기에 조심해야 한다는 압박감이 컸다. 다른 학교에서 실습 중이던 동기가 알코올램프를 쏟아서 과학실 책상 위에 불이 번졌다는 소문도 들려와서 수업 준비부터 실습 내내 긴장했다. 그런데 한 모둠에서 아이들끼리 자기가 하겠다고 알코올램프를 가져가려 씨름하다가 과학실 책상 위에 램프가 떨어졌다. 다행히 유리램프가 깨지지 않고 불이 붙은 상황도 아니어서 알코올만 흘렀다. 나는 다른 모둠을 돌아다니며 불을 붙여주다가 알코올램프가 떨어지는 소리에 깜짝 놀라 돌아보았다. 당황한 나머지 소리를 지르며 아이들에게 화를 냈다.

"선생님이 만지지 말라고 했지! 불이라도 붙어 있었으면 어쩔 뻔했어!"

실험을 중지하고 알코올을 치우면서도 나는 왜 선생님 지시대로 하지 않았느냐, 얼마나 위험했겠느냐며 으박을 질렀다.

"선생님, 잘하셨어요."

그날 담임선생님은 처음으로 나를 칭찬하셨다. 나도 안다. 선생님의 칭찬은 '화를 낸 것'이 아니라 '안전과 관련해서는 엄격해야 한다'에 초점이 있었음을. 그런데도 뭔가 기쁘지만은 않았다. 아이들에게 소리 지르는 와중에도 '이럴 필요까지는 없다'는 적색경보를 느꼈지만 그럼에도 멈추지 않았기에 마음이 불편했다. 그게 정말 교육적인 엄격함이었는지 스스로 의문이 들었다.

실습 마지막 날, "교생선생님~"하고 부르며 헤어지기 아쉬워하는 아이들 사이에 눈에 띄게 데면데면해 하는 아이가 있었다. 그 반 반장 아이였다. 실습 기간 내내 아이는 교생인 나를 나름대로 평가하고 쉽게 마음을 열지 않는 것 같았다. 아이들이 순서대로 다가와 마지막 인사를 했다. 반장 아이의 순서가 왔다. 아이는 악수를 청하면서 한마디했다.

"화내지 않아도 애들은 알아요."

웃지도 않고 인사도 딱히 없이 자기 자리로 돌아가버린 아이. 실습기간 3주 통틀어 이 순간에 나는 가장 많이 배웠다. 그것도 열한 살짜리에게.

4학년 때 실습은 다시 부설초등학교로 갔다. 담임선생님은 열정적이고 배울 점이 많은 분이었다. 현직교사로 설 날이 1년도 남지 않은 4학년의 실습답게, 실습은 아주 알차고 고됐다. 매일 지도안을 짜고 수업자료를 만들고 협의록을 쓰느라 잠잘 시간도 없었다. 실습을 하며 내가 교육내용의 구조화에 특기가 있다는 걸 알았다. 담임선생님은 실습생의 수업 전, 중, 후 모든 과정을 철저하게 관리해주셨다. 수학교육과 선배로서 수학 학습의 구조화에 대한 고민도 함께해주셨다. 그러다 보니 매 수업마다 아이들에게 개념을 시각화하는 교재를 개발하고 판서에 신경을 썼는데 그 과정에서 선생님께서 나의 장점을 발견해주셨다. 선생님께 출퇴근시간을 초월하는 헌신, 실험적인 수업에 대한 고민과 시도, 학생을 이해하고 인내하는 마음을 배웠고 학생의 상처에 기울이는 관심 또한 초등교사의 전문성일 수 있음을 배웠다.

교대 4년 동안 만난 담임선생님들에 대한 추억을 장황하게 쓴 것은 그분들의 모습이 지금 교사들의 모습이기 때문이다. 그분들은 어떠했고 지금의 나는 어떤 교사가 되었는지 진지하게 돌아보게 된다.

4년 동안 총 10주 정도의 실습을 마치고 임용에 합격해서 발령을 받았을 때 당황스러웠던 점이 뭐냐고 누가 물으면 한마디로 말할 수 있을 것 같다. "수업만 하면 되는 줄 알았어요." 어떻게 실습하는 동안 '공문, 기안, 품의, 나이스' 같은 행정업무 용어를 들어본 적이 없었을까? 들었지만 이 정도로 중요한지 몰라서 지나친 걸까? 발령받고 보니 이게 초등교사 일의 반인데!

발령 첫해. 기안하고 품의하라고 하시는데 무슨 말인지 하나도 모르겠고, 기껏 서류를 작성하면 이렇게 하면 안 된다고 하시니 정말 당혹스러웠다. 거기에 들여쓰기, 용어, 줄 바꿈, 뭐 이렇게 복잡한지.

기안과 품의는 업무에 따라 안 할 때도 있지만 나이스 업무는 1일 차 신규부터 교장선생님까지 모두 하는 만큼 중요한 교육행정 정보시스템이다. 신규연수 교육과정 중에 나이스에 대해 알려주는 강의시간이 있기는 했다. 하지만 수백 명을 대강당에 모아놓고 화면으로 잠깐 설명해주니 '저런 게 있구나' 하는 정도이지 실제로 연습도 못해보고 현장 발령을 받은 것이다. 실무와 관련해서 맨땅에 헤딩 하는 일들이 너무 많았다. 실제로 시스템을 사용하는 방법이나 문서 작성 방법이야 발령받아서 진짜 필요할 때 배워도 된다 하더라도 학교 전체의 업무 체계와 시스템이 어떤지 정도는 교생 때 배웠어야 하는 게 아닌가 싶다.

실습할 때와 비교하여 또 당황스러웠던 점은 아이들과

학부모의 세계가 상상 이상으로 복잡하다는 것이다. 매일 온 갖 시범수업에 참관하고 교생을 대상으로 하는 교육프로그램 에 참석하느라고 교실에서 아이들을 관찰할 시간이 없는데 어떻게 아이들의 세계를 알 수 있을까? 지도선생님이 학부모 와 어떤 관계를 만들어나가는지를 살펴볼 기회가 거의 없는 데 한 달도 안 되는 시간 동안 어떻게 학부모와의 소통방식을 배울 수 있을까? 그냥 잠깐 왔다 가는 손님이 아니라 한 학급 의 구성원으로서 꽤 긴 시간 부딪치며 지내는 경험이 예비교 사에게는 정말 필요하다.

실습은 수업이나 아이들과 공존하는 학교 현장을 예비교 사가 심도 있게 이해하고 몸으로 부딪치며 배울 수 있는 정말 중요한 교육과정이다. 그런데 배워야 할 내용들에 비해 기간이 너무 짧고 형식적이다. 수업의 세계는 1~2주 앉아서 참관하고 3~4주 동안 조금 해본다고 알 수가 없는데, 그 짧은 시간 동안 맛보기가 아니라 요리를 하려니 실습 기간 내내 교생은 죽어 난다.

4학년은 특히 지필시험인 임용시험 1차도 얼마 안 남은 시기인데 실습 기간에 1차 공부가 거의 올스톱된다. 물론 2차 를 준비한다고 생각하고 실습에 임한다. 명목상으로는 실습과 임용시험이 따로일 수 없는데도 의도치 않게 임용시험과 실습 이 별개의 관문처럼 여겨지게 된다. 이런 구조가 만들어지는 데에는 임용시험 문제 유형과 짧은 실습 기간, 실습 학교마다 천차만별인 실습 프로그램의 영향도 있다.

만약 기간이 길어진다면 기존 실습 기간 때 해야 했던 초고강도보다는 급히 먹다 체하는 듯한 느낌이 들지 않도록 교육과정이 조정되었으면 좋겠다. 그리고 퇴근 후에는 혼자 그날을 돌아보고, 원한다면 임용시험 1차도 준비할 여유가 있었으면 좋겠다. 1차를 위한 공부가 실습과 병행되면 시너지를 낼 수 있는데 현행 실습에서는 전혀 기대도 할 수 없다.

92년생 교대졸업생 K는 교대 커리큘럼을 1~2년 동안 온전히 현장을 경험하는 커리큘럼으로 바꿔야 하고, 현재 실습은 "실습생들이 실패를 통해 성장할 수 있는 기회"조차 주지 않는다면서 매우 구체적인 커리큘럼 개선안을 메일로 보내왔다. K는 1차 평가는 현장 경험을 키우기 위한 교사 후보생이 되도록 자격 요건을 최소한으로 하며 최종 합격에 영향을 미쳐서는 안 된다는 의견을 덧붙였다. 지필시험인 1차 시험이 최종 합격에 반영될 뿐만 아니라 소수점 차이로 당락이 결정된다는 점에서 너무나 지엽적인 단순 암기식 공부를 조장한다는 의견이었다. A4 4장에 걸쳐 작성된 교대커리큘럼-실습-임용시험에 대한 K의 의견서는 이 책에 모두 싣지 못하지만 블로그에 모두 게시되어 있다. 현행 임용시험과 학부-실습-현장의 괴리까지 모두 고려했다는 점이 놀라웠다. K의 개인적인 의견이지만, 교대가 지향해야 할 커리큘럼-실습 개선안의 힌트를 얻을 수도 있고, 발전적인 공론화를 위한 시작이 될 수 있다고 판단되어 공유한다.

#교대 커리큘럼 실습 연계 개선안 _교대졸업생 K

① 교육대학교 3학년 이후(또는 4학년), 교원임용 전 1~2년을 '교사후보생(또는 교원후보생)' 기간으로 정한다. 단, 학부 때 일정 기간의 교육봉사를 수료해야 하며, 교원임용 평가(현재 1차 평가)에서 정해진 커트라인을 넘어야 '교사후보생'이 될 수 있다. 교원임용 평가 내용은 학부에서 가르친 내용을 기반으로 해야 하며, 한 학기 시수의 일정 비율은 국가에서 정한 교대커리큘럼에 따라야 한다.

② '교사후보생' 기간 동안 정교사와 같이 수업하며, 전문적 학습 공동체와 같은 수업 연구 시간에 동학년 교사들이 상시 평가한다. 이는 '교사후보생'의 잠재능력을 평가하기 위한 것으로 장기적으로 성장과정을 평가하는 자료로 활용하며, 교사로서 요구되는 다양한 측면을 평가할 수 있도록 국가적 차원에서 체크리스트를 연구하고 보급하여 신뢰할 수 있는 평가가 이뤄지도록 한다.

③ '교사후보생' 배정 학교는 각 교대가 소속된 시도교육청 관할의 모든 학교이며, 한 학년당 한 명의 '교사후보생'과 전담 멘토가 되어줄 '담당교사'가 일대일로 배치되도록 한다. 담당교사

에 대한 교육은 수석교사제도를 활용한다.

④ 업무는 해당 학년 수업과 관련된 업무로 한정하여 처리하도록 하여, 실제 임용 이후에 겪을 수 있는 환경적 조건을 조성하도록 한다.

⑤ '교사후보생'인 동안에는 자신이 관심 있는 수업 방식(가령, 메이커 교육, 하브루타, 코딩 교육, 놀이 수업 등)을 주제로 실제로 수업을 여러 횟수로 해보고 '교사후보생 보고서'를 작성하여 소양과 잠재력 등 교사로서의 자질을 증명할 수 있도록 한다. 하나의 주제를 선택한 다음에는, '교사후보생'이 원하는 시점에 수업을 공개하여 교장, 교감, 멘토 교사(수석 교사 등), 동학년 교사, 그 외 경력교사(동학년 교사와 같은 비율)가 참관하고 관찰 평가하여 기록하며, 평가 기록이 남은 것만 '교사 후보생 보고서'에 유효한 주제로 인정한다.

⑥ 최종 평가의 권한은 각 학교의 교장에게 있으며, 국가적 차원에서 설치된 '교원임용 평가 담당국'에서 그 평가의 타당성을 '교사후보생 보고서', 동학년 상시 평가 기록, 수업 공개 관찰 평가 기록과 함께 검증하도록 한다.

현행 임용시험은 지역별로 TO를 내고, 2차 시험문제도 지역별로 유형과 내용, 범위에 차이가 있다. 물론 지역 상황을 반영하여 교육전문가를 양성한다는 점에서는 의미가 있다. 하지만 각 시도교육청이 지역의 특수성을 반영하면서도 질 높은 수준의 교원양성 프로그램을 적용하기 위해서는, 국가 차원의 치밀한 준비와 계획, 실행이 필요하다. 국가가 교원양성의 중요성을 좀 더 인식하고 장기적인 관점에서 체계적인 양성과정과 수급계획을 고민하여 가이드를 제공하고 전폭 지원해줄 필요가 있다.

K의 개선안에서 보듯 교원양성 프로그램은 교육과정의 개발 단계에서부터 실제적인 업무·지도 능력을 길러줄 수 있도록 구성되어야 한다는 데 동의한다. 현장에서 꼭 필요한 역량을 키워줄 수 있는 교대의 교육과정이 중복이나 누락 없이 효율적으로 구성되고, 학부에서 공부한 내용이 임용시험으로 연계되는 '교원양성 교육과정과 임용시험의 일체화'가 이루어져야 한다는 점에 임용시험을 경험한 많은 교사가 동의하리라 생각한다. 특히 교사후보생이 장기적으로 학교에 머물며 현장 교사들의 생활을 공유하고 경험하고, 그 기록을 임용시험에 활용하도록 한다면 현장을 기반으로 한 교원양성과 임용이 가능할 것이다.

실습생이 좀 더 여유롭게 학교 전체가 돌아가는 모습과 아이들, 그리고 교사 사회를 들여다볼 수 있도록, 또 임용시험과 현장을 따로 여기며 두려워하지 않도록 개선되길 바란다.

임용시험 두 번 합격의 비밀

교대에 입학하면 거의 취업이 되었다고 보아도 될까? 아니다. 우선 임용 합격에 조금이라도 보탬이 될 수 있도록 치열한 학점 전쟁을 이겨내야 한다. 그다음에는 허수 없는 경쟁률에서 1이 되어야 한다. 허수가 거의 없는 이유는 교대졸업생이나 교대, 교원대 초등교육과 등 초등교육을 전공한 졸업예정자로서 2급 정교사 자격증이 있는 사람만 볼 수 있고, 지역별 중복접수가 안 되기 때문이다.

2020학년도 초등임용시험 전국 경쟁률은 다음과 같다. 서울이 3.41:1, 경기 2.21:1, 대전 4.07:1, 제주 1.65:1, 세종 3.52:1, 부산 2.08:1, 대구 2.05:1, 울산 1.68:1, 경쟁률이 가장 높은 곳은 9명 선발에 74명이 지원한 광주 8.22:1, 가장 낮은 곳은 233명 선발에 257명이 지원한 강원 1.10:1이었다. 2019

학년도 전국 경쟁률은 서울 3.34:1, 경기 1.86:1, 인천 3.82:1, 경쟁률이 가장 높은 곳은 광주 5.89:1, 가장 낮은 곳은 강원 0.93:1이었다. 지역마다 따로 TO를 내고 원서도 받기 때문에 지역, 연도에 따라 차이가 크다. 채용인원보다 지원자가 미달이면 무조건 붙을 수 있을까? 당연히 과락도 있다. 채용경쟁률이 낮아도 수준이 기준 미달이면 교사가 될 수 없다는 뜻이다.

시험은 지필시험인 1차는 하루 동안, 2차는 전국적으로 3일간 심층면접, 수업실연, 영어 수업실연과 영어 면접을 보고 일부 지역은 집단 토의, 인문소양 면접 등 특색 있는 방식을 추가해서 치른다. 시험범위는 아주 넓다. 초등학교에서 가르치는 1~6학년 전 과목의 교육과정에 통달해야 한다. 우선 국가가 제시하는 교육과정의 방향이자 지침인 교육과정 총론을 알아야 한다. 국가가 교육의 방향을 제시하는 일종의 큰 그림이기 때문에 사회의 요구나 시대적 흐름에 맞추어 주기적으로 바뀐다. 교육과정 총론을 해설해놓은 해설서도 따로 있다. 2015 개정 교육과정 총론 해설서는 220쪽짜리 문서이다.

교육과정 각론은 각 교과별 교육과정 내용이다. 교과별 교육과정을 기반으로 교과서와 지도서가 만들어진다. 교과별 교육과정 원문과 교과서, 지도서 내용을 알아야 한다. 교과별 교육과정 원문은 과목별로 200쪽 내외의 책 한 권 분량이다. 지도서는 마르고 닳도록 달달달 외우고 깊게 이해해야 한다.

초등교과 지도서라고 초등교과서 수준이 아니다.

총론 해설서 한 권, 교육과정 원문이 교과별로 한 권씩, 교과서가 학년별 1, 2학기씩 교과별로 12권씩, 지도서도 교과별로 6~12권씩 있다. 초등학교 교과는 국어, 도덕, 사회, 수학, 과학, 실과, 체육, 음악, 미술, 영어 등에 통합교과까지 10과목이 넘는다. 초등교사가 되기 위해 공부해야 할 책을 모두 쌓아 놓으면 몇 미터는 될 것이다. 교육과정이 바뀌면 당연히 교과서도 바뀌고 지도 내용도 수정된다. 임용시험을 재수, 삼수한다고 그다음 해에 잘 본다는 보장이 없다는 뜻이다.

교육학을 알아야 하는 교직논술도 있다. 매년 교육학 내용이 반드시 포함되는 건 아니지만 교육학을 알면 유리하다. 예전에는 교육학이 객관식으로 출제됐다가 지금은 논술에서 일부 출제되고 있다.

"무슨 쇼미더머니야? 랩 하는 줄 알았어."

2016년 1월 서울 임용시험 2차 면접시험 날, 심층면접을 마치고 나온 나는 남편에게 전화를 했다. 안도와 어이없음이 교차하는 들뜬 목소리였다. 서울 면접 장면을 다시 떠올려보면 이러했다. 입장 전 시험실 앞에서 5분 동안 문제를 읽는다. 구상형 1번은 학생들의 인식을 볼 수 있는 장문의 신문기사가 나왔다. 시사점과 지도 방안을 몇 가지 이상 제시하라고 했다. 2번도 긴 지문을 읽고 지문 속 교사에 관한 몇 가지 문제점과 이상을 제시하고 조건에 맞추어 설명하라고 했다. 답을 구상해서 시험실에 들어간다. 노크부터 발걸음, 표정까지 신경 쓰며 표나지 않도록 손목시계의 시간을 초단위로 확인하면서 자연스럽게 답변한다. 구상형 답변이 끝나면 앞에 있는 파일을 연다. 그 안에는 문제를 읽고 바로 답해야 하는 즉답형 문제들이 있다. 빈칸 채우기, 설명하기, 예 들기 등 요구 조건도 많고 역시 말해야 할 답의 가짓수가 엄청 많다. 머릿속이 하얘지기 직전인데 그런 와중에도 여유롭고 온화한 얼굴로 표정관리를 하고 시간 체크도 하면서 정말 '미친 듯이' 와다다다 대답을 마쳤다. 노크-입장-답변-즉답형문제확인-답변-퇴장까지 이 모든 걸 10여 분에 했다니 지금 생각해도 그게 가능했는가 싶다.

2011년 경인교대를 졸업하자마자 경기도에 발령을 받았다. 그리고 5년 후 다시 치른 서울 임용시험. 나름대로 준비했음에도 불구하고 이번에도 예상을 뒤엎는 문제에 당혹스러웠다. 5년간의 경험이 없었다면 어떻게 했을까 눈앞이 깜깜할 정도로 문제는 임기응변력을 요구했다. 공정성 논란을 피하려고 정답 개수에 더 초점을 맞췄는지 전년도에 비해서 요구하는 답안의 개수나 요건이 너무 많았다.

나는 면접 시간 내에 요건은 맞추었으나, 씁쓸했다. 오늘 이 시험이 교사로서 나의 어떤 면을 말해줄 수 있었을까 착잡

한 의문이 들었다. 나의 교직 적성과 가치관, 전문성 중 어떤 것도 제대로 평가했다고 볼 수 없었다.

이날 초등임용시험 카페 게시판은 난리가 났다. 답변 시간이 부족해서 다 마치지도 못했다는 목소리가 많았다. 좋은 교사가 될 마음의 준비가 다 된 좋은 후배들이 많은데. 이렇게 어이없이 문제 몇 개로 당락을 걱정해야 한다니 마음이 무거웠다.

준비과정은 어땠을까. 첫 임용시험을 봤던 몇 년 전보다 발전했을까? 2011학년도나 2016학년도나 임용시험은 변한 게 없었다. 사고력이 더 많이 필요한 구상형이 강화되는 등 변화가 조금 있기는 했지만 결국 큰 틀은 그대로였다. 시험 출제기관의 선택은 여전히 '공정성 논란이 없게 채점하기 쉬운 쪽'으로 기울어 있는 듯했다. 기출문제와 예상문제 수백 개를 놓고, 면접대비용 핵심 키워드 정리 파일을 외우며 실전처럼 시뮬레이션 인터뷰를 수십 번 해본다.

직장이 서울에 있는 남자친구와 결혼하면서 5년 만에 임용시험을 다시 봤다. 시험 경향이 많이 바뀌었을까 봐 걱정을 많이 했다. 그래서 시험트렌드를 따라가기 위해 일부러 현직 교사가 아닌 교대 4학년 후배를 구해 스터디를 했다. 그런데 후배가 학교 특강에서 배웠거나 최근 합격한 선배들의 비기라고 알려주는 정보나 시험 준비 방식이 5년 전과 똑같았다. 부끄럽지만 이게 임용시험에 두 번 합격한 비밀이라면 비밀이다.

5년간 초등 임용시험은 근본적으로 변한 것이 없었다.

심층면접, 수업실연을 치르는 2차 시험은 전문성과 인성을 갖추었는지를 평가할 수 있어 초등교사 임용시험의 목표를 가장 잘 반영하고 달성할 수 있는 중요한 단계이다. 최근 지역에 따라 집단토의나 자기성찰보고서, 수업실연 후 반성적 성찰 질문 등이 추가되었다. 그런 걸 보면 일회적이고 피상적인 평가도구에 그쳤던 기존 임용시험의 한계를 인식하고 보완해나가려는 노력이 보인다.

대구교육청은 인문소양 면접을 본다. 대구로 응시한 93년생인 교대생 L은 처음에는 읽기도 힘든 인문고전 책들을 수험 생활 중에 읽어야 한다는 게 매우 부담이 되고 이게 무슨 도움이 되나 의문도 있었다고 한다. 하지만 인문고전 책을 몇 권이라도 읽고, 책과 관련하여 생각할 거리들을 접하면서 "학생을 가르친다면서 인간을 이해하는 데 관심이 없었던 내가 얼마나 겉핥기식 공부를 했는지 느꼈다"고 고백했다. 그러면서 "인문소양 공부는 교사가 인간관을 정립하는 데 분명히 도움이 된다"며 인문소양 면접을 보지 않는 지역의 임고생(임용시험 수험생)들에게도 인문고전 독서를 추천했다.

2차 시험에서는 각 교육청별 시책이 특히 중요하다. 그래서 많은 임고생들이 교육청에서 발행한 시책 문서를 100쪽, 200쪽씩 또 암기한다. 발언할 때 덧붙여서 교육청의 시책에 관심이 있고 잘 알고 있다는 인상을 주기 위해서이다. 나는 이런 모습이 안타깝다. 매년 바뀔 수도 있는 시책을 외우는 것이 그렇게 중요한가? 임용시험에서 시책을 중요하게 여기는 발상 자체가 위에서 만든 교육 정책을 아래로 내려보내 적용하게 하려는 하향식 소통 구조를 보여준다고 생각한다. 내가 경험한 바로는 인문학 책들을 읽으며 인간 본성에 대해 고민했던 시간들이, 내 앞에서 욕을 하는 아이의 본성을 믿고 기다리게 해주는 힘이 되었다. 그런 점에서 일시적인 시책 중심의 질문보다 인문소양 쪽 공부가 더 강조되어야 한다고 생각한다. 예비교사들에게 교사로서 마주칠 모든 상황에 대한 가이드를 제공할 수 없다면, 그들이 어떤 상황에서도 버티고 인간애를 지킬 수 있게 내실을 키워줘야 하지 않을까.

　1차에서 악명 높았던 단순암기식 문제가 지양되고 있다는 점은 긍정적이다. 2018년 이전에는 '2009 개정교육과정의 목표 중에서 쓰시오'와 같이 교육과정 원문을 외워야 쓸 수 있는 문제들이 많았다. 물론 총론, 각론은 모두 교사에게 중요하다. 다만 총론은 현행 교육과정의 원칙이고 지침 같은 개념이다 보니 추상적인 문장이 많다. 교육과정 원문 공부가 필요한 이유는 교사가 교육과정을 정확하게 이해하고 꼭 알아야 할 원칙들을 인식해야 하기 때문이다. 그러나 그걸 키워드로 외울 필요까지 있을까? 학교 현장에서 수업 준비를 하고 교육과정을 연구할 때 총론 원문이 필요한 경우는 거의 없다. 용어는 필요하면 찾아보면 된다. 이런 문제들은 현직에 나간 그 누구도 외우고 있을 것 같지 않은 지식 측정용 암기 문제였다.

> 임용시험 공부를 하다 보면 '도대체 내가 이걸 왜 외우고 있는 거지?'라는 생각이 들 때가 한두 번이 아니야. 0.01점으로도 떨어지는 시험이니 온갖 것들을 막무가내로 외워야 돼. 공부하면 공부할수록 참 치사한 시험이라는 생각이 들어. 아이들을 가르쳐야 하는 교사를 이런 시험으로 채용해도 되는 걸까? _95년생 교대생 L

임용시험을 준비해본 사람이라면 누구나 L의 말에 공감할 것이다. 특히 경쟁이 치열한 서울, 경기, 광주 지역 학생들은 '통암기만이 살길'이라고 믿는다. 통암기는 교육과정 원문 자체를 문장별로 모두 통째로 외우는 것이다. 이게 가능한가 싶지만 임고생들이 실제로 하는 공부가 이렇다.

> 소수점 차이로 붙은 사람과 떨어진 사람 사이에는 교사로서의 자질에 어떤 차이가 있을까? 떨어져도 채점 기준조차 공개되지 않고, 내가 뭘 잘못했는지조차 알 수 없으니 암담할 뿐이야. _93년생 교대 졸업생 S

S는 2020학년도 임용시험에서 소수점 차이로 불합격했다. S가 암담한 이유는 불합격이 처음이 아니기 때문이다. 지

엽적인 문제는 둘째치고 채점 기준을 알 수 없고 본인의 채점된 답안을 볼 수 없다는 점이 가장 답답하다. 교대생 J는 인터넷 카페 등에서 다른 사람들과 답을 비교해봐도 같은 답인 것 같은데 저 사람은 저 점수이고 나는 왜 이 점수인지 알 수 없다는 점에서 "정규직 채용 과정이 한 길밖에 없는 교대생에 대한 갑질 중의 갑질"이라고 표현했다.

교직논술마저도 예비교사의 논리와 가치관을 평가하는 문제 대신 주어진 교육활동 상황에 필요한 교육학 관련 지식을 평가하는 문제가 줄곧 출제되었다. 답을 쓰는 과정에서도 시간이 촉박하니 줄줄 답을 써나가기 바빴지, 논술이라고 해서 깊게 성찰하고 논할 시간은 주어지지 않았다. 이것이 교사 임용시험 논술의 지향점인지 의문이다. 60분 이내에 쓰라는 조건이 너무 많다. 마치 "교대생들의 실력은 다 비슷비슷하니 시간 내에 쓸 수 있는 자와 없는 자로 나누겠어!"라고 말하는 것 같다.

2019학년도 교직논술 문제를 현직교사 30명에게 보여주고 답을 물어보았다. 정확한 키워드로 말할 수 있는 교사는 얼마나 됐을까. 문제 유형에 대한 의견을 들어보았다.

충분한 시간이 주어지고 풀어서 설명해도 된다면 답할 수 있다. 그런데 문제에서 요구하는 용어와 항목이 너무 많고 세세하다. 평가

를 위한 평가 같다. _78년생 15년 차 교사 J

임고생이라면 총론을 외우니 총론 문제는 답을 할 수 있다. 하지만 다른 항목은 요구하는 교육학 용어를 정확하게 쓰려니 잘 모르겠다. _92년생 5년 차 교사 K

시간이 너무 짧다. 60분 이내에 글 구조까지 갖춰서 이 많은 항목을 조리 있게 쓸 수 있다니 그때는 어떻게 했는지 믿기지 않는다. _93년생 5년 차 교사 S

총론의 방향은 알고 있다. 하지만 학교 현장에서 총론을 외울 필요가 있을까. _75년생 21년 차 교사 B

문제에 제시된 교실 상황이 현실과 괴리된다는, 평가를 위한 평가로서의 한계를 지적한 의견도 있었다.

다양한 답이 나올까 봐 답안의 범위를 제한하느라 문제 속 아이를 비현실적으로 만들었다. 현장 경험이 있는 교사라면 이상하다고 생각할 것 같다. _87년생 10년 차 교사 Y

2020년 교직논술에서는 '학교요인'에 대한 문제가 나왔다. 학교요인이란 학교교육 효과에 영향을 미치는 모든 요인을 말한다. 학교 규모부터 구성원의 역량 등 학교의 조직적, 구조적, 집단적 특성을 포함한다. 이 문제가 충격이었던 이유는 "학교요인이 무엇인지 듣도 보도 못했다"는 반응이 대다수였던 데다, 하위 문항 중 하나는 업무 경감 방안을 묻는 문제였기 때문이다. 학교 업무 경감 방안은 주로 관리자 연수에서 다루어지며 교육청 차원의 매뉴얼이 작성되어 제공되는 행정적인 내용이다. 현장 경험이 없는 신규교사 후보자들에게 학교의 업무 경감 방안을 묻다니. 평가의 타당성부터 떨어진다. 결국 이 문제는 현장 경험이 있는 현직 출신 임용응시생들에게 유리한 문제가 되었다.

경험이 부족할수록 상식과 지식이 행동의 기준이 된다. 그런 면에서 초등임용시험에서 교사로서 알아야 할 내용을 묻는 것은 당연하다. 예비교사들에게 기본 지식이란 교육학과 교육과정에 관한 전문적인 지식이다. 하지만 지식을 평가할 때, 심지어 교원을 뽑는 시험에서조차 간과하는 점이 있다. 지식은 정보가 아니라는 점이다. 지식의 정확한 뜻을 사전에서 찾아보면 "어떤 대상에 대하여 배우거나 실천을 통하여 알게 된 명확한 인식이나 이해"라고 나와 있다. 단편적인 정보가 아니라 이해의 과정을 거친 식견이 담겨야 진정한 지식이다. 우리나라 학교에서 치러지는 일제고사식, 객관식 시험이 비판받고 시험 전후로 학생들에게 발전이 없는 이유는 '인식과 이해가 빠진

지식'만 묻는 시험이기 때문이다.

17년 차 교사 L은 임용시험이 교사부터 시대적 역량을 길러주는 데 한계가 있음을 지적했다.

> 학생들에게는 핵심역량을 기르라고 하면서 아직 임용시험은 암기식을 벗어나지 못한 것이 안타깝다. 이렇게 단편적인 지식으로 문제를 풀도록 훈련된 학생들이 인간을 만나는 직업을 가지게 되니 학교현장에서 힘들어 하는 것 같다. 교사라면 충분히 풀 수 있는 문제이지만 문제 유형에는 개선이 필요해 보인다. _77년생 17년 차 교사 L

임용시험에서 지식을 물을 때는 가치관이나 견문이 묻어 나올 수 있는 문항이어야 한다. 식견은 판단력, 안목, 분별력이라는 다른 말로 표현될 수도 있다.

평가의 기본은 타당도妥當度와 신뢰도信賴度이다. 타당도는 평가해야 할 내용을 제대로 평가하고 있는지, 신뢰도는 평가 결과가 믿을 만한지를 알려주는 척도이다. 지금의 임용시험은 타당도도 신뢰도도 충분하지 않다. 특히 1차 시험에서 요구하는 키워드를 외우는 단편적 지식들은 시험이 끝나면 알코올처럼 날아가 버린다. 지속가능성도 생명력도 없는 일회성 지식을 묻는 문항이 너무나 많다.

공정하고 객관적이며 신뢰성 있는 채점 과정을 위해 다

수의 채점자들이 공통적으로 합의하기 좋은 키워드와 개수에 집착하고 있다는 생각이 든다. 제대로 '논하는' 시험을 내면 공정성이 흔들릴까? 흔들린다면 어떻게 보완해야 할까? 신뢰도를 확보하려면 어떻게 해야 할까? 물론 이 문제는 매우 복잡하고 어렵다. 하지만 어떤 시험보다도 임용시험에서부터 이 문제를 해결해야 하지 않을까. 5년 만에 다시 치른 시험에 변화가 없었다는 사실은 교원을 양성하고 배출하는 시험 자체에 대한 인식과 고민이 충분하지 않다는 뜻으로밖에 보이지 않는다.

평가자의 책임 면피와 편의를 위해 예비교사들이 희생하는 시간이 너무나 아깝다. 필요할 때 한번 펴보면 될 교육과정 지침서들과 문서들을 외우느라, 아이들과 어떻게 현재를 행복하게 살 수 있을 것인가를 고민해야 하는 젊은 시간들이 무정하게 흘러가고 있다. 3년 뒤면 나도 학부모가 된다. 학부모로서 교대 4학년들의 모습을 본다면 어떨까 생각해보았다. 내 아이의 선생님이 수십 권의 책을 쌓아놓고 달달달 외우기만 하는 모습을 보며 좋다고 할 사람이 있을지 의문이다.

교대 1학년 때 교양수업으로 들었던 세계사 강의의 기말시험 문제가 생각난다. 세 가지 중에서 한 가지 주제를 골라 2시간 동안 쓰는 오픈북 논술 문제였다. 나는 이 질문을 골랐다. "인류는 진보하였는가, 퇴보하였는가?"

한 학기 동안 세계사 강의에서 우리는 프랑스혁명부터 1차 세계대전, 2차 세계대전을 거치며 굵직한 사건들과 그때마다 등장한 사상과 인류의 신문물에 대해 배웠다. 답을 적기 위해서는 그동안 인식하지 못하고 있었던 문제에 대해 입장을 정하고, 배운 지식을 총동원하여 주장을 뒷받침하는 근거를 써야 했다. 나는 인류가 진보했다는 주장을 하기 위해 한 학기 동안 배운 지식을 다양하게 활용했고 나아가 퇴보했다고 주장할 만한 근거들을 찾아 반론했다. 시험 두 시간을 꽉 채워 고민했다. 오픈북이라도 고민할 시간이 줄어들지 않았다.

시험이 끝나자 나에게는 공고하게 다듬어진 관점 한 가지가 더 생겼다. 답을 하기 전에는 생각해본 적 없는 문제에 대해 나만의 새로운 가치관이 정립되는 시험이었다. 가치관의 근거는 내가 배운 지식이었고 그렇게 쓰일 때 지식은 완성된다.

시험 시간 동안만이라도 생각해본 적 없는 문제에 대해 충분히 생각해보고 답하는 경험을 해야 한다. 예비교사가 임용 전 반드시 고민해보아야 하는 문제들로 말이다. 임용시험은 예비교사에게 정립되어야 할 가치관과 반드시 지녀야 할 지식을 스스로 점검해볼 수 있게 하는 최후의 관문이다. 임용시험장에 들어갈 때는 예비교사지만 시험장에서 나온 후에는 발령을 기다리는 교사가 된다. 그러므로 임용시험부터 평가의 기본 정신이 실천되어야 하지 않을까 싶다. 평가는 성장을 위한 평가여야 한다.

신규를 길들이는 방법

"우리가 몰라서 안 하는 게 아니야."

초임 시절, 내가 쓴 생활기록부의 '행동발달 및 종합의견'을 본 부장님의 말이다. 방학 전에 한 학기의 성장을 종합 기록하는 생활기록부를 작성한다. 초임이라서 더더욱 애정과 열정이 넘쳤던 나는 '행동발달 및 종합의견'을 아주 구체적으로 적었다. 아이들마다 고유한 특성을 보여주는 예시를 들어 꼼꼼하게 적어주었다.

"학급 회의를 하면 매번 2~3회씩 발표를 할 만큼 자기 의견을 자신 있게 표현함. 발표하는 의견이 친구들의 동의를 많이 얻고 대표 의견으로 선택됨. 친구들의 지지를 많이 받고 학급에서 팀을 짤 때마다 같은 팀이 되려고 하는 친구들이 많다는 점에서 인기가 있음. 연날리기에 성공하려고 점심시간과 방과 후에 틈날 때마다 연습해서 결국 성공하는 끈기가 있음."

이런 식으로 한 명당 4~5문장씩 적다 보니 우리 반 아이들의 3학년 행동발달 및 종합의견란은 1, 2학년 때보다 훨씬 길었고 다른 반에 비해서도 매우 길었다. 부장님은 내가 쓴 종합의견에 "대학 갈 때까지 12년을 학교를 다니는데 이런 식으로 쓰면 졸업할 때까지 도대체 몇 장이 되겠냐. 우리가 몰라서 안 하는 게 아니야"라고 말했다.

말씀을 듣는 내 머릿속에는 이런 생각들이 떠올랐다. '대학 갈 때까지 12년간 장수가 많아진다고 무슨 큰 문제가 있나?' '한 명 한 명 다 특성이 있고 한 일이 다른데 「적극적이고 성실하며 인기가 있음」이나 「배려를 잘하고 예의가 바름」이라고만 쓰면 한 반 30명 아이들 모두 적극성·성실성·배려심 등 크게 몇 가지로만 성격이 분류될 수 있는 건가?' '말 그대로 행동발달인데 어떤 행동을 근거로 어떤 발달이 보였는지가 구체적으로 서술되어야 하는 것 아닌가? 나는 교대에서 그렇게 배웠는데.' 부장님은 "우리가 몰라서 안 하는 게 아니야"라고 하는데, 아는데도 안 하는 이유를 나는 도대체 알 수가 없었다. 12년간 종이 몇 장 더 모이는 게 큰 문제인가?

내가 쓴 생활기록부를 보고 교감선생님은 "선생님이 열정이 많아서 학생들을 자세히 관찰하고 써준 것 같네요. 학생들에게도 좋은 기억이 될 것 같아요. 그런데 종합의견을 쓰는

란이기도 하니 학생이 일시적으로만 보일 수 있는 행동특성보다는 한 학기를 대표할 수 있는 말을 더 써줄 필요가 있어요"라고 말했다.

최대한 부드럽게 돌려 표현하셨지만 의도를 충분히 알 수 있었다. 학생의 특정 행동이 정서 인지 행동발달을 보이는 표지일 수도 있지만 그것이 정말로 학생의 어떤 특성을 대표할 만한 행동이었는지에 대해서는 충분한 고려가 필요하다는 뜻으로 이해하니 쉽게 납득이 되었다.

다음 학기부터는 개인별 특성이 구체적으로 드러나는 사례를 중요하게 생각하되 학생의 일면을 충분히 대표하는 표현인지 좀 더 숙고하게 되었다. 해가 갈수록 생활기록부 작성법은 학생별 개성이 반영되도록 구체적으로 작성하라는 쪽으로 지침이 바뀌어갔다. 그런 지침이 내려올 때마다 신규 시절 부장선생님께 들었던 말이 떠오르곤 했다.

신규는 신규라는 이유로 환영받는다. 젊고, 풋풋하다. 체력도 좋고 일도 잘할 것 같다. 선배들 표현으로 "아직 뇌가 말랑말랑해서" 배우는 것도 빠르고 뭘 시켜도 잘할 것 같다. 하지만 칭찬들의 일면에는 "너는 젊으니까"라는 말로 시작되는 다양한 지시와 무언의 압박이 있음을 느낀다. 그런 말을 들으면 웃기는 하지만 미숙한 아기 취급을 받는다는 느낌은 지울 수가 없다.

신규의 젊음은 여러 상황에서 다양한 기능으로 변모한다.

"애도 없고 솔로이니 걸스카우트 대장 좀 맡아줘."

"젊으니까 컴퓨터 잘하잖아?"

"새로운 거 많이 배웠지? 좋은 거 있으면 같이 좀 해."

나는 신규 시절, 뭔가 재미있거나 교과서에 없는 특별한 활동을 할 때마다 혹시 혼자 했다고 뒷말이 나오지 않을까 걱정하며 부지런히 공유했다. 나도 선배들에게 경륜에서 우러나오는 노하우와 여러 수업 방법을 많이 배웠다. 무엇이든 좋은 게 있으면 나누어야 한다. 나누면서 함께 발전할 가능성이 더 크기 때문이다. 하지만 "좋은 거 있으면 같이 나누자"와 "좋은 거 혼자 하지 말고 같이 좀 해"는 느낌이 완전히 다르다. 그 뒤에 "학부모들이 비교해. 저 반은 저거 하는데 왜 우리 반은 안 하냐고"까지 붙으면 반박하고 싶어진다. 반마다 담임도 다르고 학생들도 다른데 꼭 같은 걸 해야 하는가? 우리 반만의 특성이 있고 나만의 방식과 교육성과가 있다면 비교하는 말들을 굳이 기분 나빠하고 꺼릴 필요는 없다고 생각했다.

사실 우리 반 아이들도 "선생님, 옆 반은 이거 했는데 우리는 왜 안 해요?"라고 물을 때가 많다. 그럴 때마다 내 반응은 어떤지 돌아보았다. 담임으로서 자신감이 있다면 기분 나빠할 필요도 없고, 나누지 않는 동료에게 강요할 필요도 없다.

학부모와의 관계에서도 신규교사는 정체성을 지키기 위해 투쟁해야 할 때가 있다. 신규교사라고 하면 열정 가득한 신세대 선생님이라고 좋아하는 분들도 있지만 '햇병아리 보듯' 하는 학부모들도 있다.

"선생님이 아직 애를 안 낳아보셔서 아실지 모르겠는데요."

이런 말을 들을 때도 학부모의 태도와 문맥에 따라 받아들이는 느낌이 다르다. "선생님을 무시하는 건 아니고요, 부모가 되어보니 이렇더라고요"나 "애도 못 낳아본 선생님이 뭘 아시겠어요"의 느낌으로 다가온다. 그럴 때는 침착하게 웃으며 말에 귀를 기울일 뿐이다. "애를 안 낳아보셨지요"라는 말로 굳이 교사의 사생활을 언급하는 의중에는 "엄마의 마음으로 아이를 살펴주시길 바랍니다"라는 학부모의 바람이 있을 것임을 이해하려고 한다.

경력과 사생활은 교사의 전문성을 평가하는 기준이 될 수 없다. 학부모는 그 점을 인지하고 교사의 전문성을 존중해야 한다. 부모가 되어본 적 없는 교사도 아이에게 가장 필요한 것이 사랑이고 그것을 교사로서 어떻게 표현해야 하는지 충분히 잘 알고 있다.

갓 대학을 졸업한 어린 교사라고 반말하는 분도 있다. 또 학교에서 아이가 겪은 일에 화가 많이 나 항의하는 과정에서 반말하는 경우도 있다. 나도 종종 겪었는데 평소 어떤 분이었느냐에 따라 대응방법도 달라졌다. 나를 잘 존중해주시던 학부모라면 실수려니 이해할 수 있다. 그러나 경찰이 와야 종료될 정도로 화를 통제하기 어려운 스타일의 학부모라면 결국 무례함을 이성적으로 지적해봐야 부작용만 불러올 수 있다.

한번은 한 어머님이 엄청나게 화가 나서 따지러 왔다. 자기 아이에 대해 다른 어머님이 불만을 이야기하고 다닌다는 이유였다. 담임선생님께도 그러느냐, 왜 다른 사람들한테 남의 귀한 자식 욕을 하고 다니느냐, 그 엄마 이상하다며 당장 불러내라고 하셨다. 화난 발걸음으로 교실까지 오는데 방과 후 고요하던 학교가 쿵쿵 울렸다. 동학년 교사들은 신규가 봉변을 당하겠다며 엄청 걱정했다. 부장님이 동석해준다고 했지만 우리반 일이니 먼저 혼자 최대한 해보겠다며 어머님을 맞이했다.

어머님은 "그 여자는 담임한테도 우리 애 욕을 했을 것"이라며 그 '담임' 면전에서 화를 쏟아냈다. "애엄마가 남의 자식 욕하고 다니는 걸 담임이 보고만 있어?"라면서 반말도 했다. 나는 그냥 계속 듣다가 말을 해야 할 때는 꼬박꼬박 존칭을 강조해서 썼다. 일단 속이 상하셨을 거라고 공감했다. 아이에게 평소에 얼마나 애정과 관심을 갖고 교우관계를 위해 노력하고 있었는지 교단일지를 보여드리며 차분하게 말씀드렸다. 아이가 친구에게 어떻게 했는지 여러 건 적힌 기록이 있으니 어머님도 받아들이기 시작했다. 시간이 갈수록 화가 가라앉는 것 같았다. 그리고 결국 "제가 너무 흥분했었네요"라고 사과를 건네고 돌아갔다. 이렇게 말하며 사과까지 하고 가셨다고 하니 동료 선생님들이 놀라셨다. 평소 어머님 스타일을 고려했을 때 솔직히 나도 기대하지 못한 결말이었다.

초임 때 우리 반에는 초등학교 교사인 학부모도 있었다. 그분은 처음 3월 알림장에 계속 "수학 익힘책을 숙제로 내주세요" 등 학급 운영과 수업 방식에 대해 한마디씩 적어 보냈다. 그것은 월권이었다. 나는 그분의 코멘트를 신경 쓰지 않고 내 방식대로 해나갔다. 4월 초까지 이어지던 '월권알림장'은 언젠가부터 오지 않았다. 그런데 추석 연휴 전날 황당한 일을 겪었다. 쉬는 시간에 화장실에 다녀온 사이 내 책상에는 황금보자기에 싼 선물이 올라와 있었다. 그분이 보낸 것이었다. 교사가 추석이라고 학부모에게 선물을 받아야 할 이유가 없는데 더군다나 아이들도 다 같이 있는 일과 시간에 책상에 황금보자기를 놓고 가다니. 교사이면서 교사의 입장을 이해하지 않고 있음에 굉장히 황당했고 솔직히 화가 났다.

그날 A4 두 장에 장문의 손편지를 썼다. 교사로서의 원칙과 선배교사인 그분께 드리고 싶은 말씀을 정중하게 적어 내려갔다. 마지막에는 "어머님도 교사이시니 제가 초심을 지킬 수 있도록 도와주시면 감사하겠습니다"라고 적었다. 편지를 쓰느라 명절이라 고향에 가려고 예매해놓은 기차도 타지 못했다. 황금보자기에 편지를 넣어 그분의 집 경비실에 맡겨놓고 왔다. 그날 밤 늦게 탄 기차 안에서 그분의 문자를 받았다.

"선생님의 편지를 보고 정말 부끄러웠습니다. 신경 쓰게 해드려 죄송했습니다. 교사로서의 소신을 지켜나가는 선생님이 되시기 바랍니다."

신규교사라고 끊임없이 도전을 받았던 나의 권위가 비로소 오롯이 인정받은 느낌이었다. 4년 뒤 내가 학교를 옮긴 해에 그분이 우리 학교로 발령받았다. 하마터면 같이 근무하는 민망한 상황이 있을 뻔했다.

사실 신규 시절 감사하고 행복한 일이 더 많았다. 신규는 신규이기 때문에 무엇을 하든 많이 이해받는다. 성인이고 직장인인데도 여전히 이해받을 수 있다는 사실은 굉장한 위안이 된다. 조금 실수해도 선배교사들의 진심 어린 조언과 가르침으로 충분히 보완해나갈 수 있다. 아이들도 실수하는 선생님과 함께 성장해가는 것을 즐거워할 줄 안다. 하지만 동시에 신규는 주변의 수많은 관심과 개입을 받으며 교사로서의 정체성을 시험당한다. 더 좋은 그릇이 되기 위해 다듬어질 필요는 있지만 현실과 타협하며 완전히 다른 종류가 될 필요는 없다.

신규를 길들이려 하지 말라. 신규는 길들여지지 말라. 나역시 자기 길을 가는 후배나 내 아이의 담임선생님을 애정의 눈길로 바라볼 줄 아는 선배이자 학부모가 되고 싶다.

승진을 할까 말까

　'도 넘은 교장의 갑질' 뉴스가 종종 나온다. 교사들에게 출퇴근 픽업을 요구하는 정도는 약과이다. 이런 '갑질' 사례들이 일반적이지는 않다. 하지만 여전히 "우리 학교는 교장의 왕국이야"라고 말하는 교사들도 꽤 있다. 도 지역의 경우 벽지로 갈수록 승진 가산점이 붙어 승진하고 싶은 사람들이 모이는 경향이 있는데 그런 곳일수록 승진 점수에 크게 영향을 미치는 교장, 교감의 힘이 세진다. 최고관리자로서 교장의 모습이 모범적이지 않다고 느낄 때, 후배들은 승진제도의 한계를 느끼고 심지어 승진제도 자체에 혐오감까지 느끼며 포기하기도 한다.

　일반 기업과 다르게 교직의 승진체계는 독특하다. 다수의 평교사(부장교사 포함)-교감-교장으로 직급이 나뉜다. 관리자인 교감이 되기 전에는 20~30여 년을 '교사'라는 타이틀로 산다. 관리자로 승진하는 수가 매우 적기 때문에 뜻이 있는 사람들 사이에 경쟁이 치열하다.

한 선생님이 4학년 부장을 하다가 다음 해에 2학년을 맡으며 부장을 맡지 않았더니 친구가 "너 좌천된 거야?"라고 물었다고 한다. 교직에서 부장은 승진의 개념이 아니다. 의사결정 권한을 조금 더 갖게 된 일종의 업무를 하나 더 맡았다는 뜻이다. 학년이나 업무계의 일을 책임지고 도맡아 하기에 시간과 노력을 많이 들여야 하는데 부장 수당은 많지 않으니(7만 원) 승진 의지나 엄청난 봉사정신이 있지 않은 이상 기피하기 마련이다. 교사에게 승진은 부장이 아니라 교장, 교감을 할지 말지의 문제이다.

승진은 교사 인터넷 커뮤니티에 꾸준히 올라오는 질문이기도 하다. 관리자에 대한 실망, 젊다는 이유로 일을 몰아 받는 현실에 대한 하소연 글도 결국 '그래서 저는 승진을 하는 게 좋을까요?'로 이어지는 경우가 많다. 20~30년 후를 생각하면 승진을 하는 것이 여러모로 낫지 않은지 고민한다.

승진을 하기 위해서는 크게 네 가지 점수를 받아야 한다. 경력 점수, 연수성적 점수, 근무성적 점수, 가산점이다. '경력 점수'는 기본경력 15년에 초과근무 5년으로 총 20년의 경력이 있으면 받을 수 있다. '연수성적 점수'에는 각종 연수성적, 연구대회입상 실적, 학위취득 실적이 들어간다. '근무성적 점수'

는 한마디로 교사로서 얼마나 근무를 잘하는가이다. 평정자인 교감이 주는 점수 20퍼센트, 확인자인 교장이 주는 점수 40퍼센트와 동료교사들이 평가하는 점수 40퍼센트를 반영하여 산출한다. '가산점'은 교육부장관 지정 연구·시범·실험학교 근무 경력이나 학교폭력예방 업무실적 등 공통가산점 및 선택가산점이 포함된다. 선택가산점에는 장학사 및 교육연구사 경력, 도서 벽지 등 특정 지역 근무 경력, 초등돌봄교실 담당 등 특정 업무 경력이 포함되는데 지역마다 교육감 권한으로 조금씩 다르다.[5]

경력 점수는 경력이 쌓이면 자연스럽게 얻게 되는 점수이니만큼 대부분 부담스럽게 느끼지 않는다. 연수성적에 들어가는 자격연수 점수는 1급 정교사 자격연수 성적이 반영된다. 연구대회입상실적이 있거나 학위취득을 해야 하기 때문에 승진준비자들은 거의 다 석사 이상의 학위가 있다. 근무성적 점수는 동료교사가 하는 다면평가도 포함되기는 하지만 교장과 교감이 부여하는 점수가 60점이나 되기 때문에 관계가 좋지 못하면 좋은 점수를 기대하기 힘들다. 승진 준비자들이 가장 많은 스트레스를 받고 주변 동료교사와 갈등이 불거지는 가장 큰 이유이기도 하다. 승진을 준비하는 사람이라면 여기까지 받는 기본 점수는 비슷하다. 그래서 가산점을 차곡차곡 모아야 한다고 선배교사들은 이야기한다.

승진 점수에 해당하는 항목들을 살펴보면 교육적 난제나 집중 해결 요구 과제가 있는 곳에 승진가산점을 부여해서 교원들의 참여를 독려하려는 의도가 있음을 알 수 있다. 도서 벽지에서 근무하고 싶어 하는 사람이 적은 만큼 승진을 위해 자발적으로 지원하는 사람들이 있다는 사실은 교육 형평성을 확보하는 데 매우 중요하다. 초등돌봄교실처럼 사회적으로 요구받지만 업무가 과중한 일을 맡은 경우 우대한다는 점도 사회와 교육현장의 협력 차원에서 의미가 있다.

그렇다면 청소년단체, 영재학급 등 특정 지도 업무에 가산점을 부여하는 이유는 무엇인가? 청소년단체 지도를 예로 들면 출장이 잦고 각종 연수를 받아야 하기 때문에 기피 업무로 꼽힌다. 청소년단체를 꼭 학교에서 교사가 맡아야 하는지는 의문이다. 세계적 규모인 스카우트만 봐도 유럽과 미국 등에서는 지역사회 중심으로 운영되는데 유독 우리나라에서는 학교에 그 존폐와 운영의 책임을 부여하는 이유가 무엇일까?

우리나라 청소년단체는 지역사회에서 자생적으로 길을 찾기보다는 학교에 의존해 명맥을 이어왔다는 비판을 받는다. 그 과정에서 교사들은 청소년의 과외활동을 지원해야 한다는 명목하에 참여를 강요받아 불만이 컸다. 학교에서 청소년단체를 운영하면 학생들은 학교 밖에서 따로 찾아 참여할 필요가 없으니, 입시 위주의 교육 풍토에서 오히려 학생들이 다양한 청소년 활동에 쉽게 참여할 길을 열어준다는 장점이 있다.

그러나 학교에 청소년단체가 있어도 참여율이 매우 저조해 그 역할을 제대로 못하고 있는 상황이다. 강문규는 논문 〈한국의 청소년과 청소년 단체〉(1991)에서 청소년단체를 유지하고 지탱하는 것은 각 단체의 정신과 전통, 목적의식이라고 했다. 그런 점에서 학교에서 운영되는 청소년단체는 정신과 전통에 대한 고민과 실천, 목적의식의 공감보다는 형식만 남아 있으니 청소년단체의 유지 근간이 부족하다고 볼 수 있다. 또 최근에는 각 지역마다 '마을공동체'가 발달하고 있으므로 지역으로 점차 옮겨가는 것이 시대적 흐름에도 맞는다.

우리나라에는 학생은 학교에서 관리할 때 가장 안전하다는 인식이 있다. 하지만 정말 그러한지 냉정하게 생각해보아야 한다. 학교에서 교사들은 학생의 안전과 다양한 활동경험을 위해 애쓰지만 지역사회가 관심을 두고 애정을 기울인다면 학교보다 더 많은 인적 자원으로 교육적인 역할을 학교보다도 더 충실하게 할 수 있다. 이제는 학교에만 학생의 활동과 전인교육, 돌봄의 책임을 묻지 말고 지역자치단체, 청소년단체협회 차원에서 좀 더 주체적이고 진지한 책임분담을 해야 할 때이다. 오랜 불만과 논란을 안고 있었던 청소년단체 가산점은 서울을 포함한 여러 지역에서 2021년 이후 점차 폐지되는 추세이다. 학교에서 집중해야 할 교육활동과 교사의 업무에 대해 정확하게 인식하고 개선하려는 노력으로 보인다.

영재교육 가산점도 사실은 극소수 학생을 위한 지도 업무에 가산점을 주는 경우이다. 교사가 맡아야 하는 많은 지도 업무 중에 극소수 학생들을 위한 지도 업무가 더 중요하다고 할 수 있는지 의문이다. 영재를 가르친다는 점에서 지도 내용에 전문성이 더 필요하기 때문일까? 영재교육기관이 난립하다 보니 맡을 사람이 부족해서 그런 건 아닐까? 경기도교육청의 경우 영재교육 담당교사 승진가산점을 점차적으로 정식 폐지하기로 했지만, 이렇게 승진 점수가 부여되는 분야를 보면 학생의 개별성과 특수성에 대한 교사의 이해와 전문성이 정말 필요한 분야가 어디인지도 생각해보게 된다.

교직 경력 3년 이상이 됐을 때쯤 받은 1급 정교사 자격 연수(줄여서 1정 연수)의 성적을 교직 경력 20년이 넘은 시점에 반영하는 이유도 도저히 납득이 되지 않는다. 1정 연수를 받을 때 "1정 연수 점수는 평생 따라 다닌다"는 말을 하도 많이 들어서 더욱 최선을 다했다. 물론 '내가 스물아홉에 받은 점수가 도대체 왜 20년 후에도 영향을 주는 거야?'라고 생각하면서 말이다.

연구 논문을 쓰고 발표하면서 특정 교육 이슈에 대한 공부도 더 하게 되었다. 연수 후에도 배운 내용을 현장에 적용하며 노력했다. 그런데 연수 성적 몇 점이 이 모든 과정과 노력을 대변해줄 수 있는가? 임용시험과 마찬가지로 1급 정교사 자격 연수의 지필평가 역시 '외워야' 풀 수 있는 문제들이 너무 많았다. 잘 외웠는지 못 외웠는지가 20년 후까지 영향을 미쳐서 좋은 관리자가 될 자질이 있는지를 평가할 수 있는지 의문이다.

승진을 결심한 사람들의 이야기를 들어보면 연구학교에 근무하게 되었다거나, 청소년단체활동 지도교사를 하게 되는 등 우연히 승진에 반영되는 점수를 얻을 기회가 생겨서 승진까지 결심하게 되는 경우가 많다. 관리자의 길을 꿈꾸는 이유가 자질과 적합성, 펼치고 싶은 교육적 이상 때문이라기보다는 '이미 따냈거나' '딸 수 있는' 점수 중심이 된 교직사회의 단면을 보여준다.

관리자가 될 것인가 말 것인가라는 고민에 아이들은 어디 있는지? 교장의 재목이냐를 평가하는 항목에 아이들과의 관계를 평가하는 항목은 어디 있는지? 교감과 교장이 점수를 주는 근무성적 평가 내용에는 "교육자로서 품성을 갖추고 직무에 충실한가?" "공직자로서 사명감과 직무에 관한 책임감을 갖고 솔선수범하는가?" 등이 포함되어 있다. 교육자로서 품성이 평정척도 1번이다. 학생의 생활지도와 관련한 내용에는 "학생 개개인의 특성을 파악하기 위하여 노력하는가?" "학생들이 학급에서 잘 어울리도록 지도하는가?"와 같은 항목이 있다. 이런 내용을 어떻게 가끔 보는 관리자가 알 수 있을까? 정말 교사와 학생들에게 관심이 많아서 대화를 많이 나누고 인간적인 교류가 많은 관리자라면 가능할 테지만 그런 분들이 많지는 않다.

승진은 직장인에게 크게 세 가지 의미가 있다. 첫째, 하나의 보상체계로서 작용한다. 둘째, 직원에게 자기 능력을 계발하는 동기를 유발한다는 점에서 고무적이다. 셋째, 능력 있는 인재를 적재적소에 배치할 수 있는 제도적 장치가 된다. 거기에 교사라는 특수성을 고려하면 한 가지 중요한 의미가 더 부여된다. 교사의 승진은 교육적 이상을 펼치는 꿈의 기회가 되어준다.

그래서 학교에서나 연수 현장에서 훌륭한 선생님들을 만나면 "아, 저런 분이 관리자가 되어야 하는데" "선생님! 승진 안 하세요?"라고 말하게 된다. 그런데 그렇게 훌륭한 업적이 있거나 인품이 훌륭하신 분들은 전문분야에 힘을 쏟느라 승진 점수를 딸 시간이 없거나 승진을 위한 정치를 심적으로 감당하지 못한다는 사실이 문제이다.

지금 교장, 교감을 하고 계신 선생님들이 모두 정치적이고 인품을 갖추지 못했다는 뜻은 절대 아니다. 모범이 되는 교장 교감 선생님들도 많이 계신다. 또 큰 욕심이 없었지만 어쩌다 보니 되었다고 하시는 분들도 계신다. 관리자들의 세계를 스스로 성찰하고 개선하고자 노력하는 분들도 물론 있다. 다만 정작 승진을 하기도 전에 신뢰를 잃은 사람들이 관리자가 되는 현실은 정말 바뀌어야 한다.

이제 학교의 중추를 맡아가는 우리 세대는 어떤 과정으로, 어떤 이상을 품은 관리자가 될 것인가. 관리자가 안 될 거라면 경력이 부끄럽지 않은 교사로 어떻게 살 것인가.

"수업 없으니 편하지. 나이 먹고 대우받고 살려면 꼭 승진해"가 아니라 "너의 교육적 이상을 펼치기 위해 꼭 승진해"라는 말을 들을 수 있기를 진심으로 바란다.

님아, 정년을 꿈꾸지 마오

교직을 선택할 때 '나는 꼭 정년까지 해야지'라는 생각은 하지 않았다. 직업의 안정성은 충분히 매력이 있었지만 너무도 먼 미래를 걱정할 만큼 여유를 부릴 수도 없었다. 교대에 다닐 때는 임용이 지상과제였고, 교사가 된 후에는 하루하루 자신감을 잃지 않고 교단에 서는 일이 미션이었다.

정작 교사가 되어보니 정말로 정년퇴직을 하시는 분들은 많지 않았다. 오히려 이름부터 아이러니한 '명예퇴직'으로 학교를 떠나는 교사들을 더 많이 보았다. 명예퇴직은 근무 경력이 20년 이상이고 정년이 1년 이상 남은 사람에 한해 신청할 수 있다. 정년퇴직을 하는 분들은 대부분 교장, 교감이었고 평교사로서 정년퇴직을 한 선생님은 지금까지 한 분 보았다. 평교사로서 정년까지 버티기가 여러모로 힘들다는 사실을 체감했다.

　평교사로 정년퇴직하신 선생님은 학생들에게도 좋은 할아버지 선생님이셨고 젊은 교사들에게는 존경할 만한 선배님이었다. 그분처럼 교직에 대한 철학과 애정, 어린 학생들, 후배 교사들과 열린 마음으로 어울릴 수 있는 마음가짐이 없다면 평교사로서 정년퇴직은 정말 어렵다. 더군다나 평교사인 고경력 교사를 '승진 못한 능력 없는 사람'으로 인식하는 선입견도 존재하는 상황에서 묵묵히 자신의 길을 가기란 쉽지 않다.

　2019년 발표된 퇴직교원비율 표를 보면, 2018년 초등교사의 정년퇴직률은 0.7퍼센트이다. 정년퇴직률은 전년도 교원수에 대한 퇴직 교원 중 정년퇴직 교원수의 비율이다. 명예퇴직률은 1.1퍼센트이다. 2005년 이후 정년퇴직률은 0.7~0.8퍼센트 수준으로 유지되고 있는데, 명예퇴직률은 2005년 0.2퍼센트였다가 2018년에는 1.1퍼센트가 되어 큰 폭으로 상승했다는 점을 알 수 있다. 2010~2014년 사이 퇴직률 자체가 늘었다 그 이후 줄어든 현상은, 베이비붐 세대의 정년퇴직이 늘었기 때문으로 해석된다. 명예퇴직률이 증가한 이유는 명예퇴직 수용 인원이 늘어나거나 하는 정책 변화에 따른 영향 때문일 수도 있지만, 명예퇴직을 요청하는 신청자수 자체가 증가했기 때문일 수도 있다. 매년 명예퇴직 신청자수와 수용 인원에 관한 기사가 나오는 양상을 보면 후자의 영향이 더 큰 느낌이다.

2019년 2월에 학교를 떠나겠다고 명예퇴직을 신청한 교원은 전국 6,036명에 이르렀다. 2018년 2월 신청자인 4,632명보다 30.3퍼센트 증가했고, 2018년 8월 신청자까지 합친 인원인 6,136명과 비슷하다. 2018년 한 해 동안 "학교를 떠나겠다"고 신청했던 교원수를 첫 학기만으로 채운 것이다.

연도별·학교급별·퇴직사유별 퇴직교원 비율(2005~2018, 학년도)

(단위 : %)

	초등학교				중학교				고등학교			
	전체 퇴직률	정년 퇴직률	명예 퇴직률	기타 퇴직률	전체 퇴직률	정년 퇴직률	명예 퇴직률	기타 퇴직률	전체 퇴직률	정년 퇴직률	명예 퇴직률	기타 퇴직률
2005	1.2	0.7	0.2	0.2	1.2	0.6	0.2	0.3	1.4	0.6	0.3	0.5
2006	1.6	0.8	0.7	0.2	1.4	0.6	0.5	0.3	1.7	0.7	0.5	0.5
2007	2.1	0.7	1.3	0.2	1.9	0.6	1.0	0.3	2.0	0.7	0.9	0.4
2008	2.3	0.8	1.3	0.2	1.9	0.7	1.0	0.2	2.1	0.8	1.0	0.3
2009	2.0	1.0	0.7	0.3	1.8	0.7	0.8	0.3	1.7	0.7	0.6	0.4
2010	2.2	1.1	0.9	0.3	1.9	0.6	1.0	0.3	1.7	0.6	0.8	0.3
2011	2.3	1.2	0.8	0.3	2.2	0.6	1.2	0.3	2.0	0.6	0.9	0.5
2012	2.7	1.3	1.0	0.4	2.8	0.6	1.9	0.3	2.4	0.6	1.3	0.4
2013	2.5	1.3	0.7	0.5	2.2	0.6	1.3	0.4	2.2	0.6	1.0	0.5
2014	3.8	1.5	1.7	0.6	4.0	0.8	2.5	0.6	4.0	0.9	2.2	0.9
2015	2.5	1.0	0.9	0.6	3.3	0.7	2.0	0.6	3.1	0.7	1.5	0.9
2016	2.2	0.9	0.8	0.5	3.2	0.9	1.6	0.7	3.0	0.9	1.3	0.9
2017	2.2	0.8	0.8	0.5	3.4	0.9	1.7	0.8	3.5	1.0	1.5	1.0
2018	2.1	0.7	1.1	0.4	4.2	1.0	2.3	0.9	4.2	1.2	1.9	1.1

주 | 1. 전체퇴직률 = (퇴직 교원수/전년도 교원수)X100 　　　　　　자료: 한국교육개발원
　　2. 정년퇴직률 = (퇴직 교원 중 정년퇴직 교원수/전년도 교원수)X100
　　3. 명예퇴직률 = (퇴직 교원 중 명예퇴직 교원수/전년도 교원수)X100
　　4. 기타퇴직률 = (퇴직 교원 중 기타퇴직 교원수/전년도 교원수)X100
　　5. 기타퇴직은 정년 및 명예퇴직 이외의 퇴직을 의미함(질병, 사망, 결혼, 징계, 이직을 비롯한 기타 사유 등이 포함됨).

원인은 여러 가지이다. 베이비붐 세대의 은퇴가 아직 끝나지 않은 이유도 있고, 공무원연금법 개정으로 2022년부터 연금 수령 시기가 연차적으로 늦어지는 이유도 있다. 2015년 당시 공무원연금 고갈을 이유로 연금지급 개시 연령을 60세에서 65세로 늦추면서 2021년까지 퇴직하는 교원은 60세, 2023년까지 퇴직하는 교원은 61세, 2024~2026년 퇴직하는 교원은 62세, 2027~2029년 퇴직하는 교원은 63세, 2030~2032년 퇴직하는 교원은 64세, 2033년 이후 퇴직하는 교원은 65세부터 연금을 받는다.

그러나 명예퇴직 신청의 이면에는 급변하는 교육환경과 교권침해라는 배경도 크게 자리하고 있다. 한국교원단체총연합회가 2015년 실시한 교원 인식 설문조사에서 유·초·중·고 및 대학 교원 2,208명을 대상으로 명예퇴직 신청 교원이 증가한 이유를 물었는데 전체 응답자의 55.8퍼센트가 '교권 하락 및 생활지도의 어려움에 대한 대응 미흡'이라 응답했다. 2017년에는 1,196명을 대상으로 진행했는데 '과거에 비해 학생 생활지도가 더 어려워졌다'고 응답한 비율이 98.6퍼센트로 나타났다. 명예퇴직이 더 이상 명예롭지만은 않은, 오히려 명예를 잃기 전에 떠나는 비상구가 되어가고 있다.

초등학교보다 교권붕괴가 더 크다고 인식되는 중학교, 고등학교의 명예퇴직률은 정년퇴직률보다 훨씬 높다. 2018년 기준 중학교 교사의 정년퇴직률은 1퍼센트, 명예퇴직률은 2.3퍼센트이고, 고등학교 교사의 정년퇴직률은 1.2퍼센트, 명예퇴직률은 1.9퍼센트로 나타났다. 교사가 교직을 떠나고 싶다고 마음을 먹게 되는 환경이 지속되고 상황이 심각해질수록 이런 현상은 초등학교에서도 자연스럽게 나타날 것이다.

나는 언제, 어떤 모습으로 어떻게 학교를 떠나게 될까? 정년을 생각하기에는 너무 멀어서 아득하기만 한데 매일 뉴스를 장식하는 교권 관련 문제들은 "당신이 언제까지 교사를 할 수 있을 것 같아?"라고 묻는 듯하다. 정년퇴직을 바라보는 시대는 끝났다. 정년을 하더라도 어떻게 할 것인가, 격변하는 사회와 학생들과 학부모의 요구를 어떻게 조율하며 30년 넘게 교사로서 살 것인가, 정년을 하지 않는다면 언제 어떤 모습으로 학교를 떠날 것인가가 중요한 시대가 되었다.

정년까지 몇 년 남지 않았다고 '별일 없게 몸 사리며' 교사와 아이들을 '잡으며' 교장실이라는 나만의 성에 들어앉아 전전긍긍하면서 정년퇴임식을 화려하게 치를 날만 기다리는 나의 60대는 생각하기도 싫다.

교사 이후의 삶을
준비해야 하는 이유

생각보다 많은 교사들이 착각한다. '인생이모작'이라는 말이 나에게는 해당하지 않는다고. 정년까지 할 수 있을지는 모르지만 최소한 명예퇴직이 가능한 연차까지는 교사를 할 것이고 명예퇴직을 하든 정년퇴직을 하든 불명예퇴직은 없을 것이며, 퇴직 이후에는 연금으로 살 수 있을 것이라고 말이다. 초등교사인 지인들에게 "정년이든 명예퇴직이든 퇴직 이후에 대해 생각해본 적이 있느냐"고 물었다. 대부분 "글쎄, 언제까지할 수 있을까 생각해본 적은 있지만 구체적으로 50대쯤엔 어떻게 살지 생각해본 적이 없네"라는 대답이 돌아왔다. '끝'이라는 것이 언젠가 오리라는 건 알지만 지금 그럭저럭 살 만한데 벌써 고민할 필요가 있느냐고 되물은 사람도 있었다.

그리고 연금 개정이 정확히 어떤 영향을 미치는지 아느

냐고 나에게 묻기도 했다. 퇴직 후를 생각하려니 연금을 따져보는 것은 자연스러운 사고의 흐름이다. 많은 이들이 희망하듯 퇴직 이후 연금으로만 살아갈 수 있다는 기대는 교사 이후로 직업은 없어도 됨을 뜻한다. 자연스럽게 '전직 교사'의 명예로 살리라는 기대도 하게 만든다. 그런데 정말 교사 이후로 직업이 없어도 되고, 전직 교사의 명예만 안고 살아갈 수 있을까?

정년은 지금도 0.7퍼센트에 해당하는 사람들에게만 허락된 특권이다. 그중에서도 행복한 정년을 맞는 사람이 얼마나 되는지는 알 수 없다. 정년퇴직이 정말 특권이긴 한 건지 의문이 드는 시대이다. 정년은 둘째치고, 정년이 오기도 전에 교사는 직업안정성과 인간성을 시험당하는 일을 수도 없이 겪게 될 것이다. 교사란 세상에서 가장 알 수 없다는 '사람 속'을 고민하는 사람이기 때문이다. 교사 한 명이 한 해에 만나는 사람은 담임인 경우 학생 30여 명, 학부모까지 포함하면 100여 명에 달한다. 그렇게 생각하면 교사는 엄청난 불확실성에 자신을 내던지는 사람들이다. 이런 불확실성 속에서 교직이 지니는 의미와 사명감을 재산처럼 안고 묵묵히 나아가기란 쉽지 않다. 교직이 천직이라고 여기는 사람도 예상치 못한 어려움은 반드시 겪게 마련이다.

나 역시 처음 몇 년은 아이들이 그저 좋아 교직이 천직인가 했다. 돌아보면 행복하고 감사한 기억이 더 많은 것도 사실이다. 그러나 시간이 갈수록 교사로서 시험당하는 일이 많아지면서 교직이 정말 나에게 천직인가, 내가 이 일을 하게 된 이유와 소명은 무엇일까, 왜 이 일을 계속 하고 있는가를 고민하게 되었다.

교사로 살아보니 교사란 단순한 직업인이 아니었다. 살아가며 하는 많은 선택의 순간에 '내가 교사인데 이래도 되나' 하고 잠시라도 생각한다. 그런 시간이 숱하게 쌓이며 나는 '교사란 직업이 삶 자체가 되는 사람'이라는 걸 깨닫게 되었다. 교사라는 사실이 알려지면 약점을 잡힌 것 같은 느낌을 받을 때도 있었다. 이 사회가 교사인 사람들에게 필요 이상으로 많은 책임과 의무를 지게 한다는 생각을 한 적도 많기 때문이다.

수업 중이라 택배 전화를 못 받았다는 이유로 "통화가 안 되길래 집으로 전화했더니 어머님이 받으시던데요. 교사라면서요? 그럼 모르는 전화가 와 있으면 걸어보는 게 예의라는 것도 알지 않아요? 무슨 교사가 상식이 없나 봐요?" 같은 어이없는 경험이 쌓이다 보면, 자연스럽게 어디서 교사라고 밝히기를 꺼리게 된다. 나는 택배기사님에게 "제가 교사로서 잘못한 일은 없는 것 같으니 사과해주셨으면 좋겠네요"라고 말했다. 그는 결국 사과를 했지만, 이렇게 책무와 이상이 현실과 끊임없이 괴리되는 삶은 솔직히 불편하다. 그러다 보면 '직업일 뿐'이라는 합리화로 어느 정도 타협하는 삶을 사는 게 교사인 것 같다.

그러므로 한 교사의 퇴직 이유가 무엇일지는 누구도 알수 없다. 교사라는 굴레가 싫어 스스로 벗어던졌는지, 사랑하는 만큼 박수칠 때 떠나고 싶어서 떠났는지, 어떤 일을 계기로 자기 의지와 상관없이 다른 사람에게 미래를 먹살 잡힌 것인지 알 수 없다. 퇴직은 봄부터 뿌린 씨앗을 거두는 농부의 가을처럼 천천히 준비될 수도 있고 나무기둥을 뽑아 삼키는 허리케인처럼 어느 날 갑자기 찾아들 수도 있다. 선택권이 나에게 있을 수도 있고 남에게 있을 수도 있다. 그래서 임용된 지 얼마되지 않은 교사들은 더 걱정한다. 인터넷의 교사 커뮤니티에는 "2년 차인데, 이 일을 지금이라도 그만둘까요?"라는 질문들이 올라온다.

안타깝게도 팩트를 이야기하자면 대부분의 밀레니얼 세대 교사들은 연금만으로 충분한 노후를 기대할 수 없다. 2015년 공무원연금개정에 따라 공무원의 기여율이 7퍼센트에서 9퍼센트로 늘면서 기여금을 더 많이 내고, 연금지급률은 종전 재직기간 1년당 1.9퍼센트에서 개정 후 재직기간 1년당 1.7퍼센트로 낮아져 더 적게 받는다. 낸 돈과 받는 돈을 비교하는 수익비로 따지면 종전에는 2.08배였던 것이 개정 후 1.48배로 줄어든다. 참고로 국민연금의 수익비는 1.5배이다. 기여금 납부기간인 재직기간도 개정법시행(2016년 1월 1일) 당시 재직기간이 21년 이상인 공무원은 33년만 내면 되지만 15년 이상 17년 미만인 공무원은 35년, 15년 미만 공무원(밀레니얼 세대 교사 대부분이 속함)은 36년을 내야 연금을 받을 수 있다. 연금지급개시 연령도 개정 후에는 1996년 이후 임용자부터 단계적으로 65세로 연장하여 2033년 이후에 퇴직하는 교사들은 65세가 되어야 받을 수 있다.

연금 수령액으로 비교하면 변화가 더 쉽게 체감된다. 30년 재직 기준으로 2016년에 임용되는 7급 공무원의 경우 173만 원에서 157만 원으로, 2006년 7급으로 임용된 공무원은 203만 원에서 177만 원으로, 1996년 7급으로 임용된 공무원은 243만 원에서 232만 원으로 줄어든다. 인사혁신처가 발표한 자료에는 중·고등학교 공립 교사의 연금 수령액 비교도 나와 있다. 사범대 졸업생이 첫 발령을 받았을 때는 초등교사와 마찬가지로 9호봉부터 시작하므로 참고로 보자면 2016년에 임용된 교원이 30년 동안 재직할 경우 연금액은 156만 원에서 146만 원으로, 2006년 임용 교원은 195만 원에서 171만 3천 원으로, 1996년 임용 교원은 230만 원에서 219만 6천 원으로 줄어든다.

백세시대이니 50세에 퇴직을 해도 반세기를 더 살아야 한다. 50세에 퇴직하면 연금이 나오는 65세까지 15년의 공백이 생긴다. 생계에 대한 분명한 대책이 있어야 한다. 특히 젊은 세대는 이 문제를 심각하게 생각해보아야 한다. 정년 62세를 기준으로 해도 100세까지 산다면 30년 이상을 유지할 생계

수단이 필요하다. 더군다나 50세 이전에 퇴직을 할 경우에는 30~40대라는 젊은 나이에 당장 직업인, 경제인으로서 살아가야 한다.

학교 밖에서는 '경제적 자유와 이른 은퇴'를 목표로 삼는 밀레니얼 세대가 늘고 있다. 그들을 파이어FIRE · Financial Independence & Retire Early족이라고 부른다. 교사 커플로 유튜브 〈리치커플 TV〉를 운영하는 리치커플(리치맨과 리치걸)은 초등교사 중에 대표적인 파이어족이다. 유튜브에서 교사 월급을 아끼고 모으고 부지런히 재테크를 해서 부자가 되는 과정을 공유한다. 커피값 아끼는 방법과 같은 생활 꿀팁뿐만 아니라 교사 연금 및 월급 안내 등 경제 정보 영상으로 젊은 교사들의 호응을 얻고 있다. 리치맨은 2008년 금융위기 직후 대학에 가면서 수능점수와 직업의 안정성을 따라 교대에 입학한 케이스이다. 리치걸은 어려서부터 다방면에 흥미와 재능이 있어 초등교사가 적합하다고 생각했고 시간적 여유, 연금과 정년이 보장되는 직업이라 더욱 매력을 느껴 교사가 되었다. 그런 그들이 왜 경제적 자립과 50세 전 은퇴를 추구하게 됐을까?

사실 10년 후 은퇴는 상징적인 의미야. 10년 후 은퇴가 목표라기보다는 10년 후에 은퇴해도 괜찮을 정도의 부를 형성하는 게 목표지. 그렇게 결심한 이유는 교사라는 직업의 불안정성과 경제적 자유에 대한 필요성을 체감했기 때문이야. 교사가 불안정하다고 하면 자칫 사람들은 의아해할 수 있지만 나는 교사라는 직업이 점점 불안정해지고 있고 앞으로 더욱 심해질 것 같아. 교권 추락, 학생 지도의 어려움, 학부모의 악성 민원은 갈수록 심화될 것이기 때문이지. 실제로 2년 전에는 휴직을 고려할 정도로 교사로서 힘든 일을 겪기도 했고. _91년생 8년 차 교사 리치맨

리치맨은 교사로서 행복하기 위해서는 먼저 가정에서 아빠, 남편, 아들로서 행복해야 한다고 생각한다. 집 대출금, 육아 등 가정생활을 꾸려가기 위해 필요한 비용들을 감당하는 것이 목적이 된 교사로서의 삶은 불행할 것 같다면서 역설적으로 교사라는 직업을 더욱 잘해내기 위해서는 돈이 필요하다는 결론에 이르렀다. 가정에서 자기 역할이 특히 중요한 순간에 돈에 상관없이 휴직이나 퇴직을 할 수 있는 능력이 있어야 한다는 것이다. 그들에게 62세라는 정년 연한은 어떤 의미일까?

우리에게 정년 연한은 악마의 속삭임 같은 존재야. 특별한 일이 없는 이상 교사는 62세의 정년이 보장되고 65세부터 연금을 받게 돼. 미래에 대한 경제적 준비와 고민을 하고 있지만 결코 쉽지가 않지. 그런 힘든 순간마다 악마의 속삭임이 다가와. '정년까지 채워서 연금 받으면 되잖아. 왜 그렇게 힘들게 살아.' 그때마다 그 유혹을 이겨내기 위해 노력하고 있어. _92년생 5년 차 교사 리치걸

정년까지 잘 버티면 월급 쭉 받다가 연금 쭉 받을 수 있는데, 아끼고 공부하고, 투자하고 부지런히 움직이는 모습을 누군가는 '사서 고생이다'라고 생각할 수도 있다. 편한 길이 있는 당사자들은 오죽할까. '정년 보장'은 '그냥 편하게 살아'라는 악마의 속삭임 같다는 표현에 공감했다. 그렇다고 리치커플이 교사라는 직업을 생계수단으로만 생각하거나, 교사라는 직업의 소중함을 모르는 것은 절대 아니다.

분명 누군가의 인생에 선한 영향력을 끼칠 수 있는 교사라는 직업은 충분히 매력적이라고 생각해. 그래서 가능한 한 오래하고 싶어. 그런데 앞에서 말한 것처럼 상황이 여의치 않다면 돈 때문에 계속 교사라는 직업을 이어가고 싶지는 않다는 의미야. _91년생 8년 차 교사 리치맨

경제적 문제에 관심을 보이거나 특별히 미래에 대한 고민과 준비를 하고 있는 젊은 교사들을 보기 힘들기도 하고, 어쩌다 관심 있는 교사들이 있더라도 돈과 경제 이야기를 꺼리는 교직문화가 있다고 리치커플은 말한다. 그런데 최근에는 〈리치커플TV〉를 보고 경제문제에 대해 상담을 청하는 교대생이나 젊은 교사들이 늘고 있다고 한다. 리치커플의 새로운 목표 중 하나는 교사를 위한 재테크 책을 내는 것이다. 리치커플은 미래를 준비한 덕분에 선택의 폭이 넓어질 그 언젠가, 더 많은 사람에게 생각과 노하우를 나눌 수 있기를 꿈꾼다.

교대이든 교육전문대학원이든 교육전공 관련 학력으로 선택할 수 있는 직업의 폭은 좁은 편이다. 이미 인생의 3분의 1 이상을 한 분야에 몸담았다. 준비되어 있지 않은 이상 다른 분야로 이직은 쉽지 않다. 이게 현실이다. 재테크를 하라는 말인가? 이것은 지성을 지닌 인간으로서 스스로 항심恒心을 지키기 위한 최소한의 경제력에 관한 문제이다. 그렇다면 다른 직업을 준비하라는 말인가? 반은 맞고 반은 틀리다. 정확히 말하면 교사들도 자기 미래를 책임질 업을 준비하라는 뜻이다. 지금 젊은 세대 교사들이 가장 두려워해야 할 미래는 교사를 직접 해보니 진짜 원했던 일은 따로 있었다거나 자신과 잘 맞지 않는데 경제적 안정성에 매여 인생에 대한 선택권을 포기하는 미래이다. 즉, 자기 자신도 없고 선택권도 없는 미래 말이다.

교사가 미래를 생각하며 업을 고민하는 데는 여러 가지 의미가 있다. 직업이든 취미이든 어떤 일을 하는 데 의미와 행복을 느낀다는 사실은 한 인간의 자존감에 큰 영향을 끼친다. 자존감 있는 사람은 어떤 상황에서도 당당하다. 교사의 당당함은 학생들 앞에 권위 있는 교사로 서게 해준다. 이는 교육의 질과도 직결된다. 자존감이 행복의 필수요소라고 생각하면, 행복한 엄마에게서 행복한 아이가 자랄 수 있듯 행복한 교사에게서 행복한 학생들이 성장할 수 있다.

또 미래를 고민하고 준비하는 교사는 지금 자신의 일로부터 의미를 찾기 위해 노력한다. 그래서 더욱 집중하고 매진하며 전문성을 키워간다. 미래를 준비하는 사람이 현실에 충실할 수 있다는 사실은 참 역설적이다. 교사로서 커리어를 쌓고 달인이 되기를 선택하는 경우이다. 경력이 쌓이고 자기만의 브랜드가 구축되면 선생님들의 선생님이 될 수도 있다. 학생 교육을 넘어 교사 교육까지 지평이 확장된다.

초등교사는 원한다면 일과 취미를 연계할 기회도 많다. 동학년을 담당했던 87년생 교사 H는 피아노를 엄청 잘 쳤다. 퇴근 후에는 밴드에서 키보드를 연주하며 취미 생활을 했다. 86년생 동기 교사 S와 함께 참여하는 직장인 밴드에서 주기적으로 공연도 했다. H의 특기는 음악 교과전담을 할 때 빛을 발했다. 우리 반 바로 옆이 음악실이었는데, 음악 수업시간에 교과서 음악과 OST, 대중가요, 클래식 등 장르에 상관없이 모든 음악을 피아노로 직접 치며 아이들과 노래하고 연주했다.

그런 의미에서 밀레니얼 세대 교사들은 이전 세대 선배들에 비해 선택의 폭이 넓고 다양하다. 예전에는 소수만 누리거나 전문가들에게만 공개되었던 분야가 이제는 디지털 경로를 통해 오픈되어 쉽게 접할 수 있게 되었다. 또 유튜브 같은 곳에서 재능을 기부하는 사람이 많아 큰돈을 들이지 않아도 상당한 수준까지 혼자 배울 수 있으므로 제2의 업을 준비하는 데 유리하다. 취미로 좋아서 하는 일이 업이 될 정도로 실력이 는다면 얼마나 좋을까? 그 과정에서 경험하는 성장을 교육 활동에 활용할 수 있다는 것이 초등교사의 힘이기도 하다.

무엇보다도 오랜 시간 전문분야에 몸담는 동안 체득될 전문성은 인생 이모작을 위한 큰 자산이다. 교직 경력에서 얻은 모든 연륜과 경험은 작가, 상담사, 특정 분야의 교육전문가, 교수 등 무한한 가능성과 연결된다. 당연히 전문성을 쌓은 시간이 상당히 길고, 인정받을 만큼 깊이도 있어야 한다.

꼭 교육분야가 아니어도, 일과 연계할 수 없는 영역이라도 하면 즐거운 일, 재능이 있는 줄은 알았지만 아직 꽃피우지 못한 일이라면 무엇이든 가능하다. 이제 30대 중반인 밀레니얼 세대에게 늦은 도전이란 없다.

제도적인 변화도 기대해본다. 우수 교사에게는 정년이 폐지되는 제도가 생기면 어떨까? 점점 승진에 관심이 없어 리더십 부재가 예상되는 미래에는 학교 현장에서 존경받고 능력 있는 원로교사를 확보하는 일이 큰 과제가 될 것이다. 수십 년 동안 교육에 몸담고 있으면서도 여전히 인정받는 원로교사의 존재는 젊은 인재들에게 희망적인 미래를 보여주는 창과 같은 역할을 하기 때문이다. SK하이닉스는 2019년부터 뛰어난 엔지니어들이 정년인 만 60세 이후에도 활발하게 일할 수 있는 '정년폐지제도'인 우수 엔지니어 우대 제도를 도입했다. 그들의 주 임무는 기술 장인으로서 후배 엔지니어들을 교육하거나 협력 업체의 기술력을 높이는 것이다.

우수한 교사를 우대해서 정년을 폐지한다면, 정년제도만 믿고 배우고 가르치는 본연의 역할에 게으른 교사에게는 정년을 보장해주지 않는다 해도 할 말이 없다는 냉정한 현실 인식과 자기성찰이 필요한 시점이다. 만약 지금 자신의 일에서 가치를 찾을 수 없다면 과감히 방향을 바꾸는 것도 현명한 선택이다. 불행한 교사는 학생도 불행하게 한다.

미래 세대는 일생 동안 3개 이상의 영역에서 5개 이상의 직업을 갖고 19개 이상의 서로 다른 직무를 경험하게 된다고 한다. 교사가 다른 직업을 꿈꾸고 전향하는 게 뭐 어떤가? 자기가 괜찮다면야. 이미 세상을 움직이는 인플루언서들은 N잡러가 되어 있다. 어떤 길을 택하든, 꿈을 꾸고 실행에 옮기는 선생님은 아이들에게도 롤모델이 된다. 학교도 학부모도 교사의 꿈을 응원해야 하는 이유다. 꿈이라는 말이 부담스럽다면, 오늘, 지금 당장, 오늘 저녁 혹은 내일 아침 무엇을 하고 있으면 좋겠는지 생각해보면 어떨까.

스승의 날에
선생님은 어디 계세요?

스승의 날에 단축수업을 하고 아이들 없는 스승의 날 오후를 보낸 게 언제부터인지 정확히 기억이 나지는 않는다. 언젠가부터 학교에서는 스승의 날이면 교사들에게 조퇴 신청을 하고 일찍 퇴근하라고 했다. 학부모나 학생에게 '부담'을 줄 수 있으니 교실에 있지 말라고 하는데 납득이 잘되지 않았다. 그때는 연차도 적고 학교 전체가 텅텅 비니까 분위기를 따라 나도 조퇴를 했다.

5년 차 스승의 날, 그날도 일찍 퇴근하라고 했지만 학교에 남았다. 그 학교에서의 마지막 해라서 앞으로 졸업한 제자들을 만나기 힘들 것 같았기 때문이다. 그랬더니 중학생이 된 제자들이 우르르 와서 교실에 앉을 자리가 없었다. 내가 올해까지만 그 학교에 있는 줄 알고 일부러 자기들끼리 시간을 맞춰서 왔다고 했다.

제자들에게 둘러싸여 시끌벅적한 스승의 날을 보내니 참 행복했다. 한편으로 마음이 아프기도 했다. 선생님을 찾아왔다 가 만나지 못한 다른 반 졸업생들이 여럿 왔다 갔기 때문이다. "우리 담임선생님은 어디 계세요?" 선생님을 찾으러 온 다른 반 아이들이 물으면 안 계신다는 말밖에 할 수가 없었다. 선생 님이 있어야 할 곳은 학교인데, 교사가 학교에 머무르기 불편 한 상황이라니 뭔가 슬프다.

《한국민족문화대백과》는 스승의 날을 '교권 존중과 스승 공경의 사회적 풍토를 조성하여 교원의 사기 진작과 사회적 지 위 향상을 위하여 지정된 날'이라고 정의해놓았다. 스승의 날 은 1958년 충남 청소년적십자 단원들이 편찮으신 선생님을 위 문하고 퇴직하신 선생님들을 위해 위로행사를 한 것이 시초이 다. 그 뒤 1963년에 충남지역 청소년적십자 단원들이 '은사의 날'을 정해 사은행사를 하기 시작했다. 스승을 위한 사은행사 를 하는 지역이 조금씩 확대되다가 1965년에는 전국의 학교와 교직단체에서 세종대왕 탄신일인 5월 15일을 스승의 날로 정 해 행사를 실시했다. 그러다 1973년 정부에서 사은행사를 규 제하면서 '스승의 날'을 기념할 수 없었지만 1982년에 법정기 념일로 화려하게 부활했다. 국가에서 스승의 날을 기념일로 지 정한 이유는 스승을 공경하는 풍토를 조성하기 위해서였다.

스승의 날의 시작은 병환 중에 있는 스승, 퇴직하신 스승을 위한 학생들의 자발적인 움직임이었다. 그리고 스승을 공경하는 마음이 아름답다는 국민적 공감대가 형성되어 법정기념일이 된 것이다. 스승의 날이 정식으로 법정기념일이 된 지 40여 년. 지금 스승의 날이 어떤 모습인지를 생각하면 지난 40년간 교사의 지위와 교권에 대한 인식이 어떻게 바뀌었는지를 알 수 있다.

2019년 5월, 스승의 날을 교육의 날로 바꾸자는 국민청원이 올라왔다. 청원은 '과학의 날, 체육의 날'처럼 나라에서 기념일을 정해 관련 분야의 의미를 새기는 만큼 특정 직종에 집중된 스승의 날이 부담스러우니 교육의 날로 바꾸어 학교 구성원 모두가 교육의 의미를 되새겨보자는 내용이었다. 교사만을 위한 스승의 날보다는 교육의 주체인 교사, 학생, 학부모가 함께 교육의 의미를 기억하자는 취지이다. '종이 카네이션은 되고 생화는 안 되고, 이마저도 학생 대표가 주는 카네이션만 된다는 식의 지침이 어색하다'는 청원글에는, 스승의 노고에 감사하는 표현조차 법과 경제적 기준에 따라 판단되는 현실을 안타까워하는 마음이 담겨 있었다.

최근에는 많은 학교가 스승의 날에 휴업을 하거나 단축수업을 하는 등의 방식으로 운영한다. 2019년 스승의 날에는 전국 학교 중 5.4퍼센트에 해당하는 700여 개 학교가 휴업했다. 이런 배경에는 교사와 학생, 학부모 간 접촉을 줄여 서로

부담을 던다는 인식이 깔려 있는 것도 사실이다.

그렇다면 밀레니얼 세대 교사들은 스승의 날의 현재에 대해 어떻게 생각할까. 30명의 의견을 들어보았다.

> 스승의 날이 부담스러웠던 이유 중 하나가 선생님한테 뭔가를 해줘야 할 것 같은 부담감을 학부모 입장에서 많이 느꼈기 때문인데, 이제는 선물 안 주고받는 게 당연해져서 딱히 곤란한 상황은 없는 것 같아. _88년생 10년 차 교사 K

> 우리 학교는 평소랑 똑같이 운영되는데 아이들이 칠판에 '선생님 사랑해요' 같은 걸 써놓고 소소한 카드나 준비물로 미니파티를 해주기도 하지. 요즘은 선물 문화가 없는 걸로 정착되어 있는 만큼 오히려 아이들만 봤을 때는 선생님을 위한 축하파티를 자기들이 준비하는 과정 자체가 즐거운 것 같아. 그렇게 파티를 하고 자기들도 열심히 하겠다고 말 한마디라도 더 해주고, 그러면서 아이들과 더 가까워지는 것 같기도 해. _87년생 10년 차 교사 Y

교사 Y와 K는 학교에서 특별한 행사를 하지 않고 아이들과 교사들 사이의 소소한 교류가 더 있는 정도인 스승의 날에 큰 부담을 느끼지 않았다. 오히려 아이들이 선생님의 존재에 대해 생각하고 기념하는 특별한 날로서 색다른 즐거움이 있다고 했다.

Y의 이야기를 들으며 스승의 날에 함께한 제자들과의 소
소한 추억이 떠올랐다. 복도에서부터 나에게 전하는 메시지를
적은 색지를 붙여놓고 나름대로 레드카펫을 만들어주었던 아
이들이 생각났다. 아이들이 진심을 담아 스스로 준비한 파티까
지 억지로 막을 필요가 있을까. 하지만 요즘에는 스승의 날 전
날에 "스승의 날이라고 아무것도 하지 마라"며 교사가 미리 엄
포를 놓는 경우도 많다고 한다. 물론 교사의 성향에 따라 정말
부담스럽게 느끼는 경우도 있을 수 있다. 하지만 사제 간에 기
분 좋은 시간을 보내는 것조차 법의 잣대와 세간의 시선으로
마음껏 즐길 수 없는 교사들의 고육지책이라는 생각이 들어
안타깝기도 하다. 아이들이 해주었던 초코파이 케이크는 김영
란법에 걸리나 안 걸리나를 생각하는 내 모습이 솔직히 씁쓸
하다.

대체로 교사를 위한 선물을 준비하지 않는 문화가 정착
된 것 같다고 했지만 그래도 가끔씩은 불편한 일이 생기기도
한다는 의견도 있었다.

김영란법 때문에 교사 선물을 준비하는 학부모가 줄기는 했지만 그
래도 가끔씩은 있어서 여전히 난감할 때가 있더라고. 그래서 휴업
하는 게 제일 좋은 것 같아. 1년에 하루 정도는 선생님의 노고에 대

해 격려하는 게 꼭 필요하다고 생각하기 때문에 스승의 날은 있어야 한다고 봐. _90년생 6년 차 교사 M

한편 스승의 날을 학교 자체에서 기념하는 것은 조금 어색하고 부담스럽다는 입장도 있었다.

우리 학교는 정상운영하고 아침방송 때 <스승의 은혜> 부르기 정도만 하는데, 사실 좀 민망하긴 해. 엎드려 절 받는 느낌이랄까. _88년생 10년 차 교사 A

교사 K 역시 스승의 날이라고 하루 우러름을 받는 상황이 민망하다고 이야기하며 사회적 분위기에 대해 말했다.

학생들이 우러나와서 하는 건지 잘 모르겠다는 느낌도 있지만, 더 이상 교사를 스승으로 인정하지 않는 사회적 분위기가 큰 것 같아. 그런 상황에서 <스승의 은혜>라는 노래를 부르게 하는 건 서로 부담스러운 일이야. _85년생 11년 차 교사 K

K는 학생들이 교권을 침해하는 일을 자주 겪었다. 학교를 옮겨 6학년 담임을 맡았는데 학생들에게서 욕설을 듣는 일도 비일비재했다. 학부모에게 알리면 연락을 무시하거나 전혀 호응하지 않는 분위기를 3월부터 겪었다. 이런 상황은 K의 문

제라기보다는 학교 전체의 현실이었다. 이렇게 스승의 날에 대한 생각은 학군이나 지역적 특색과 관련되기도 한다. 대도시일수록 김영란법에 대한 인식이 강한 반면, 농촌 쪽은 여전히 '그래도 스승의 날인데'라며 마음을 표현해야 한다고 느끼는 분들이 많은 것 같다는 의견도 있었다. 도 지역의 작은 학교에서 근무한 교사 B는 직접 농사 지은 쌀 포대를 어렵게 이고 오신 학부모님 앞에서 어쩔 줄을 몰랐다. 좋게 보면 아직 정감이 살아 있다는 뜻이지만 지역에 따라서 서로 부담스러운 상황은 여전히 존재한다.

> 우리는 근로자의 날에 못 쉬니까 스승의 날에는 쉬었으면 좋겠어.
> _87년생 10년 차 교사 S

스승의 날에는 차라리 쉬면서 지친 몸과 마음을 달래는 시간이 필요하다는 의견에 동의하는 밀레니얼 교사들도 여럿 있었다.

스승의 날 폐지 또는 교육의 날로 바꾸자는 의견에 대해서는 어떻게 생각하는지 물었다. 사회적 분위기로 스승의 날이 부담스럽다고 했던 교사 K는 이렇게 말했다.

> 스승의 날임에도 교사가 마음 편히 노고를 인정받지 못한다고 느끼는데 스승의 날이 필요한가. 스승의 날이 이러한데 교육의 날은 무

슨 의미가 있을까? 그냥 스승의 날 자체를 폐지하는 게 시대의 흐름에 맞는 것 같아. _85년생 11년 차 교사 K

교육의 날의 의미가 어떤 방식으로 기억되고 기념되느냐에 따라 다른 것 같아. 이름만 바뀌는 거라면 지금 스승의 날과 별 차이 없을 것 같아. 차라리 1년을 마치는 2월에 선생님과 아이들이 서로에게 편지를 쓴다든지 하는 식으로 1년을 돌아보는 시간을 갖는 게 좋지 않을까. _89년생 8년 차 교사 J

하지만 대체로 스승의 날은 꼭 필요하다는 의견이 더 많았다.

형식적으로라도 전 담임선생님께 편지 한번 써보는 것도 의미가 있긴 하지. 그렇게라도 안 하면 선생님이 고생하셨다는 생각을 한 번이라도 할까? 한 번이라도 생각할 기회가 있는 것과 없는 것은 분명 차이가 있는 것 같아. _83년생 15년 차 교사 L

한 번이라도 생각할 기회가 있는 것과 없는 것은 다르다는 L의 말에 공감이 됐다. 나만 해도 그래도 스승의 날이 있어서 감사한 은사님들을 그나마 한 번이라도 떠올리고 문자나 전화라도 하게 되니까.

교직에 있지 않은 사람들은 어떻게 생각할까. 스무 살이 된 제자들을 포함하여 10명에게 물었다.

학생, 학부모, 교사 모두가 주체인 교육의 날이라는 아이디어가 좋네. 교육의 진짜 의미를 다시 생각해보고 교육적인 무언가를 같이 제안하는 시간을 갖거나 정말 진지하게 주체적으로 고민하는 날이 되면 좋겠어. _83년생 사회복지사 H

스승의 날을 어렵게 생각할 필요가 있을까. 어렸을 때는 그저 힘드신 우리 선생님에게 감사한 마음을 가지는 날이라고 생각했고 학부모가 되니 그날을 어떻게 준비해야 하는지 잠시 고민이 드는 것은 사실이야. 하지만 그게 스승의 날을 없애느냐 마느냐까지 생각할 문제로 번지는 건 부수적인 문제를 너무 크게 확대 해석하는 게 아닐까. 간단히 생각해서 가르쳐주시는 선생님의 노고에 감사하는 건 당연하고 꼭 필요한 거잖아. 뭐, 이렇게 말하는 나 자신이 찾아갈 스승이 없다는 사실은 안타깝지만 스승의 날이 있다는 건 분명 좋은 것 같아. _84년생 화가 C

본질을 바라보자는 화가 C의 말이 참신하게 들렸다. 또 대학생이 된 제자 J도 중요한 이야기를 해주었다.

교육의 날로 바뀐다면 선생님의 노고를 생각하는 스승의 날과 맥락은 같이하면서 다 같이 더 좋은 그림을 그릴 수 있지 않을까요? 학생도 교사도 학부모도 서로가 있기에 존재할 수 있으니까요. 그만큼 서로의 존재가치를 다시 한번 느껴볼 수 있는 날은 꼭 필요한 것 같아요. _2000년생 대학생 J

스승의 날과 관련하여 여러 사람에게 의견을 물으면서 느낀 점은, 어떤 주제보다도 스승의 날은 100명이면 100명, 모두 생각이 다르다는 점이었다. '스승의 날 유지에 찬성하십니까?'라는 질문에 대해 찬성 몇 퍼센트, 반대 몇 퍼센트 등으로 간단히 나눌 수 있는 문제가 아니었다. 그만큼 스승이라는 존재에 대한 경험이 모두 다르고 단순히 생각할 수 없는 문제라는 의미로 해석된다.

무엇보다도 우리 사회는 스승에 대한 존경을 미덕으로 여기는 사회임을 절실하게 느꼈다. 사람들은 대체로 스승이란 성장에 관여하는 중요한 사람이며, 그분들의 노고를 기억하는 일은 필요하다는 인식을 공유하고 있었다. 다만 사회가 존경할 만한 스승의 표본을 필요로 하는 것 같다. '그렇게 중요한 일을 요즘 선생님들이 잘 해내고 있는가'라는 의문이 들기 때문이다.

이런 의문의 배경에는 다양한 원인이 작용한다. 교사 개인의 자질 문제일 수도 있지만 학교가 제 기능을 하기 어려울 정도로 이루어지는 사교육이나, 학부모의 학력 향상, 시대가 요구하는 인재상과 교육 방향의 변화 등 교사 개인의 범주를 넘어선 이유들이 함께 작용한다. 교사가 스승으로 인정받지 못하는 이유를 교사들에게만 귀책할 수 없으며, 교사들도 '능력도 없으면서 뇌물을 바라는 잠재적 범죄자 취급을 받는다'고 생각하며 지나치게 위축될 필요는 없다는 뜻이다.

스승의 날이 어버이날 직후로 정해진 이유를 생각해보자. 가정의 달인 5월에 스승의 날이 포함되는 이유는 가족처럼 가깝고 어버이에 버금가는 존재가 스승이기 때문일 것이다. 스승의 날의 기원이 감사했던 스승이 외롭고 힘들 때 찾아가 함께 했던 일이었음을 생각할 때, 학생과 교사가 서로에게 위로가 될 수 있다면 갈등할 필요가 없다. 물론 그것이 쉽지 않아 생기는 고민이지만 그래도 여전히 많은 선생님들은 제 역할을 하고 있다고 나는 믿는다. 그리고 스승의 날이 있어 교사들은 스스로에게 '나는 스승인가, 어떤 스승인가' 묻게 된다. 이런 질문은 교권이 흔들리는 세태 속에서 교사로서 존재감을 인식하고 정진하게 하는 역할을 하기도 한다.

스승의 날에 진짜 스승이 있느냐고 묻는 이유는 스승의 날을 여전히 교사들의 노고를 치하하는 날로 인식하기 때문이다. 물론 좋은 스승에게는 합당한 처우와 존경의 표시를 적극적으로 해줄 필요가 있다. 그 스승에게는 힘이 되고 다른 교사들에게는 귀감이 되기 때문이다. 그러나 공경할 사람이 없고 치하할 사람이 없다는 생각이 들면 거부감을 느끼게 마련이다.

사회가 변한 만큼 스승의 날도 변해야 한다. 스승의 날을 없애는 변화보다는 스승의 날을 바라보는 관점을 바꾸는 변화가 필요하다. '스승을 공경하라'에서 '스승이란 어떤 존재인가'를 묻는 날로 관점 전환을 해보면 어떨까. 그러면 교사는 '나는 진정한 스승인가'라고 자기 길을 돌아보고, 학생과 학부모는 '선생님들도 참 힘들겠다'라는 생각을 한 번씩은 하면서 훨씬 더 상대의 입장에서 생각하는 스승의 날이 되지 않을까.

내 수업을 내 수업이라
부르지 못하고

일반적으로 교권이란 교사의 교육권을 말한다. 그러나 《교육학용어사전》에는 가르치는 일에 있어서의 권리(교육의 자율성과 학문의 자유를 보장받을 권리), 신분상의 권리(신분보유권, 불체포 특권 등), 재산상의 권리(보수와 연금 등의 경제적 급여와 복지후생 서비스를 받을 권리), 교직단체 활동권 등 더 상세하게 구분된 권리를 교권의 범위에 포함한다. 한마디로 교사가 외부의 간섭으로부터 독립되어 교육할 수 있도록 돕는 권리들이 모두 교권에 들어간다.

이처럼 교권 안에는 자율적이며 전문적인 교사의 수업권이 내포되어 있다. 교권이 무너졌다는 말을 들으면 수업시간에 집중하지 않고 통제되지 않는 학생들이 떠오르는 것이 우연은 아니라는 말이다. 학생이 선생님의 수업에서 배울 것이 있고 흥미롭다고 느낄 때 학생은 교사에게 신뢰감을 느낀다. 교사가 스스로 무력함을 느끼는 순간 역시 수업 시간에 학생들이 뜻대로 통제되지 않거나 수업 진행이 원활하게 되지 않을 때인 경우가 많다. 그만큼 교사의 수업권과 교권은 밀접한 관계이다.

수업권만큼 교권에 힘을 실어주는 것은 평가권이다. 고등학교 시절, 내신에 중요하지 않다고 생각되는 과목 시간마다 엎드려 자던 친구가 있었다. 그 과목선생님은 존중받았다고 할 수 없다. 자신에게 영향을 미칠 만한 평가권이 없는 교사에게 학생들은 집중할 여유가 없다. 반대의 예는 대학교에서 볼 수 있다. 한 교대생의 표현에 따르면 교수의 평가권은 '무소불위의 권력'이다. 수업을 잘 듣는 것 외에는 교수만의 평가에 대비할 방법이 없고, 어쩌다 학점이 낮게 나와도 교수를 설득하지 못하면 보완할 방법이 없다.

그렇다면 지금 교사들의 수업권과 평가권이 충실하게 보장되어 교권을 뒷받침해주고 있는가? 수업과 평가는 교사의 고유 권한이라고 모두가 생각하지만 정말로 교사는 자기 뜻대로 수업하고 평가할 수 있는 자유를 누리고 있는가 누가 묻는다면 그렇다고 할 수 있는 사람이 얼마나 될지 의문이 든다.

일단 학교에서 교사가 수업에만 집중하기란 쉽지 않다. 학생의 성장을 위한 교육활동이 매우 중요한 만큼, 업무의 반이 학생 생활지도이기 때문에 많은 시간을 학생·학부모 상담이나 학급 운영에 쏟아야 한다. 또 여전히 교사가 처리해야 할 행정 업무도 많다. 누군가 교사 고유의 수업에 간섭하는 것을 적극적 침해라고 본다면, 교사가 수업권을 펼칠 수 없는 환경은 소극적 침해로 볼 수 있다.

그렇다면 다른 업무가 거의 없으면 학급 운영과 수업만 하면 되니, 좀 더 내 뜻대로 만족스러운 수업이 가능할까. 적어도 내 경험으로는 다른 업무가 없다고 나다운 수업이 가능한 건 아닌 듯하다.

첫 학교에서 나는 신규라는 이름으로 업무 배려를 많이 받았다. 업무에 매일 치이는 선배교사들에 비해 상대적으로 수업에 집중할 수 있는 시간이 많은 편이었다. 그래서 핫하다는 '거꾸로 수업'도 하고 이것저것 많이 시도해보았다. 그런데 이상하게도 뭔가 새로운 시도를 하면 할수록 수업에 내실이 쌓이고 자신감이 생기기보다는 급하게 '돌려막아야' 할 것들이 많아졌다. 작정하고 프로젝트 수업을 한번 하면, 다 못 낸 교과서와 성취 기준을 확인해서 시험 대비를 위한 수업을 또 해야 했던 것이다. 점점 교사별 평가가 가능해지면서 내 수업에서 가르친 내용을 내가 만든 평가지로 수시로 평가하며 집단의 기준에 억지로 맞춰야 한다는 부담이 줄어들긴 했지만, 그래도 여전히 국가 교육과정 수준에서 챙겨야 할 필수 요소들이 참 많았다.

국제 교육과정 및 평가 프로그램인 국제 바칼로레아IB

·International Baccalaureate에 관해 쓴 책인 《IB를 말한다》에서는 우리나라의 교육과정이 지나치게 자세하고 성취 기준과 평가 기준을 일일이 정해놓아 교사들의 자율성이 침해되고 있다고 분석하며 진정한 혁신은 교사들이 교육과정을 '재구성'하는 것이 아니라 '처음부터 구성'하는 데에 있다고 지적했다.

돌려막아야 할 것은 내용과 시간만이 아니었다. 나의 수업 방식도 새롭게 바뀌길 요구받았다. 동료 선생님들이나 교장 교감 선생님께 수업을 공개하는 장학 수업이 있어서 공을 들여 준비하면 변경을 권유받는 무언가가 한두 가지씩은 나왔다. 마치 전쟁에 나가며 열심히 칼을 갈아 가져 갔는데 막상 활을 쏘라고 무기 변경을 지시받는 느낌이었다. 물론 혼자서는 깨닫지 못한 노하우를 동료, 선배교사들에게 배우고 서로 나누고 공유하는 데 장학의 의미가 있다. 그러나 그런 배움과 나눔을 넘어 절망감을 느낀 이유는 '내 수업에 맞는 나와 우리반 학생들의 특성'이 존중받지 못한다고 느끼는 경우가 많았기 때문이다.

한번은 3학년 사회 공개 수업에서 학생들이 줄글로 쓰는 활동을 하다가 종이 쳐버렸다. 나는 종소리를 들었지만 학생들의 호흡을 살피며 마무리할 시간을 더 주었다. 쉬는 시간이 되면 참관하시던 교장 교감 이하 선생님들이 자연스럽게 나갈 거라고 생각했기 때문이다. 하지만 선생님들은 수업이 마무리될 때까지 기다렸고, 나는 아이들을 재촉하여 마무리해야 했다. 장학 수업 협의 시간에 한 선배선생님이 '활동지를 간단하게 단어 위주로 만들어서 했으면 시간이 줄었을 텐데, 줄글을 쓰느라 시간이 오버되었다. 공개수업인데 시간은 맞춰야 하지 않느냐'고 했다. 내가 활동지를 줄글 형식으로 만든 이유는 평소에 학급 운영 방침으로 하루에 두세 줄 정도 자기 생각을 쓰는 걸 꾸준히 지도해왔고, 우리 반 아이들도 줄글 쓰기가 익숙하며 즐긴다고 생각했기 때문이다. 그런데 우리반 아이들의 특성, 담임으로서 나의 지도 방식에 대한 고려가 없는 수업 장학 피드백을 받으니, '이건 내 수업이 맞는가' 하는 생각이 들었다.

비단 공개수업과 장학수업만 문제가 아니다. 연수의 선택권 또한 수업권과 관련하여 생각해보아야 할 중요한 이슈이다. 예를 들어, 프로젝트 학습이 좋다고 할 때는 프로젝트 학습에 관한 전 교사 대상 연수가 생긴다. 프로젝트 학습은 학생들이 실제적인 과제를 선정하여 팀별 활동을 하며 문제해결을 위해 조사, 탐구하는 학습법이다. 학습자 스스로 지식을 구성해나가고 문제해결력을 습득하는 과정을 중시하는 구성주의를 기반으로 하기 때문에 학생들의 상호작용을 중요하게 여긴다. 협동학습을 강조할 때는 협동학습으로 유명한 근처 학교에다 같이 가서 듣는 연수가 생긴다. 프로젝트 학습을 아무리 해봐도 잘 안 맞아서 내 수업이 아닌 것만 같다고 느껴도 저경력 교사는 대세에 따라야 한다. 연수의 선택권은 수업권의 연장선상에 있다. 내가 하고 싶은 수업을 위해 내가 듣고 싶은 연수를 골라 들을 수 있는 권리가 대세에 묻혀 희생되었다고 볼 수도 있다. 시 쓰기를 위한 발상법 연수를 듣고 싶었던 그 시간에 열정도 없고 특기도 없는 프로젝트 학습을 위한 연수를 들어야 해서 더 발전할 수 있었던 시 쓰기 수업을 또 미루어야 한다면 그 역시 수업권이 지켜지지 않은 것이다.

최신 트렌드가 반영된 연수를 의무적으로 이수한다면 혼자서는 놓칠 수 있는 경험을 해볼 수 있다는 점에서 긍정적이다. 하지만 나는 물이 먹고 싶은데 꽃차를 억지로 먹어야 한다면 그것도 꽤 고통스러운 일이다. 모든 교사가 프로젝트 수업을 잘할 필요는 없지 않은가?

이렇게 교사는 한 사람의 독립적인 특성과 자율적인 선택권을 가진 사람으로서 존재하기보다는 학교와 교육계가 중요하다고 생각하는 방향으로 교육방식을 바꾸도록 '권유'받고 환경 자체도 그렇게 흐르는 경우가 많다. 권유되는 교육방식이 실제로 교육적으로 옳은 방향일 수도 있지만 때로는 다수가 '옳다고 믿는' 신념일 수도 있다. 데이지 크리스토둘루Daisy Christodoulou의 책《아무도 의심하지 않는 일곱 가지 교육 미신》은 실제 교육적으로 효과가 없는데도 마치 정석인 것처럼 신뢰를 얻고 강요되는 교육계의 신념을 '미신'이라고 표현하며 구체적인 장학 보고서들을 근거로 논박했다. 근거로 활용된 장학 사례들을 보면, 장학관은 '교육계가 미는 대세 신념'에 따라 교사들의 수업을 고유성이 말살된 틀로 재단했다. 학생 주도의 활동 중심 수업이 우수하다는 신념이 우세했던 영국 교육 현장에서, 지식을 가르치는 교사의 수업은 저평가되었다. 교사들은 학습 목표에 상관없이 학생 활동 중심의 수업을 강요받았다.

이 책은 '지식보다 역량이 더 중요하다' '학생 주도의 수업이 효과적이다' '프로젝트와 체험 활동이 최고의 학습법이다' '21세기는 새로운 교육을 요구한다' 등 우리 교육에서 최근 지향하는 교수법과 관점들을 미신으로 규정하고 정면으로 반박한다는 점에서 화제가 되었다. 솔직히 교사의 입장에서 읽었을 때는 잊고 있었던 지식 교육의 중요성을 일깨워줬다기보다는, '근거에 상관없이 대세를 따라가는 교육이 얼마나 위험한가'를 생각하게 했다.

우리나라 교사들이 특별히 경계하는 교육은 객관식 문제 풀이만을 위한 맥락 없는 지식교육일 것이다. 그런 점에서 이 책이 여러 교육당사자들이 지닌 지식교육에 대한 오해를 풀고, 의미 있는 지식교육이라면 강의법도 좋은 교수법이 될 수 있다는 사실을 인지하도록 도왔다는 점에서는 긍정적이다. 그러나 나는 "우리나라 교육은 지식교육이 제대로 안 되고 있대. 프로젝트 학습법 같은 건 알맹이가 없어서 별로래"라는 또 다른 오해와 대세가 생길까 봐 두렵다.

외부에서 걱정하는 것보다 현장의 교사들은 교육에서 중요한 것이 무엇인지를 고민하고 잘 알고 있으며 현실화하려고 노력하는 전문가들이다. 오직 자신의 수업을 끊임없이 판단하고 평가하는 시류를 거부할 수 없을 뿐이다. 그래서 스쳐가는 교육 유행에 따라 교사들은 이리 치이고 저리 치인다. 트렌드와 지향점이 지나가는 건 어쩔 수 없더라도 우리에게 무엇을 남겼는지 진지한 성찰이 필요하다. 스쳐간 수많은 교육 유행들은 누가 들여와서 누가 적용하는가? 들여오는 사람 따로, 평가하는 사람 따로, 적용하고 평가받는 사람이 따로 있는 변하지 않는 구도 속에, 교사들이 자기만의 수업을 지켜가는 수업권이 보장될 수 있을까? 그렇다면 가장 자기다운 수업으로 교사가 스스로 지켜내야 할 학생들의 인정과 교권은 어디로 가는 걸까?

평가권도 마찬가지이다. 지역에 따라 교사별 평가가 특별히 안정적으로 시행되는 지역도 있기는 하지만 아직도 많은 학교에서 일괄적인 평가 시기, 내용, 형식으로 평가를 준비하는 관행이 남아 있다.

교육부 지침이 교사 고유의 평가권을 침해한다고 인식되는 경우도 있다. 2020년 3월 1일부터 시행된 교육부훈령, 〈학교생활기록 작성 및 관리지침〉은 정규교육과정 외에 학생이 수행한 결과물에 대해 점수를 부여하는 과제형 수행평가는 실시하지 않는다고 규정했다.

나는 찬성이야. 집에서 해오면 누가 했는지 어떻게 알아. 수업 중에 해결하는 게 맞아. 그리고 여러 차시에 걸쳐서 완성하게 하기도 하고, 성장중심평가의 관점에서는 재도전의 기회를 주잖아. 주어진 시간 내에 하느라 너무 완성도가 떨어진 아이들에게는 재도전의 기회를 주면서 성장할 기회를 주고, 점수도 보완해가면 되지 않을까.

_77년생 20년 차 교사 C

　　과제형 수행평가는 학교 밖에서 해오는 과제이니만큼 대필 등의 부작용이 있고, 학부모의 부담을 늘린다는 점에서 문제점이 있는 것이 사실이다. 그래서 교육부는 아예 '과제형 수행평가는 실시하지 않는다'라고 못을 박았는데, 교육부가 교사 고유의 평가권을 침해한다고 느끼는 교사들도 있다.

　　과제형 수행평가의 문제점은 분명 개선되어야 해. 학생들은 자기 실력만으로 평가를 받아야 하지. 하지만 교육부가 나서서 '과제형 수행평가는 하지 않는다'라고 명시한 것 자체는 잘못되었다고 생각해. 만약 우리 동네에 대한 뉴스를 만든다고 하면, 뉴스 만드는 건 학교에서 하고, 그 수업을 위해 동네에서 일어났던 일을 미리 조사해 오거나 인터뷰를 해와야 할 경우도 있는데, 그건 그럼 과제형인지 아닌지 구별이 확실히 되나? 실제적 맥락이 중요하다면서, 학교 안에서만 모든 걸 해결하라고 하면 어떻게 실제적인 교육이 가능하지? 학습 주제에 따라서는 하나의 수행평가가 완성되기까지의 과정이 학교 안에서만 이루어지기 힘든 경우도 있는데, 그걸 아예 교육

부가 하지 말라고 하면 교사와 현장 입장은 고려하지 않은 명백한 침해지. _84년생 13년 차 교사 S

S가 제기한 문제점은 중요하다. 실제로 평가 과정에는 평가 주제, 학생의 배움 속도, 주어진 평가 시간 등 여러 요건이 개입된다. S는 과제형 수행평가가 지니는 부작용을 인식하고, 되도록 지양할 필요가 있다는 점에 분명 동의한다. 그러나 주제에 따라 최대한의 교육적 효과를 위해서는 불가피한 경우도 있는데 그것을 교육부 자체에서 금지시키면 교사의 선택권은 아예 없어진다는 점을 지적하는 것이다. 이 지침은 교사의 평가권을 교육부에서 제한할 수 있다는 관점을 담고 있다. 그렇다면 교사의 평가권은 본래 교육부에서 내려주는 것인가? 교권의 의미에는 분명 교사가 외부의 간섭으로부터 독립되어 교육할 수 있는 권리가 담겨 있다. 교육할 권리에는 당연히 평가할 권리가 포함된다. 학교생활기록은 여러 가지로 중요한 일인 만큼 국가차원의 매뉴얼과 가이드가 필요하지만, 어디까지나 교사 고유의 평가권에 대한 존중과 인정을 전제로 한 권장사항이어야 한다.

교사에게 자율적인 수업권이 보장되지 않는다는 사실은 교사의 능동성과 판단력을 신뢰하지 않는다는 뜻으로 볼 수 있다. 의도하지 않은 결과이지만 그런 배경에서 교권 하락은 당연한 일 아닐까. 교사 고유의 수업권, 자율성과 전문성이 인정되는 수업권을 위해 교사는 자유의 권리, 실험할 권리, 실패할 권리를 보장받아야 한다. 자신의 특기와 학생들의 특성을 반영하여 원하는 수업을 할 자유와 실험할 수 있는 시간적 여유가 필요하다. 꽉 짜인 성취기준, 교과서와 학교의 교육계획안에서, 교사가 자기답고 우리 반다운 수업을 깊이 고민하며 수업을 준비하고 실행할 여유를 찾기는 참 어렵다. 숨 쉴 구멍이 좀 있었으면 좋겠다. 그리고 어떤 수업 방식이나 교육 방침이 유행하든, 교사 자신의 스타일로 실험해본 수업들을 성찰해보고 이야기 나누며 개선하되 대세의 이름으로 변경을 강요하지 않는 실패할 기회가 있으면 좋겠다. 실패해도 직접 해보고 깨져봐야 재발을 예방할 신기술도 생기지 않겠는가.

교권을 바로 세우고 싶으면 교사 한 명 한 명의 수업권과 평가권을 존중해주어야 한다. 교육청과 학교는 개별 교사의 자기다움을, 각 교사들은 서로의 자기다움을 수업과 평가에서 인정해주어야 그 땅을 밟고 교권이 바로 선다.

교권은 원래 흔들리는 것이다

교권 붕괴, 교권 침해, 교권 추락… 이제는 일상적이어서 너무나 뻔해진 교권에 관한 말들이다. 그런데 과연 교권 붕괴가 정말 요즘만의 문제일까?

'교권'이라는 단어로 인터넷 검색을 해보았다. 네이버에는 1990년 뉴스가 가장 오래된 기사로 나온다. 1990년 5월 9일 연합뉴스의 짧은 기사에 "부산시교위가 5월 한 달을 '교권확립의 달'로 정하고 스승존경 분위기조성 캠페인을 벌였다"는 내용이 나온다. 그때도 교권확립은 필요했나 보다. 〈한국교육신문〉에는 1999년 5월 24일자 기사가 가장 오래된 기사로 나오는데 초등학교 교감선생님이 쓰신 칼럼 제목이 〈교권 추락 어디까지인가〉였다. 30년 전에도 교권은 확립되어야 하는 것이었고, 20년 전에도 교권 추락은 끝을 몰랐다. 분명 교권에 관한 고민은 그전부터 있었다.

그렇다면 학생이나 학부모의 교사 폭행과 같은 심각한 교권 침해 현상은 최근에 일어난 일들일까? 네이버 검색 결과 '교사 폭행'에 관한 가장 오래된 인터넷 기사는 1996년 4월 6일 자 연합뉴스 기사였다. 〈정부 '교원예우지침' 이행 지시〉라는 제목의 기사에서 "정부는 교원에 대한 폭행, 협박, 명예훼손 등 교권침해 사례에 대해선 철저히 조사, 엄벌토록 했다"라고 보도한 걸 보면 교사를 폭행하는 사건이 있었던 걸로 보인다. 2000년 7월 6일자 동아일보에도 〈교사 폭행 학부모 구속 영장〉이라는 기사가 실린 것을 보면, 선을 넘는 교권 침해가 교육계의 오랜 고민이었음을 확실히 알 수 있다. 이 사건에서 학부모는 부산의 한 초등학교에서 수업 중인 여교사를 폭행해 정신질환에 이르게 한 혐의로 구속영장을 받았다. 교사를 폭행하는 교권 침해 역사가 적어도 20년은 넘었다는 뜻이다.

그런데 교권 침해는 왜 그렇게 최근 들어 그토록 빈발하며, 그토록 잔혹해지는 것처럼 인식되는 것일까? 사람들은 이제 교권에 대해 '뻔하다'고 생각한다. 교권이 확립된 학교는 거의 없으며, 교사들은 늘 흔들리는 교권을 붙잡느라 고군분투하는 그림을 상상한다.

이런 현상은 자연스럽게 오늘날 교사들이 무능력하다 혹은 오늘날 학생이나 학부모가 유난히 '개념이 없다'는 무의식적인 생각으로 확산된다. 교권에 대한 뻔한 표현들이 위험한 이유가 바로 여기에 있다. 학생들의 존경을 받으며 멀쩡히 교단에 서 있는 교사들에게조차도 '요즘 선생이 뭐 대단한 거라고'라는 식의 시선으로 바라보게 한다. 또 학생들이나 학부모들에게 스승 존경은 이제 과거의 영광이라는 인식을 무의식적으로 심어주는 역할을 한다. 이런 관점은 교사를 고유한 인격체이자 전문적 특성을 지닌 전문가로서가 아니라 존중받지 못하는 집단의 일부로 바라보게 하는 잘못된 인식을 만들어낸다. 그러므로 사회적으로 '교권'과 관련된 부정적인 언어를 너무 당연하게 자주 쓰지 않는 절제가 필요하다.

이렇게 최근 들어 교권 문제가 더 심각하다고 여기게 된 배경에는 인터넷의 발달과 자극적 기사 남발, 교권 침해에 대한 인식과 행정적 대처 확산으로 신고 건수가 늘어났다는 점, 오랜 입시위주의 경쟁체제를 중심으로 한 교육 문화 탓에 학생들의 인성교육이 어렵다는 점 등이 있다. 물론 일부 교사의 자질 부족 문제 또는 사회적 변화에 발 빠르게 대처하지 못하는 교육 환경도 포함될 수 있다. 교권 문제는 실체가 매우 복잡하다. 교사 개인의 전문성 함양, 학생에 대한 인성교육 강화, "교권확립!" 구호로 간단히 해결될 수 있는 문제가 아니다.

이 시점에서 교권문제를 어떻게 이해하고 받아들여야 할까. 나는 조금 더 이성적으로 생각하기로 했다. 교권 추락의 역사가 이렇게 오래되었다면, 교권이란 것이 원래 확립된 적은 있었을까? 이 질문에 대한 나의 솔직한 답은, 적어도 학교에서의 교권은 확립된 적이 없었다는 것이다.

프로이트Sigmund Freud에 따르면 인간의 성격은 무의식적인 욕망과 억압 사이의 줄다리기에서 형성된다. 프로이트의 《꿈의 해석》에는 칸트Immanuel Kant, 피히테Johann Gottlieb Fichte 등 역사 속 철학자들의 꿈에 대한 다양한 의견들이 나온다. 대부분의 철학자들이 '인간의 내면에는 날것의 무언가가 있으며 깨어 있을 때는 인간의 의지와 도덕성으로 억제하지만 수면 시에는 그것이 억제되지 않아 꿈은 생각지도 못한 자기 모습을 보여준다'는 맥락으로 꿈을 인식한다. 인간은 끊임없이 의지와 도덕으로 욕망을 다스려야 하는 운명을 타고난 존재이다. 그래서 문자를 쓰지 못했던 시기에도 개인의 욕망을 다스리는 룰과 원칙이 있었으며 그것은 교육의 이름으로 이어져 내려왔다.

프로이트의 딸인 안나 프로이트Anna Freud는 《자아와 방어 기제》에서 본능적인 욕망인 이드와 이드를 억제하는 외부 세계 사이에 낀 어린이의 자아에 대한 연구가 바로 교육학이라고 하였다. 교육학이란 교육이 인간의 본능을 제어하여 개별 자아에 더 영향을 끼칠 수 있도록 탐구하는 학문이라는 것이다. 그리고 이 과정을 '공동의 투쟁'이라고 하였다. 이 말은 인간이 개별 자아를 제어하여 사회를 원하는 방향으로 이끌기 위해 공동의 목표를 세우고 만든 것이 교육이라는 의미를 내포한다. 교육학이 개별 인간의 본능에 대한 집단의 억제를 전제로 이루어진다는 뜻으로도 이해된다.

그런데 어린아이에게는 교육의 손이 닿지 않는 정신 내적 갈등 또한 존재하고, 이를 제어하려는 외부의 압력과 상호작용하면서 불안과 갈등을 겪으며, 특히 사춘기로 가는 과정에서 공격적 충동이 강화된다고 안나 프로이트는 말한다. 이러한 교육의 억압성은 공식 집단 조직인 학교에서 극대화된다.

학교는 교육학의 실천 공간일 뿐만 아니라, 인간이 집단 생활을 할 때 발현되는 또 다른 본능을 끊임없이 억눌러야 하는 운명을 안고 있다. 다수가 모인 학교에서 거절당하는 인간의 본능이란, 바로 '동등하게 사랑받고 싶은 마음'이다. 프로이트는 《집단 심리학과 자아 분석》에서 인간은 한 우두머리의 통솔을 받는 집단 속의 개체라는 군집동물Hordentier이라고 했다. 군집동물로서의 인간은 '모두 평등하고 싶기도 하지만 생존 능력이 있는 한 사람의 지배도 받고 싶은 존재'이다. 프로이트는 집단에서 보이는 인간 행동의 근본 원인을 '시샘'으로 본다. 탁아소나 학교 같은 집단에서, 어린아이는 윗사람의 애정을 다른 사람과 나눠 가져야 한다는 사실에 직면한다. 그렇다고 다른 아이들에게 적대감을 보이면 오히려 자기가 손해를 보게 되므로 다른 아이들과 자신을 동일시하며 비슷하게 행동하는, 공동체 의식이나 집단 정서를 만들어가게 된다. 나보다 예쁨받는 저 아이가 밉지만, 그 아이를 따돌리기보다는 칭찬하고 함께 어울리는 길을 택한다. 이런 과정에서 가장 먼저 요구되는 것이 '정의'인데 달리 말하면 "모든 아이를 동등하게 대우해달라는 것"이다. 프로이트는 이러한 요구가 강력하게 제기되는 곳이 바로 학교라고 직접적으로 명시했다.

그러나 슬픈 현실은, 학교에서는 교사가 학생 한 명 한 명의 이름을 불러주지도 못한 채 일과가 끝난다는 것이다. 선생님의 심부름을 하고 칭찬받는 기회도 한정되어 있고, 선생님에게 개인 코멘트를 길게 받기도 쉽지 않다. 어쩌다 선생님의 차별을 느껴도 생각만 할 뿐 서운한 마음을 표현하기도 어려울 때가 많다. 선생님은 선생님대로 30명을 모두 어루만져줄 수 없음이 늘 미안하다.

두 인간본능 전문가에 따르면 학교는 인간의 자아가 형성되는 곳이기도 하지만 인간의 욕망 및 자아와 끊임없이 갈등하며 정의 실천을 요구받는 투쟁적인 곳이기도 하다. 교사는 인간의 내면에 끊임없이 갈등을 일으키는 교육학을 실행하는 사람이자, 모든 아이들이 요구하는 정의감과 애정욕구를 만족시켜야 할 운명에 처한 존재이다.

인간본능이 정말 그러하고, 교사가 그와 같은 존재라면 학교라는 곳에서 교사의 교권이란 끊임없이 도전받고 흔들릴 수밖에 없다. 그것이 숙명이다. 그런데 많은 사람들이 원래부터 확립되어 있던 교권이 최근 들어 심각하게 흔들리고 있다고 믿는다. 교권이 확립되었던 때도 있긴 했으리라. 하지만 아마도 지금 학교처럼 많은 인원이 한 공간에서 함께하는 교육 체제가 도입되기 전이었을 것이다. 또는 '군사부일체' 같은 지금보다 강력한 유교적 가치관이 우세하던 시기였을 것이다.

특히나 학교교육이 의무교육이자 무상교육이 되어 모든 사람이 기본 학력을 갖추게 되었다는 사실은 학교에 대한 열망과 희소성을 감소시킨다. 학생이 학교를 뜨겁게 갈망해도 교사의 행동은 학생의 눈에 의해 언제나 평가받는다. 하물며 의무무상교육의 시대에 학교에서 만나는 교사는 얼마나 더 철저하게 교사로서의 자질을 보이고 인증받아야 할지.

흔들리는 교권의 역사는 길었다고, 그러니 그 운명을 받아들이겠다고 마음먹었다. 그리고 흔들리는 와중에도 피어 세상을 밝히는 꽃 같은 존재가 되겠다 꿈꾸는 쪽을 택했다. 나와 함께 서서 흔들리며 꽃을 피어내고 힘겹게 열매를 맺는 이 땅의 선생님들께 도종환 시인의 시 〈흔들리며 피는 꽃〉(《흔들리며 피는 꽃》, 문학동네)을 바친다.

이 세상 그 어떤 아름다운 꽃들도
다 흔들리면서 피었나니
흔들리면서 줄기를 곧게 세웠나니
흔들리지 않고 가는 사랑이 어디 있으랴

_도종환, 〈흔들리며 피는 꽃〉에서

3장

할 말은
하겠습니다

초등 여교사들은 사회적으로 초등 여교사라는 직업이 갖는 선입견이 너무나 많아서 내가 나로서 존재하기보다는 외모결정주의, 자본주의 결혼 시장의 상품으로 전락해버리는 느낌을 받을 때가 상당히 많다고 토로한다.

선생님이 없었던 사람은 없다

모든 사람에게 있는 사람. 말이 이상하지만, 답은 쉽다. 낳아 주신 부모님이 없는 사람이 있을까? 없다. 가정환경과 상황에 따라 양육자가 달라질 수 있지만 사람의 존재는 누군가 그를 낳아주셨음을 전제로 한다. 부모님처럼 모든 사람에게 있는 사람이 또 있다. 바로 선생님이다.

특히 초등학교 선생님이 없었던 사람은 거의 없다. 일제강점기 이후 사회 분위기나 경제적 어려움 탓에 학교 문턱조차 넘어보지 못한 어르신들도 계시긴 하다. 그러나 1954~1959년 의무교육 완성 6개년 계획에 따라 초등교육이 의무교육으로 처음 실시되었기 때문에 그 이후에 학령기를 보낸 국민이라면 초등학교 은사님이 있다. 이렇듯 누구에게나 친숙해서인지 많은 사람들이 초등학교 교사에 대해 잘 안다고 생각한다. 통념이나 편견도 많다.

초등교사라고 하면 은근히 떠오르는 양가감정들이 있지 않은가? 예전에 동호회에서 만난 한 분은 내가 초등교사인지 모르고 "초등교사들이 제일 살기 편한 세상이지. 그래서 나도 우리 딸한테 교대나 가라고 계속 그러잖아"라고 하셨다. 나중에 내 직업을 아시고 얼마나 민망해하시던지. 내 아이가 하는 건 좋지만 이미 초등교사인 사람들에 대해서는 썩 좋게 생각하지 않는 경향이 분명 있다. 나는 이 편견들을 초등교사에 대한 이중적 잣대라고 생각한다.

사람들이 은근히 초등교사를 낮추어 보는 이유는 세 가지이다.

첫째, 초등학교 교사는 '초등'이기 때문에 쉬워 보인다. 그래서 가끔 초등교사는 "겨우 초등교사 하면서"라는 말을 듣기도 한다.

둘째, 초등학교 교사는 지도 학생들이 만 7~12세의 어린 학생들이기 때문에 교권 침해가 적고 어려움이 거의 없으리라 생각한다. "순수한 아이들이랑 놀면서 돈 버는 편한 직업"이라는 말도 들어봤다.

셋째, 가르치는 아이들이 어리기 때문에 학문적 전문성이 떨어지고 깊이가 없을 것이라고 생각한다. 또 아이들 대하는 것'쯤'은 굳이 전문적이지 않아도 누구나 할 수 있을 것이라고 쉽게 생각한다. 과연 그럴까?

　3학년 영어 전담을 할 때였다. 수업 전부터 친구와 다투던 아이가 친구들에게 '욕 잘하는 애'라고 면박을 들으니 속이 상했는지 수업시간 내내 엎드려 있었다. 아이는 고개도 들지 않고 울음소리만 계속 낼 뿐이었다. 수업 시간 틈틈이 관심을 보이던 나도 점점 다른 아이들까지 수업에 방해를 받는 것 같아, 아이에게 화장실에 가서 세수도 하고 진정하고 오라고 일렀다. 그랬더니 수업시간 반이 넘도록 엎드려 있던 아이가 갑자기 확 고개를 들면서 소리를 지르기 시작했다.

　"어디서 이래라저래라야! 선생님이면 다예요? 초등학교 선생님 주제에! 우리 아빠 대학교수야!"

　딩~ 머리에 종이 울리는 것 같았다. 이게 무슨 일인가? 뉴스에서만 보던 그런 상황 맞나 싶었다. 오만가지 생각이 머리를 스쳤다. 나는 교사의 권위로 아이를 통제하려고 일부러 배에 힘을 주며 짐짓 큰 목소리로 "선생님한테 그게 무슨 말이야"라고 다그쳤다.

　"집에서도 나한테 뭐라고 안 그러는데 선생님이 뭔데 나한테 그래요? 집이든 학교든 내 위에 아무도 없다고!"

　반 아이들은 놀라서 입이 떡 벌어진 얼굴로 우리 둘을 보고 있을 뿐이었다. 나도 반응하기를 멈추었다. 처음 겪는 이 상황에 어떻게 대처하면 좋을지 머릿속으로 차분하게 생각을 정리했다. 아이는 울부짖으면서도 막상 겁이 났는지, 아니면 그 동안 참았던 울분이 터졌는지 이윽고 이렇게 소리 지르기 시작했다.

"나는 영어가 세상에서 제일 싫어! 음악도 싫어! 학교에서 배우는 건 다 싫어!"

아 그랬구나! 그동안 상처가 너무 많이 쌓였던 것이다. 울부짖는 아이 모습에서 상처가 느껴졌다. 처음에 화가 난 상황과는 별개로 아이는 하고 싶은 말이 있어 보였다. 마침 수업시간이 끝나가서 다른 아이들을 교실로 돌려보내고 단둘이 이야기를 나누었다. 알고 보니 아이가 너무 불쌍했다.

아이는 아버지가 대학교수인데 1학년 때부터 영어를 못한다며 엄마와 아빠에게 심하게 혼나고 핀잔을 많이 들었다고 했다. 그래서 영어시간도 싫고 공부하는 것 자체가 싫다고 했다. 어려서부터 학원을 쉴 틈 없이 많이 다녀서 지쳤는데 부모님은 계속 영어 못한다고 뭐라 하고 힘들어 죽겠단다. 학원을 열 개도 다녀봤다며 우는 아이를 안고 나도 울었다. 나는 아이에게 권위로 억누르려 했던 일을 사과하고, 아이의 행동이 선생님의 교권과 친구들의 수업권을 방해하는 행동임을 차분하게 이야기했다. 그리고 초등학교 선생님이든, 대학교수이든 모든 직업에 높고 낮음이 없으며 너희 아버지도 선생님이 있었기에 훌륭한 대학교수가 된 것이라고 말해주었다.

담임선생님과 상담해보니, 아이는 교우관계가 좋지 않고

학업부담이 심해 정서 불안을 보이는 상태였다. 다행히도 그날 마음을 위로받은 아이는 그 뒤로 수업시간 태도가 한결 좋아지고 나와도 잘 지냈다.

과연 '겨우 초등'인가? 가정교육 이후에 아이들이 만나는 최초의 학교인 초등학교는 유년기의 교육이 이루어지기 때문에 절대 '겨우'일 수 없다.

과연 아이들이 어리니 '쉬운가'? 아이들이 어리다는 사실이 아이들을 쉽게 대할 수 있다는 의미가 될 수는 없다. 아이들은 인격체이다. 인격체 대 인격체인 만남은 모두 쉽지 않다.

과연 '비전문적'인가? 아이들의 수준에 맞는 방법으로, 아직 어린 몸과 마음을 보호하고 성장을 자극하며 교육할 수 있는 능력이 초등교사의 전문성 그 자체이다. 나는 교사가 스스로 화를 다스리고 적절히 자신의 감정을 아이들에게 표현하는 것도 교사의 전문성이라고 생각한다.

흔히 '전문직이다' '전문성이 있다'고 말하는 직업에는 다른 직업과 구별되는, 아무나 쉽게 진입할 수 없는 독자성이 있다. 그리고 흔히 그들 내부에서 공유하는 깊은 학술적 배경이 배타적인 진입장벽을 형성한다. 그런 면에서 "초등교사에게 무슨 학술적 깊이가 있고 독자적인 학문 영역이 있느냐"고 묻기도 한다.

나는 이 질문이 이미 답을 담고 있다고 생각한다. 초등교사는 중등교사처럼 한 과목만 아주 깊이 배우지 않는다. 넓고 고르게, 그러나 일반인들보다는 깊게 배운다. 인간의 발달 자체가 통합적이고 전인적인 차원에서 먼저 일어나기 때문이다. 그래서 초등학교 1~2학년에는 통합교과가 있다. 통합과목이 3학년부터는 내용에 따라 사회, 과학, 음악, 미술, 도덕, 체육으로 갈라진다.

초등학교의 교육목적은 "국민생활에 필요한 기초적인 초등교육"이라고 초중등교육법 제38조에 나와 있다. 초등은 인간의 발달단계를 존중하여 만들어진 학교급이며, 기초교육의 역할을 해야 하는 단계이다. 한 사람의 국민으로 성장할 수 있도록 기초적인 요소들을 어떻게 가장 잘 발달시킬 수 있는지가 초등교육의 핵심이다.

그래서 초등교사들은 인간이 성장하는 데 필요한 가장 기본 내용을 초등학교 교과라는 이름으로 배운다. 초등학생 연령의 인간과 사회에 대해 배우면서 발달 수준에 맞게 소통하며 교육하는 능력을 각 학과의 전문가인 교수들에게서 배운다. 초등교육학과를 포함하여 모든 학과의 지식과 경험이 한 명의 교대생 안에서 통섭되고 융합된다. 그렇게 잠재된 가능성이 초등학생과 교육활동을 하며 꽃필 때, 초등교사의 전문성은 탄생한다. 따라서 초등교사에게 한 과목만 학술적으로 깊이 있게 전공하지 않았다는 기준을 들이대는 것은 인간의 성장과 초등교육의 목표를 이해하지 못한 데서 온 원칙 혼동의 오류이다.

2015 개정교육과정에는 창의융합형 인재 양성이라는 사회적 요구가 반영되었다. 다양한 분야를 다룰 줄 알고 융합을 고민하는 초등교사들의 전문성이 새로운 개정교육과정에서 빛을 발할 것이다.

선생님이 없었던 사람은 없다. 특히 어린 시절을 함께해준 초등학교 선생님은 모두에게 있었다. 그런데 왜 양가감정과 편견에 가까운 인식들이 생겼을까? 분명 지금 어른이 된 사람들이 초등학교 6년간 만났던 선생님들의 모습이 곧, 지금 어른들이 말하는 초등학교 선생님의 이미지를 만들어냈을 텐데 말이다.

이 글을 읽은 독자 중에도 혹시 초등교사에 대해 이중적 인식을 지녔던 분이 있을지 모르겠다. 그렇다면 공감까지는 어려워도 그것이 분명한 편견임을 다시 한번 생각해주셨으면 좋겠다. 초등교사는 '겨우' 초등교사가 아니며 '쉽지'만은 않고 아이들과의 수업과 소통 모든 면에 초등교사만의 '전문성'이 있어야 할 수 있다는 사실을 말이다. 교권 존중은 교사에 대한 인식에서부터 출발한다.

늙은 선생님 젊은 선생님

"이번엔 우리 애가 젊은 샘 좀 만나려나 했더니 작년보다 더 늙었어. 짜증 나."

노트북 자판에 손을 올려놓는데 귀가 쫑긋했다. 누가 들을까 걱정되는지 목소리가 크지는 않았지만 내 귀에 딱 꽂혔다.

"2학년에 젊은 사람이 없어."

방금 들고 온 커피를 마셨다. 얼음이 아직 덜 녹아 미지근했다. 시간도 별로 없는데 일에 집중이 안 되고 자꾸 옆에 앉은 세 사람에게 주의가 쏠린다.

"2학년은 일찍 끝나고 애들도 좀 할 만하니까 나이 먹은 할머니들이 안 비켜주지."

"우리 큰애는 1학년 때 할머니 선생님 좋았는데. 젊다고 좋은 것도 아니야. 노하우가 없고 선생 중에도 저밖에 모르는 사람도 얼마나 많은데. 애를 안 키워봐서 그런지 오히려 쌀쌀맞아."

"자기는 운이 좋은 거야. 나이 먹고 애들 면박이나 주고 옛날 방식으로 애들만 잡으려고 하는 할머니들이 얼마나 많은데."

옆에 초등교사가 앉아 집중해서 듣고 있다는 걸 당연히 모르겠지. 일부러 엿들으려고 한 건 아닌데 관심사(?)이다 보니 흘려듣기가 힘들었다. 노트북을 켠 지는 한참인데 옆에서 하는 이야기가 궁금해서 내 일을 할 수가 없었다. '젊은 선생' 이야기는 젊은 선생에 속하는 내 얘기일지도 모른다는 두려움이 훅 끼친다.

"차라리 학원이 나아. 나는 1학년 때 담임 하는 꼴을 보고 그냥 애는 내가 케어하고 학원이나 좋은 데 보내야겠다, 생각했어."

"유치원까지는 선생님들이 그래도 다정한 편인데. 학교는 좀 다르더라. 좀 컸다고 너무 큰 애 취급하니까 안쓰러워."

학교 선생님들이 그 정도인가? 나도 2학년 담임할 때 이런 느낌을 주는 담임이었나? 나도 지금 다섯 살인 아들을 학교 보낼 때 이런 생각을 하게 될까?

새로 발령받은 학교에서 전해 들은 이야기가 있었다. 우리 학교에는 공원처럼 교정에 벤치가 많다. 어느 날 학부모들이 한 벤치에서 담임선생님 흉을 봤는데 위층에서 그게 다 들렸다고 했다. 학교 안 위층에서 듣고 있던 선생님이 이런 기분이었을까 싶었다.

학교에서 교사가 만나는 학생들의 연령은 정해져 있다. 8세에서 13세. 그런데 아이들을 만나는 교사들의 연령은 스펙트럼이 매우 넓다. 24세에서 62세까지. 24세에 초임 발령받은 교사가 6학년 담임을 맡으면 11년 차이에 불과하다. 언니 오빠급이다. 정년을 앞둔 원로교사가 1학년 담임을 맡으면 54년 차이이다. 한 세대를 보통 30년으로 보면 거의 두 세대 차이에 가깝다. 조부모급이다.

11년 차이면 아이들을 더 잘 가르칠 수 있을까? 아이들과 나이 차이가 적으니 세대 차이가 크지 않아 잘 통할 것 같은 생각이 든다. 소통은 잘 가르치기 위한 기본이다. 그만큼 선생님이 학생들과 원활하게 소통한다는 점은 매우 중요하다. 그런데 내가 신규 2년 차, 6학년을 가르칠 때를 생각해보면 열세 살밖에 차이나지 않아도 세대 차이는 있었다. 가장 극명하게 드러나는 아이돌 세계를 예로 들겠다. 2012년 6학년 담임을 할 때 가장 인기 있던 아이돌은 인피니트와 빅뱅이었다. 스무 살 이후로 아이돌에는 담을 쌓고 살았던지라 아이들 앞에서 "인피니트가 누구야?" "몇 명이니?" 하며 '노티' 팍팍 나는 질문을 하기 일쑤였다.

내가 고등학생일 때 데뷔한 동방신기는 6학년 아이들에게 이미 아이돌계의 중견가수였고, HOT는 시조새가 되어 있었다. 그 6학년들이 지금 스무 살이 되었으니 동방신기는 화석에도 있고 지금도 살아 있는 고사리 같은 존재이고 HOT는 이름은 들어봤지만 실제로 다섯 명이 무대에 서는 걸 본 적은 없는 공룡 같은 존재가 되었을 것이다. 이렇게 보면 교사와 학생에게 문화적 세대 차이를 만드는 대중가요 시장에서 10년여의 시간은 엄청난 차이이다. 교사와 학생은 자기 세대의 가수가 부르는 노랫말을 보고 들으며 컸기 때문에 자연스럽게 가치관과 행동 양식에도 각기 다른 영향을 받았을 것이다. 그러니 당연히 세대 차이가 나게 된다. 자기가 좋아하는 그 가수의 이름을 모른다는 사실만으로 학생은 선생님과 엄청난 괴리감을 느끼기도 한다. 우리 선생님은 젊은데 젊지 않다는 이상한 기분을 느끼게 된다.

솔직히 말하면 6학년 담임을 할 당시 나는 굳이 아이들 세계의 트렌드를 따라가려는 노력을 하지 않아도 소통하는 데 아무 문제가 없다고 생각했다. 그만큼 내가 젊다는 사실을 믿고 의지했다. 하지만 나이는 숫자에 불과했는지, 내가 일부러 멤버 수와 이름을 외우지 않으면 아이들과 연예인에 관한 대화가 되지 않았다. 아이들이 점심시간에 틀어달라고 하는 뮤직비디오들도 어쩌나 선정적인지! 내 머릿속에는 '쯧쯧, 너무 야해. 애들이 벌써 이런 데에 노출되면 쓰나' 하는 생각뿐이었다. 학교에서 뮤직비디오는 볼 수 없다고 대답할 때는 아이들과 아이돌의 만남을 검열하고 막는 '꼰대'가 된 기분이었다. 13년 차이여도, 아이들의 세계를 알려는 노력을 하지 않으면 소용이 없다. 나이가 어린 만큼 젊은 감각이 있을 수는 있지만 개인의 취향과 성격에 따라 모두 다르다. 사촌 언니 오빠나 이모 삼촌 뻘이기 때문에 다가가기 편하고 말하기가 더 쉬운 느낌이 있을 수는 있다. 그래도 선생은 선생이다.

반대로, 나이가 많다고 해서 모든 선생님이 고리타분하고 경직되어 있는 것은 아니다. 연세가 많으신 선생님이 최신 아이돌의 이름을 알면, 아이들은 더 신기해하며 다가간다. 나이가 많다는 사실에서 오는 위압감보다 자신이 좋아하는 가수를 선생님도 알고 있다는 동질감이나 친근감이 훨씬 크기 때문이다. 아이들이 마음을 여는 또 다른 이유는 선생님이 우리랑 대화하기 위해 일부러 요즘 아이돌을 접하고 외웠다는 노력이 고마워서이다. 세대 차이를 나타내는 가장 간단하고 피상적인 예시로 아이돌을 얘기했는데, 그 외에도 세대 차이를 느낄 만한 예들이 많다.

나도 나이를 먹었다는 이유만으로 기피되는 교사가 되는 날이 올까 두렵다. 세상에는 훌륭한 경력교사들이 많다. 신규 못지않은 열정에 쌓아온 노하우가 있어 엄청난 시너지를 발휘하신다. 그런데 갈수록 사회와 일부 학부모는 나이라는 숫자에만 집착하여 선입견을 보이는 것 같다.

하지만 결국 제일 젊은 교사조차도 아이들과 세대 차이는 있기 마련이다. 그리고 젊은 교사도 모범이 될 만한 원로 교사들이 없으면 보고 배울 롤모델이 없다. 그래서 학교 내 교원

사회라는 생태계에는 남, 녀, 노, 소 다양한 구성원들이 함께 어우러져야 한다. 그래야 젊은 교사도 유능한 경력교사가 될 수 있다.

2학년 담임을 할 때 명퇴도 가능한 고경력인 선생님들과 동학년을 맡았다. 보통 중견 이상 원로 선생님이라고 하면 어려운 업무를 피하고 저학년 수업만 챙기려 한다는 인식이 있을 수 있다. 그런데 그해에 함께했던 두 분은 보고 배울 점이 많은 분들이었다.

한 분은 학부모회 업무를 맡았는데 경기도에 학교 학부모회 설치 운영에 관한 조례가 생기면서 관련 업무가 그 전보다 많아졌다. 워낙 꼼꼼하시기도 하고 해야 할 일들이 많아 늘 저녁 늦게 퇴근하고는 하셨다. 매일같이 야근을 하고 어려움이 있어도 후배교사들에게 부담을 줄까 봐 쉽게 도와달라고도 안 하시는 모습은 흔히 말하는 편견들과는 거리가 멀었다. 나이에 상관없이 사람을 존중하는 모습에서 기품 있게 나이 듦이 얼마나 중요한지 배웠다.

학년 부장이었던 다른 한 분과는 2년 연속 동학년으로 근무했다. 그분은 명예퇴직을 하기 직전까지도 연수를 받고 아이들에게 새로운 교수법을 적용하셨다. 그리고 동학년 모임시간에는 시행착오와 경험을 나누어주셨다. 아이들의 심성교육에도 특별히 신경 쓰셨다. 그리고 35년 차에 명예퇴직을 하셨다. 퇴직 한 달 전에도 새로운 학급 운영 방식을 적용해보시는 모습을 보며 교사에게 배움은 끝이 없음을 느꼈다. 인간으로서의 겸허함과 교사로서의 전문성, 책임감이 없으면 불가능한 일이다.

한 과목이라도 원로선생님께 배운 아이들은 담임인 내가 보기에도 뭔가 달랐다. 6학년 담임을 할 때는 미술 수업을 정년퇴직 직전이신 할아버지 선생님께서 해주셨다. 우리 세대와 다르게 판서와 수기가 특히 중요했던 세대여서 그런지 서예도 잘하시고 때로는 캘리그라퍼처럼 멋들어진 글씨도 잘 쓰셨다.

우리 반 아이들은 그분을 참 좋아했다. 선생님께서 우리 반 아이들에게 한지에 예쁘게 편지를 써주고는 하셨는데 미술 수업을 마치면 나에게 들고 와서 읽어주고 칠판에 붙여달라고 했다. 아이들은 그분께 가르침을 받으며 깊은 연륜에서 우러나오는 따뜻함을 느끼는 것 같았다. 50년에 가까운 나이 차이에도 아이들과 허심탄회하게 대화하시는 모습이 늘 보기 좋았다. 요즘처럼 할아버지 할머니와 같이 사는 사람이 적은 시대에 아이들에게 원로 선생님의 존재는 세대를 초월한 인간관계의 기쁨을 선사하고, 그분들의 존재에 대한 감사를 느끼게 해준다.

우리 아이가 젊은 선생님을 담임으로 만나지 못했다며 무조건 안타까워 할 필요는 없다. 소모적이기만 한 편견으로 아이 앞에서 교사를 흉보는 행동은 아이에게서 선생님을 존경하고 더 기꺼이 배우고 싶어 하는 마음을 깎아먹는다. 나이보다는 사람의 노력을 볼 줄 아는 안목을 가질 수 있기를 우리 모두에게 바란다.

왜 여자 선생님이
이렇게 많을까?

"2019년 광주 새내기 초등교사 85퍼센트 여성."[7]

또 나왔다. 교육계에 많이 등장하는 기사이다. 여교원의 비율이 남교원에 비해 높다는 점을 매년 뉴스와 신문에서 지적한다. 실제로 얼마나 높을까? 언제부터 이랬을까?

2019 교육통계자료 기준으로 초등학교 여교원의 비율은 평균 77.1퍼센트이다. 지역별로 봤을 때 여교원 비율이 가장 높은 대전이 88.1퍼센트로 거의 90퍼센트에 육박하고 가장 낮은 전남은 61퍼센트이다. 초등학교 선생님 5명 중에 3~4명은 여성이라는 뜻이다.

1980년대에는 초등학교에서 남교원의 비율이 여교원보다 높았으나, 점차 여교원의 비중이 높아지면서 1990년에 여교원 비율이 50퍼센트를 넘어섰다. 이후 꾸준히 증가하여

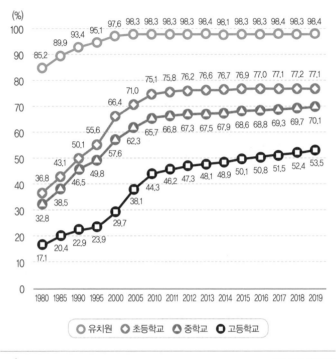

자료: 한국교육개발원

2019년 기준 현재는 전체의 77.1퍼센트를 차지하게 되었다.

　여교원 비율이 늘어난 이유는 두 가지로 볼 수 있다. 첫째, 경제가 발전하면서 여성의 경제활동 참여가 늘어남에 따라 자연스럽게 교직에 진출한 여성인구가 늘었기 때문이다. 둘째, 교직이 여성에게 선호되는 특성을 지니고 있기 때문이다.

　여성의 취업률은 1980년 42.8퍼센트에서 1990년에는 47퍼

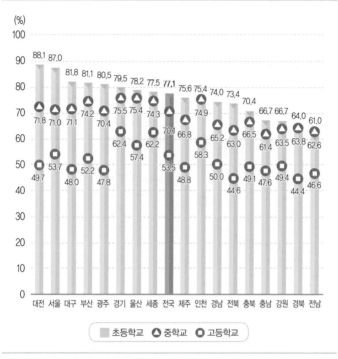

주 | 여교원 비율이 높은 학교급을 기준으로 내림차순 정렬(초등학교).　　　　자료: 한국경제연구원

센트, 2000년에는 48.3퍼센트[8]로 늘어났다. 산업화와 경제발전으로 여성 노동 인력에 대한 요구가 증가했다. 생활수준이 향상되면서 그동안 가정 내에 한정되어 시장가치로는 환산될 수 없었던 여성의 노동력이 경제활동 노동력으로 전환되었다. 2017년 기준 여성의 취업률은 50.8퍼센트[9]이다. 2000년에서 2017년까지 17년 동안 2.5퍼센트포인트가 상승했다는 사실과

비교하면 1980년부터 1990년 사이 10년간 4.2퍼센트포인트 취업률이 상승했다는 점은 10년 사이에 여성 노동 시장에 얼마나 많은 변화가 일어났는지를 말해준다.

이렇게 사회 전반적으로 여성 노동인구가 늘면서 자연스럽게 교직에도 여성 노동력이 유입되기 시작했다. 동시에 여성의 고학력화도 이루어졌다. 1980년대 이전에는 여성의 학력과 노동력의 가치를 저평가하는 경향이 있었다. 그러나 생활수준의 향상으로 여성의 잉여노동력이 증가하고 사회적으로도 여성 노동력의 질적 향상을 요구함에 따라 여성 교육이 양질화되기 시작했다. 1980~1995년 사이 중졸 이하 여성의 비중은 81.7퍼센트에서 47.9퍼센트로 급격히 낮아졌다. 고졸 여성은 15.7퍼센트에서 38.9퍼센트로, 대졸 여성은 2.6퍼센트에서 13.2퍼센트로 각각 높아졌다.[10] 교육수준이 높아짐에 따라 고학력 여성이 지향하는 직종에 대한 수요가 증가했으며 교직이 대표적인 예이다.

우리나라 여성 노동시장은 미국, 스웨덴, 노르웨이, 핀란드 등 선진국과는 다른 양상을 보인다. 이들 선진국 여성들은 전 생애 기간 동안 경제활동에서 남성들과 비슷한 연령-참가 곡선을 그린다. 학령기 이후 노동시장에 진입해 은퇴할 때까지 장년층에서 취업률이 올라갔다 노년층으로 갈수록 줄어드는 거꾸로 된 U 자형의 참가곡선을 그린다. 사회적으로 여성의 취업 활동에 대한 인식과 지원이 선진화되어 있기 때문이다.

그러나 우리나라 여성 취업률은 M 자를 그린다. 전형적인 후진국형이다. 결혼 적령기까지 취업률이 상승했다가 결혼하여 출산하면 취업률이 뚝 떨어지고 몇 년 후 다시 상승하기 때문이다. 결혼, 출산과 동시에 '경단녀(경력단절여성)'가 되었다가 다시 취업활동에 뛰어드는 엄마들이 많다. 우리나라 경단녀의 현실을 보여주는 M 자 그래프는 몇십 년째 그대로이다.

산전·산후 휴가, 육아휴직과 같은 모성보호제도는 우리

7개국 여성 연령대별 고용률 변화(2018)

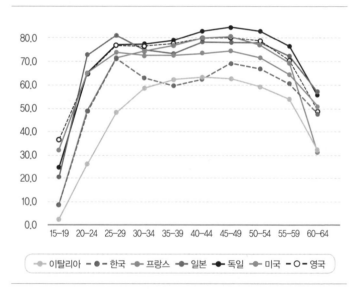

주 | 30~50클럽(1인당 국민소득이 3만 달러 이상이면서 인구 5,000만 명 이상인 국가) 15~64세 여성 연령대별 고용률 변화. 한국은 30대 전후반 여성들이 노동시장에서 대거 퇴장하는 경력단절 현상이 나타나며 연령대별 고용률 분포가 M 자형 곡선을 띠고 있는 것을 확인할 수 있다.

자료: 한국경제연구원

나라에서 2001년부터 구체적으로 법제화되었다. 근로기준법, 고용보험법, 남녀고용평등법, 여성발전기본법 등에서 '여성고용 관련법'이라고 칭하며 부분적으로 여성 모성 보호를 위한 제도들을 보장하고 있다.

여성고용 관련법에는 전 업종에 종사하는 여성 국민 모두에 대해 법적으로 육아휴직은 물론이고 생리휴가, 심지어 보육시설과 수유시간까지 보장하고 있다. 상시 근로자 500인 이상 또는 여성 근로자가 300인 이상인 사업장에서는 수유, 탁아 등 육아에 필요한 보육시설을 설치해야 하고 생후 1년 미만의 유아가 있는 여성근로자의 요청이 있을 때는 1일 2회 각각 30분 이상의 유급수유시간을 주어야 한다고 되어 있다.

그러나 이런 법적 보장이 실제로 일반사업장에서 실천되는 경우는 드물다. 수유시간이 하루 두 번 30분 이상 유급으로 보장된다는 사실조차 아는 사람이 거의 없다. 여성의 육아휴직을 1년 이상 보장하는 회사는 그나마 선진화됐다고 평가할 정도로 육아휴직조차 보장되지 않는다. 오히려 휴직을 길게 쓰면 "일 안 하겠다는 거냐"는 말을 듣기도 하는 등 정규직임에도 고용안정성이 흔들린다. 출산 후 잠깐만 쉬려다가 영영 쉬게 되는 경우도 있다. 그래서 부모가 된 국민의 사회활동을 지원하기 위한 제도가 오히려 여성의 경력단절을 합법화했다는 오해를 받기도 한다.

이런 점에서 교직은 모성친화적이다. 공무원이기 때문에

육아휴직 3년을 써도 정년이 보장된다. 교원으로서 학교의 학사 운영에 큰 이상이 없고 학교와 협의가 되면 휴직과 휴가 제도를 비교적 안정적으로 사용할 수 있다. 고학력 여성이 선택하는 직종 중에서도 복지수준과 고용안정성이 높다. 지켜지지 않는 경우도 있지만 오후 5시 이내에 퇴근할 수 있는 근로시간도 가족과 함께하는 저녁을 가능하게 해준다.

남녀 임금격차도 교직에는 없다. 신규라면 군대를 다녀온 남성이 기간에 따라 2호봉 정도 더 높게 받긴 하지만 같은 호봉이라면 남자든 여자든 같은 금액을 받는다. 2019년 통계청의 발표에 따르면 여성노동자의 월평균 임금은 244만 9천 원으로 남성노동자 월평균 임금의 68.8퍼센트 수준이다. 교직을 선택하면 임금에서도 차별받지 않는다는 점은 충분히 매력적이다.

교사가 여성에게 선호되는 또 다른 이유는 '여성이 하기에 점잖은' 직업이라는 인식이 있기 때문이다. 학생들과 함께하고 교단에 서는 교양 있고 존중받는 화이트칼라의 이미지이다. 대중매체에서 등장하는 교사들 캐릭터는 대부분 지적이고 권위 있고 단정하다. 특히 드라마에서 가끔 초등교사가 등장하는 것을 보면 거의 블라우스와 카디건, 치마를 입은 여성스럽고 청순한 느낌이다. 사람들이 초등교사에 대해 느끼는 이미지가 드라마 인물로 극대화되었다는 생각이 든다.

육체노동이 크게 없고 대중에게 존중받을 수 있는 직업이라는 인식은 전통적으로 교직에서 여성비율이 남성비율보다 높은 배경이 되어주었다. 교대에 입학할 때부터 여성이 남성보다 훨씬 많은 현상은 사실 이미 40년 가까이 이어져 왔다. 모성보호제도가 법적으로 보장되기 시작하기 훨씬 전인 1980년대에도 교대에 입학한 여학생 비율은 남학생보다 훨씬 높았다. 1982년 교대 입학자 중 남성은 13.6퍼센트, 여성은 86.4퍼센트였다. 10년 후인 1991년에도 남성 24.1퍼센트, 여성 75.9퍼센트였고 2001년에는 남성 27퍼센트, 여성 73퍼센트, 2018년에는 남성 31.2퍼센트, 여성 68.8퍼센트였다.[11] 교직의 여초현상이 학교 현장에서만의 일은 아니며 오늘날만의 문제는 아니라는 뜻이다.

1981년부터 교육법 개정법률로 인해 교대가 2년제에서 4년제로 승격되었다. 여성의 고학력화와 4년제로 승격한 교대 입학생 중 여성의 비율이 높다는 점은 자연스럽게 맞물려진다. 교직이 전통적으로 고학력 여성에게 선호되었다는 사실을 알 수 있다.

또한 '여초사회에서 남자는 힘들다'는 인식이 많아 남성이 교직을 기피하기도 한다. 남교원들은 여초 환경에서 남자라는 이유로 학교에서 궂은일을 도맡아 할 때가 꽤 많다. 경력이 비슷하면 상대적으로 힘든 보직을 남성에게 권한다거나 '남자니까 당연히 승진을 해야 한다'고 여기기도 한다. 실제로 체육

대회 같은 갖가지 행사에서도 남교원들은 리더의 역할을 떠안을 때가 있다. 체육부장처럼 체육과와 관련된 분야는 으레 남교원이 맡는 것을 당연시하기도 한다.

남교원이 여초사회에서 받는 차별은 다 같이 고민해야 하는 문제이다. 대부분의 남교원들은 관리자에게 "남자니까"라는 말로 '호출'이 될 때가 많으며 상명하복을 당연하게 요구받기도 한다. '힘을 써야 할 일' '전기 전자에 관한 일' '키 큰 사람이 필요한 일'은 당연하게 동료 남교원에게 도움을 청하기도 한다. 그럴 때 남교원은 선의로 도와주고도 때때로 자신의 노력과 배려를 무시받는다며 여초직장에서 일하는 게 많이 힘들다고 호소하기도 한다. 교대 남자 동기가 발령받고 월급턱을 쏘겠다며 모임을 한 적이 있다. 그때 동기는 여초사회에서 살기 참 힘들다면서 이런 말을 했다.

> 학급에 수리할 게 있다고 도와달라고 해서 뼈 빠지게 고쳐주면 공문 쓰느라 바쁘다고 고맙다는 말도 없을 때 진짜 힘 빠져. 여교사들은 남교사들이 뭘 해주는 걸 은근히 당연하게 생각하는 경향이 있어. 고맙다는 말만 제대로 해줘도 개념샘이야. 게다가 젊은 남자라고 여기저기서 얼마나 부르는데. _85년생 11년 차 교사 B

아, 그랬나? 내가 자주 '차출'되는 남교원이 아니라서 의식하지 못했는데 막상 들으니 수긍이 갔다. 남성이 교직에 더 많이 지원하게 하려면 남교원들이 성차별을 느끼지 않도록 다수가 배려할 필요가 있다.

많은 교대가 성비제한을 두고 남교원을 확보하려 노력한다. 이런 조치가 역차별인가 아닌가 논란이 있다. 제도적 개입이 불러오는 효과와 부작용을 고민해보는 과정은 필요하다. 하지만 남교원들이 학교에서 매우 중요한 역할을 한다는 사실은 분명하다.

학생들은 남녀 선생님들이 성별과 나이에 상관없이 협력하는 모습에서도 배우고, 우리 반 여자 담임선생님이 아닌 옆반 남자선생님에게 더 많이 배우기도 한다. 물론 남녀의 차이보다는 개성과 가치관의 차이 때문일 수도 있지만 차이가 생기는 이유 중의 하나가 성별일 수도 있다.

2차 성징이 나타나고 성별에 대한 인식이 생기기 시작하는 고학년일수록 남녀 선생님의 역할은 중요하다. 학년 전체 반을 아울러 남자 또래집단 관련 문제가 발생했을 때 남자아이들은 때로 남자선생님의 중재가 필요하다고 느끼고 요청하기도 한다. 남자선생님들은 학생들에게 인간으로서 바른 정신과 몸가짐을 하는 남성의 본보기가 되어준다.

남자선생님과 여자선생님이 학생과 상호작용하는 과정에서 어떤 차이가 있는지를 일일이 나열하면 반박할 거리가 많을지도 모른다. 그러나 살면서 경험적으로 느끼는 사실을 늘 논리로 따질 필요는 없지 않은가. 때론 경험이 이론을 넘는다.

지금까지 살펴본 바를 종합해보면 남녀차별이 존재하는 경제 여건과 사회 인식, 또 남성이 차별받는다는 교직 내부의 인식이 바뀌지 않으면 교직의 여초현상은 나아지지 않으리라고 예상할 수 있다. 학교에 남자선생님이 더 필요하다면 학교 안팎에서 근본적인 원인을 지각하고 사려 깊게 실천해야 한다.

일등신붓감이라는 거울

누가 직업을 물어서 초등교사라고 하면 많이들 하는 말이 있다.

"와, 일등신붓감이네. 좋겠어요."

좋은 뜻으로 하는 말이지만 부담스럽고 때때로 불쾌하기까지 하다. 결혼은 두 사람의 관계와 정체성, 성격에 따라 정말 좋은 상대자가 모두 다를 수밖에 없다. 그런데 '신붓감'이라는 말은 사회적으로 합의된, 결혼 상대자로서 여성의 조건을 내포한다는 점에서 사회적이고 집단적이다. 게다가 '일등신붓감'이라니 등급을 매긴다는 관념 자체가 유쾌한 일은 아니다. 또한 등급을 매기는 사람은 결혼 당사자가 아닌 경우가 더 많다.

직업이 초등교사인 여성에게 일등신붓감의 '작위'를 내

려주는 여러 이유가 있다. '적당한' 벌이가 있고 정년까지 가능한 안정적인 직업이라는 기대. 필요할 때마다 모성보호시간, 육아휴직 등 각종 복지혜택을 누릴 수 있다는 기대. 가르치는 일을 하는 만큼 지성과 교양을 갖추었으리라는 기대. 교육학을 전공하고 초등학교 생활에 대해 잘 아니까 자녀 교육에 일가견이 있으리라는 기대. 퇴근을 빨리 하니 다른 워킹맘들에 비해 육아할 시간이 많으리라는 기대. 방학 때도 보육 걱정 없이 아이들을 키울 수 있을 거라는 기대. 심지어 공무원으로 대출 우대를 받으니 남편이 사업하기에 좋으리라는 기대까지. 혹은 대출 우대까지는 아니더라도, 어쨌든 남편 수입이 없어도 굶어 죽을 걱정은 안 해도 되리라는 기대. 하나하나 모두 이기적인 바람이 깃든 기대이기 때문에 거부감이 든다.

일등신붓감이라는 말에 대해 당사자인 초등 여교사들은 어떻게 생각할까.

나는 기분 나빠. 칭찬인 것처럼 말하면 괜찮다고 느끼나 본데, 솔직히 그 말 자체가 '육아는 혼자 해라'라는 뜻 아닌가? 우대해주는 척하면서 결혼생활과 육아의 책임을 모두 전가하는 느낌이잖아.
_77년생 11년 차 교사 H

부담스럽지. 결혼이 혼자하는 것도 아니고. 육아도 마찬가지인데. 어디 가서 초등교사라고 하면 당연히 애들 교육은 문제없겠네요, 하는 것도 부담스럽고. 퇴근하면 나도 쉬고 싶은데, 남편보다 일찍 끝나니 당연히 시간도 있고 체력도 있다고 생각하나 봐. _80년생 10년 차 교사 K

일등신붓감이라는 말을 모든 육아의 책임을 전가하는 도구로 이용하고 있지는 않은가, 묻게 된다.

그렇다면 같은 조건인 초등 남교사에게는 왜 '일등신랑감'이라고 말하지 않는 걸까? 남편으로서 육아휴직도 쓸 수 있고 여교사와 똑같이 모든 복지 여건을 누리는데 말이다. 부부가 모두 교사인 K는 이렇게 말했다.

당연히 돈 때문이지. 나는 만족하는 편이야. 혼자 살았어도 그랬을 것 같긴 해. 하지만 맞벌이를 안 한다면 가장으로서 한 가정을 먹여 살리기에는 팍팍해. _71년생 22년 차 교사 K

남교사는 아직도 경제력에 대한 평가에서 자유롭지 못하다. 편견 때문에 있는 그대로 노고를 인정받지 못하기도 한다.

같은 급여임에도 성별에 따라 평가가 달라지는 이유에 대해 17년 차 교사 C는 이렇게 말했다.

초등 여교사가 버는 급여가 그 정도면 충분하다고 여겨지는 이유는, 지금도 여성의 벌이는 '부수입' 정도라고 생각하는 인식이 있기 우리나라는 여전히 가장은 남성이어야 한다고 믿는 인식이 강하다. 남성이 벌어오는 주수입으로는 넉넉하지 않다고 여겨지는 급여가 여성이 벌어오는 급여로는 괜찮다는 인식은 결국 여성이 벌어오는 급여를 주수입으로 여기지 않는 데서 기인한다. 참고로 글로벌 교육기관인 바르키 재단the Varkey Foundation이 발표한 2018 세계 교사위상 지수조사Global Teacher Status Index 2018에 따르면 우리나라는 사람들이 교사 임금에 대해 공정하다고 인식하는 공정 임금보다 실제 교사가 수령하는 임금인 실질 임금이 낮은 국가에 속한다.

초등 여교사들은 사회적으로 초등 여교사라는 직업이 갖는 선입견이 너무나 많아서 내가 나로서 존재하기보다는 외모결정주의, 자본주의 결혼 시장의 상품으로 전락해버리는 느낌을 받을 때가 상당히 많다고 토로한다.

"일등신붓감으로서 이점을 누리려고 초등교사 한 것 아니냐"거나 "초등 여교사가 다 일등신붓감이라고 좋아하지 마라. 예쁜 초등 여교사가 일등신붓감인 거지, 아니면 그냥 신붓감이다"처럼 외모평가까지 적나라한 말을 듣기도 한다. 농담이든, 진지한 참견이든 듣는 입장에서는 이 직업을 선택한 여러 이유가 존중받지 못함을 느낀다. 여성으로서 직업이 초등교사라는 점이 상당히 불편하고 피로할 때가 있다.

일등신붓감이라는 말은 이렇게 당사자들에게는 듣기 불편한 별명이자, 자신을 있는 그대로 비출 수 없는 볼록거울인 동시에, 사회의 거울이기도 하다. 초등교사인 신붓감에게 바라는 점들이, 다른 직업에서는 보장되지 않기 때문에 일등신붓감이라는 말로 불만족을 표현하는지도 모른다.

"일찍 끝나고 방학도 있으니 아이들 돌볼 시간도 있어서 좋겠네"는 "걱정 없이 아이들 돌볼 시간이 있었으면 좋겠다"는 바람이다. "육아휴직 자유롭게 쓸 수 있어 좋겠네"는 "육아휴직을 써도 불이익이 없는 회사에서 일하고 싶다"는 소망이다. 또 통계청의 〈2018년 하반기 지역별고용조사〉 기준으로 맞벌이 부부의 비율이 46.3퍼센트에 달하는 상황에서도 여성의 근로 노동의 가치가 남성과 동등하게 인정받지 못하고 있는 사회의 일면을 보여주기도 한다. 더불어 여성이 할 수 있는 많은 직업들 중에서 안정적인 정규직으로서 초등교사를 높이 평가한다는 점은 그만큼 여성들이 불안정한 비정규직에 많이 종사한다는 뜻이다. 실제로 통계청의 〈2019 통계로 보는 여성의 삶〉 자료에 따르면 여성의 비정규직 비율은 41.5퍼센트, 남성의 비정규직 비율은 26.3퍼센트였다.

이처럼 일등신붓감이라는 말은 당당히 서 있는 초등교사 개인에게는 부담을 지우고, 사회에는 근로의 가치에 대한 관점을 다시 묻는 무거운 말이다.

선생님에게는 없고
쓰앵님에게는 있는 것

온통 검은색으로 차려입은 옷과 단정한 머리, 무표정한 얼굴.

"어머니, 감수하시겠습니까?"

차가운 눈빛으로 학부모를 내려다보며 혹시라도 가정의 평화가 깨지더라도 감수하겠느냐고 묻는 사람. 콧대 높은 학부모를 발밑에 두고 부리는 모습이 마치 저승사자를 연상시킨다. 학부모는 무릎까지 꿇은 채 고개를 막 끄덕이며 대답한다.

"네, 쓰앵님!"

대한민국에 입시코디 열풍을 몰고 온 드라마 〈SKY 캐슬〉의 한 장면이다. 드라마에서 김주영 선생님을 부르는 예서 엄마의 발음이 '쓰앵님' 같다 하여 선생님을 뜻하는 신조어가 되었다. 스카이캐슬은 모 의과대학 정교수들 가족만 모여 사는 고급

빌라이다. 드라마 속 엄마들은 자식을 서울대 의대에 보내기 위해 혈안이 되어 있다. 결국 서울대 의대 합격률 100퍼센트라는 입시코디 김주영 선생을 만나는데, 그때부터 이상한 일들이 생긴다. 사람이 죽어나가고 자식은 부모를 등지기 시작한다.

드라마가 방영할 당시, 엄마들이 모이면 화제는 단연 〈SKY 캐슬〉이었다. 어떻게든 자식에게 학벌과 전문직이라는 사회적 지위를 넘겨주고 싶어 하는 학부모들의 이야기가 공감되었을 것이다.

드라마를 본 사람들은 자식 망치는 줄도 모르고 '쓰앵님'에게 복종하는 예서 엄마의 모습을 안타까워했다. 하지만 그 간절함은 이해할 수 있었다. 아이가 점점 망가지는 모습에 결국 정신을 차린 예서 엄마가 입시코디와 아이를 떼어놓느라 고생하는 모습을 보면서도 능력만 있으면 입시코디 한번 써보고 싶다는 생각을 한번쯤 하는 것이 부모 마음이다. 도대체 '쓰앵님'이 뭐길래? 그렇게도 만나고 싶고, 알고 싶고, 아이에게 붙여주고 싶은 걸까.

지금부터 하는 이야기에 특정 업종을 비하하려는 의도는 없다. 이 글에서 '쓰앵님'은 수요자의 의지에 의해 선택되는 모든 선생님을 의미한다. 반대로 '선생님'은 여러 환경 때문에 어쩔 수 없이 만나야 하는 모든 선생님을 말한다. 대표적인 예가 학교 선생님이다.

우선 쓰앵님은 능력이 출중하다. 드라마 속 학부모가 바라는 서울대 의대 합격률 100퍼센트의 전지전능함을 지녔다. 그 능력에는 수단과 방법이 상관없는 '노하우'가 포함된다. 드라마상에 정확하게 나오지는 않았지만 분명 억 단위로 보수를 받을 쓰앵님은 학교의 시험지를 빼낼 능력이 있고, 학생 한 명을 위해 과목별 강사 집단을 고용할 능력이 있다.

슬프게도 학교에서 만나는 선생님에게 그런 능력은 없어 보인다. 아이가 초등학교에 입학한 이후 엄마들은 학교 선생님에 대해서는 '적당히 내려놓을 줄 아는' 이해심을 배워간다. 부모로서 뒷받침해줄 수 있는 경제력과 정보력이 클수록, 학교에서 거두어들인 기대는 엄청난 돈과 함께 학원가로 흘러간다. '학교는 의무교육이니 보낸다.' '내가 워킹맘이 아니고 시간 있고 돈 있으면 얼마든지 아이 홈스쿨링하며 유능한 가정교사를 붙여 아이를 '케어'할 텐데.' 이렇게 생각하는 학부모도 당연히 있다. 물론 선생님과 학생, 친구들이 함께 지지고 볶는 학교를 좋아하고 믿는 학부모들도 있다.

어쨌든 선생님과 쓰앵님은 '가르치는 사람'이라는 점은 같지만 본질적으로 여러 속성이 다르다. 쓰앵님에게는 고객에게 받은 만큼 해내지 않으면 다음은 없다는 실적에 대한 부담감이 있지만 선생님에게는 그런 실적 부담은 없다. 실적이 좀 부족해도 선생님은 잘리지 않는다. 쓰앵님에게는 '모 대학 무슨 과'라는 고객과 합의된 단기적이고 가시적인 목표가 있다. 선생님에게는 주로 장기적이고 보이지 않는 목표가 있고, 그

목표가 고객과 합의되기 힘들 때도 있다.

선생님과 쓰앵님 사이에 무엇보다도 가장 큰 차이점은 바로 '선택권'이다. 내가 선택한 선생님과 선택하지 않은 선생님. 나와 아이가 선택했기 때문에 목표를 위해서라면 그녀 앞에서 무릎도 꿇을 수 있고 엄청난 돈도 투자할 수 있으며 모든 케어를 위임할 수 있다는 신뢰가 있다. 내가 선택했으니 무엇이든 감수하겠다는 마음은 무섭다.

이희영의 장편소설 《페인트》에는 아이가 부모를 선택하는 미래가 나온다. 아이 낳기를 기피하는 사회에서 정부는 NC Nation's Children 센터에 아이들을 모아놓고 키운다. 아이들은 13세가 되면 부모를 선택하는 부모면접 Parent's Interview을 할 수 있다. 페인트는 페어런츠 인터뷰와 발음이 비슷해서 아이들이 쓰는 은어이다. 소설 속에서 아이들은 부모 후보를 만나보고 점수를 매긴다. 마음에 드는 부모를 아직 고르지 못해 나이만 먹어가는 주인공은 말한다. "말도 안 되는 부모 밑에서 살아가는 게 더 어렵죠."

처음 이 책을 골라잡았을 때는 아이가 부모를 선택하는 현실은 어떨까, 나는 선택받을 수 있는 부모일까 호기심이 일었다. 그런데 소설을 읽다 보니 미래에는 학교에서도 학생이 교사를 선택하지 않을까, 나는 선택받을 수 있는 교사일까 하는 생각이 자꾸 들었다. "말도 안 되는 선생 밑에서 배우는 게 더 어렵죠." 말을 바꾸어도 전혀 이상하지가 않다.

쓰앵님은 철저하게 수요자 중심이다. 서비스 수요자인 고객의 요구 조건에 민감하다. 고객의 요청을 정확히 인식하고 빠르게 대응하며 만족시키기 위해 최선을 다한다. 그래서 쓰앵님은 법적 고용은 불안정할지언정 고객은 끊이지 않는다.

선생님에게는 고용안정성이 있다. 경제논리에 따르지 않아도 된다는 사실은 양날의 칼이다. 변화가 딱히 없어 보이는 교사 사회가 밖에서는 답답할 수 있기 때문이다. 학교 선생님도 학부모, 학생과 '모 대학 무슨 과'라는 목표를 공유할 수 있다. 하지만 쓰앵님과 다르게 실적에서 한결 자유롭다는 위치가 좀 더 일관성 있고 여유 있는 교육을 가능하게 해준다. 마음 급한 학부모의 한 마디 한 마디에 휘둘리지 않을 권리가 선생님에게는 있다. 외부 요인에 쉽게 흔들리지 않는 것은 공교육을 하는 교사의 소신과 철학이다. 그것은 소중하다. 어쩌면 지금 공교육을 지탱해주는 힘인지도 모른다.

사실 선생님이든 쓰앵님이든, 모든 교육자는 교육자라는 사실을 인식하고 책임감도 느껴야 한다. 또 교육적 행위의 성과를 지금 당장 증명해야 할 압박으로부터 자유로워야 한다. 성적 향상을 위해 스파르타식으로 단기간 영어 공부를 '시켜서' 아이가 반짝 성적이 올라 목표 대학에 갈 수 있었다고 가정하자. 그 후에도 이 아이가 영어 공부를 좋아할까? 영어를 잘할 수 있을까? 잘한다는 기준은 무엇일까? 만약 아이가 반짝 오른 성적을 얻은 대신 영어에 대한 흥미를 잃어서 그 이후로는 영어 실력이 떨어졌다면, 아이를 가르친 영어선생님은 결국 아이의 영어 실력을 올린 것일까 떨어뜨린 것일까.

그래도 다행인 것은, 우리나라는 "교사의 급여가 성과에 비례해야 한다"고 생각하는 사람이 적은 편에 속한다는 사실이다. 세계 38개국 교사들의 위상을 비교 분석한 2018 세계 교사위상 지수조사 결과에 따르면 한국은 "교사는 학생의 성과에 따라 보수를 받아야 하는가?"라는 말에 '동의하지 않는다' 또는 '매우 동의하지 않는다'고 답한 비율이 일곱 번째로 높은 국가였다. 동의하지 않는다고 답한 비율이 가장 높은 나라는 핀란드였다. 교사에 대한 높은 신뢰와 행복한 교육 시스템으로 유명한 핀란드가 1위를 했다는 사실은, 교육 앞에서 '성과'를 우선시하지 않는 문화가 행복한 교육의 바탕이 되어준다는 의미로 보인다. 그런 점에서 우리나라가 38개국 중 7위라는 사실도 희망적이다.

물론 선생님도 수요자의 요구에 모든 힘을 집중하여 발빠르게 대응할 수 있다. 교육을 서비스라고만 생각하면 가능하다. 그런 관점이라면 선생님도 할 말이 많다. 선생님이 그렇게 할 수 있으려면 환경 변화가 필수적이다. 김주영 쌤님은 드라마에서 행정업무를 보지 않는다. 기관이 아니니 행정업무가 있지도 않지만 그녀에겐 비서가 있다. 또 맡은 아이가 두 명뿐이다. 선생님도 업무가 줄고 맡은 아이가 한 명, 혹은 몇 명이라면 충분히 가능하지 않겠는가?

　아들이 갈 어린이집을 알아보면서 나이에 비해 많은 정원에 놀랐다. 우리나라 어린이집의 정원은 만 1세반이 5명, 만 2세반이 7명, 만 3세반이 15명이다. 이미 어린이집부터 1대 다수의 구조가 너무 공고하다. 아, 29개월짜리가 벌써 7명 중에 한 명이 되어야 한다니. 나에게 30명 중에 한 명으로 아이를 보내야 했던 학부모님들의 마음이 이해되는 순간이었다. 동시에 말도 잘 안 통하는 아이들을 그렇게나 많이 맡아야 하는 선생님들의 노고가 이해되기도 했다. 교사 한 명에 학생 한두 명은 가능하지도 않지만 바라지도 않는다. 학교에서 그저 모든 아이들의 이름을 불러줄 수 있을 만큼 여유가 있으면 좋겠다.

　밀레니얼 세대 교사들이 이제 학부모가 되기 시작했다. 이 사실은 두 가지를 의미한다. 하나는 여러 가지 장점이 있는 밀레니얼 세대 교사들이 학부모의 마음을 이해하기 시작했다는 뜻이다. 그만큼 교육 주체들이 더욱 만족하는 교육을 이끌어나갈 수 있다는 말이다. 다른 하나는 취향과 선택의 자유를 중시하는 새로운 학부모 세대가 등장했다는 사실이다.

　앞으로는 학교에도 수요자 중심의 개별화된 요구가 더 많아질 것이다. 선택권의 범위가 교육과정 선택권, 교육 장소 선택권 등으로 확장되다가 교사 선택권도 요구하게 될지 모른다. 교사들은 학부모 세대가 교체되고 있음을 인식해야 한다. 한편으로 학부모가 쓰앵님과 다른 선생님 고유의 교육권을 이해하고 존중해준다면 교사들은 더욱 힘을 낼 수 있다. 자신도 새로운 세대 교사이면서 학부모인 사람들이 늘고 있다는 사실, 밀레니얼 세대 교사가 느는 동시에 밀레니얼 학부모가 늘고 있다는 사실이 교육에 새로운 희망이 되길 기대해본다.

지금은 업무시간이 아니오니

15년 차 C는 요즘 고민이 많다. 새 학기에 학부모에게 전화번호를 공개할까, 말까. 그냥 아무 전화번호도 알려주지 않는 게 좋을까 고민 중이다. 지난 학기에 C는 어느 주말에 걸려온 전화를 받고 진이 빠졌다. 학부모가 아이의 교우관계에 대해 물으며 담임인 C에게 서운하다는 말과 함께 한 시간의 하소연이 이어졌기 때문이다. 주말에 모르는 번호로 전화가 올때마다 C는 받을까 말까 하다가 결국엔 받는다. 학생에게 무슨일이 생겼다는 중요한 전화일지도 모르기 때문이다. 그날도 남편 Y는 받지 말라고 했지만 C는 결국 받고 말았다. Y가 C에게 말했다. "그러니까 받지 말랬잖아. 급하면 문자로 말하겠지."

며칠 후, 금요일 밤 9시가 넘은 시각, Y의 전화에 모르는번호가 떠 있었다. Y도 초등교사이다. 세 번이나 온 부재중 전화에 Y는 고민 끝에 전화를 걸었다. 담임을 맡은 반 학생의 아버지였다. 3일 전 친구와 가벼운 다툼이 있었던 아이였다. 아이 아버지는 3일 전 일에 대해 묻더니 대뜸 "교사 몇 년 차냐"고 물었다.

다짜고짜 궁금한 것만 캐묻다가 갑자기 연차를 물어보니 Y는 화가 났다. 그래도 최대한 성의껏 답을 하고 전화를 끊었다. 전화상 대화라도 첫 만남인데 예의도 맥락도 없는 태도에 통화를 마친 후에도 기분 나쁜 여운이 오래 남았다. 그런 남편을 보며 C가 말했다. "거봐, 안 받을 수가 없지."

이런 실랑이는 교사들에게 아주 흔한 일이다. 업무 외의 시간에 업무상 전화가 걸려오면 안 받으면 된다고 말하기는 쉽다. 하지만 많은 교사들이 "안 받으면 또 걱정된다"고 말한다. 오죽 급한 일이면 전화할까 이해하는 마음도 생기기 때문이다. 하지만 정말로 급하지도 않고 중요 용건도 아니면 마음을 놓는 한편, 사생활을 존중해주지 않는 학부모의 태도에 뒤늦은 불쾌감을 느낀다.

한국교원단체총연합회가 2018년 6월에 교원 1,835명을 조사한 결과 96.4퍼센트의 교원이 개인 휴대전화 번호를 공개했으며 95.8퍼센트가 학생이나 학부모에게 전화나 메시지를 받았다. 주로 언제 연락을 받았느냐는 질문에 근무시간 중이었다는 응답 비율은 11.2퍼센트에 불과했다. 평일 퇴근 후

21.4퍼센트, 주말 또는 공휴일 3.2퍼센트, 근무시간 구분 없이 수시로가 64.2퍼센트였다. 근무시간 외의 연락이 88.8퍼센트나 됐다. 전화나 문자의 내용은 학생 관련 상담이 70퍼센트, 단순 질의 53.8퍼센트, 민원성 질의 27.9퍼센트, 교육활동과 무관한 사항도 13.6퍼센트, 교육과정 관련 내용은 13.1퍼센트, 기타는 4.7퍼센트로 나왔다(중복응답 가능). 서울시교육청을 비롯한 여러 지역의 교육청들이 이런 실태를 반영하여 교사들의 사생활을 보호할 수 있도록 투폰 지원, 학교민원처리시스템도입 등의 제도를 고려하고 있다. 특히 서울시교육청은 2019년 12월에 "교원의 퇴근 후 긴급한 경우를 제외하고는 학부모로부터 전화나 문자 발송을 금지하도록 지도한다"는 내용이 담긴 교사의 사생활 보호지침을 마련하기로 서울시교원단체총연합회와 협의했다.

제도 차원에 기댈 수 없는 경우, 교사들은 자구책을 찾는다. 교사 C의 동학년인 2년 차 교사 A는 카카오톡의 '플러스친구'를 만들어 학부모들에게 공개했다. 카카오톡 플러스친구는 주로 업체나 개인사업자가 카톡으로 민원이나 질문을 받을 때 쓰는 카카오톡 서비스이다. 누구라도 쉽게 계정을 만들 수 있고 메시지를 받을 수 있는 업무 시간을 따로 설정할 수 있다. 그 시간 외에 메시지를 보내면 '업무시간은 평일 9시부터 5시까지입니다' 같은 안내 메시지가 뜬다.

A는 교사로서 학생, 학부모와 소통할 자세가 안 되어 있

는 교사일까? 담임교사가 개인 전화번호를 공개하지 않으면 '소통하지 않는 선생님'이라는 말을 듣는다. 이런 현실 때문에 교사들은 울며 겨자 먹기로 개인 휴대전화 번호를 공개하게 된다.

이 외에도 교사들은 평판과 일반적인 인식 때문에 어쩔 수 없이 선택하게 되는 일들이 많다. 특히 교권 침해 사건을 겪을 때, 교사들은 이중으로 상처받는다. 교권을 침해한 학생이나 학부모에게 한 번 상처 받고 그 후 사건이 처리되는 과정에서 또 한 번 상처를 받는다.

한 중학교 교사가 학생에게 성추행을 당했다. 너무 놀란 나머지 학생의 뺨을 때렸는데, 학부모는 학생에게 폭력을 행사한 학대교사라며 아동복지법 위반으로 교사를 고발했다. 교사는 결국 선고유예 판결을 받았다. 2016년에 실제로 있었던 사건이다. 당시에는 아동학대 관련 범죄로 벌금 5만 원의 형만 받아도 무조건 해임되고 아동 관련 기관에 10년간 취업할 수 없었다(현재는 범죄의 경중에 따라 10년 이내로 법원이 선고한다). 이 사건에서 교사는 전혀 보호받지 못했다. 법 앞에 '교사가 어떻게 학생의 뺨을 때리게 되었는지에 대한 인간적인 이해와 공감'은 없었다.

교사가 학생의 뺨을 때리는 것은 당연히 안 될 일이다. 그렇다면 학생이 교사를 성추행하는 것은 그럴 수도 있는 일인가? 성추행은 엄연히 성범죄다. 교권 침해는 '침해'로 끝나고 아동학대는 '범죄'로 끝나는 현실 앞에, 교사가 인간적으로 설 자리는 어디인지 묻게 된다. 교사에게만 책무를 지우는 셈이다.

그 책무도 너무 가혹한 기준이 적용된다. 교육활동이나 훈육과정 중에 과실로 넘어갈 수도 있는 정도도 학생이나 학부모가 아동학대를 당했다고 고소하면 단 1회의 잘못으로 범죄자가 될 수 있다. 아동학대법 제17조 5항에 '아동의 정신건강 및 발달에 해를 끼치는 정서적 학대행위'를 금지행위로 규정해놓았는데 그 '정서적 학대'의 범위가 어디까지인지 명확하지 않기 때문이다.

다음은 어린이집 아동학대 관련 판례들이다.
A~D 중에서 유죄로 인정된 판례를 골라보시길.

A. 밥을 먹지 않겠다고 손사래 치는 아동의 입속에 숟가락을 강제로 집어넣은 사례
B. 낮잠을 자지 않고 책을 읽으려고 한다는 이유로 화가 나 아동의 책을 빼앗아 못 보게 한 사례
C. 밥 먹기 싫다는 아동의 식판을 치워버리고 20분간 보육교사 옆에 가만히 앉아 있도록 한 사례
D. 친구와 장난감 바구니를 두고 실랑이하는 아동에게 다가가

장난감 바구니를 신경질적으로 빼앗고 종이벽돌 블록을 바닥에 쏟아버린 뒤 피해아동으로 하여금 10분간 정리하게 한 사례

정답은? A와 B는 유죄로, C와 D는 무죄로 선고되었다.[12] 나는 틀렸다. 어린이집 판례이니 엄마의 마음으로 골랐는데 솔직히 유죄 같았던 사례가 무죄가 되고 무죄겠지 한 사례가 유죄이기도 했다. 솔직히 헷갈린다. 원칙이 없기 때문이다.

실제로 학교 현장에는 이와 같이 선생님은 훈육, 학생은 정서적 학대라고 여기는 경계가 모호한 사례가 매우 많다. 선생님도 말실수할 때가 있다. 그런데 똑같은 말을 해도 다행히 운이 좋으면 실수로 넘어가고 아니면 범죄자가 될 수 있다니. 교사도 학생을 가르치며 함께 성장하는데, 요즘 교권 침해와 아동복지법 적용 사례를 보면 교사에게는 성장 기회조차 사치인 듯하다.

헌법재판소는 '어떠한 행위가 정서적 학대행위에 해당하는지는 유형력의 정도, 행위의 동기와 경위, 피해아동의 연령 및 건강상태, 가해자의 평소 성향이나 행위 당시 태도, 행위의 반복성이나 기간 등에 비추어 법관의 해석과 조리에 의해 구체화될 수 있다'고 판시했다. 참 모호한 말이다.

또 '가해자의 평소 성향이나 행위 당시 태도'도 고려한다고 하는데, 동료교사와 반 아이들이 "교사의 폭행 사실이 없

다"고 진술했음에도 받아들여지지 않은 사례가 있다. 2015년 학예회 연습시간에 뮤지컬 주연을 맡은 학생이 줄을 잘 맞추지 못하자 B 교사는 아이의 소매를 잡고 흔들며 "줄 좀 똑바로 서라, 네가 구멍이다"라고 했다. 학부모는 B 교사를 폭행혐의로 경찰에 고소했다. B 교사는 결국 50만 원의 벌금형을 받았다.

교사는 학생에게 본보기가 되어야 하는 사람이기에 말한 마디 행동 하나에도 신중해야 한다. 하지만 사람이기에 실수할 때도 있다. 내가 교사라서 자질 없는 교사들의 잘못을 무조건 감싸달라고 하는 말이 아니다. 교사를 보는 교사의 눈은 더 정확하고 냉정할 때도 많다. 문제는 나처럼 평범했던 누군가가 사건의 당사자가 되는 걸 목격할 때, 나도 했을 법한 행동이 엄청난 결과를 몰고 온 사례를 목격할 때의 두려움이다.

그럴 때 교사들은 말한다.

"그러면 도대체 뭘 어떻게 하라는 거야?"

선생님도 아이들과 함께 성장하는 사람이라는 사실을 잊고 있는 건 아닐까. 실수할 기회를 너무 박탈해버리면 그 누구도 실수할 위험을 감수하지 않는다. 실수하지 않으려고 아예 회피해버린다. 그러면 학생 과연 누가 생활지도에 나서겠는가.

카카오톡 플러스친구로 개인 전화번호를 대신하고, 업무시간 외에는 전화를 받지 않겠다는 메시지는 모두 교사들이 '배려 없는 환경'으로부터 스스로를 보호하기 위한 고육지책이다. 또 '필요 이상'이라고 느껴지는 교육활동과 생활지도를 포기하고 적당한 수준으로 넘기겠다는 회피심리 역시 '보호받지 못하는 환경'으로부터 스스로를 지키기 위한 생존본능이다.

교사들에게 도덕적인 책임과 부담은 엄청나게 지워놓고, 현실에서의 처우와 대우는 열악한 수준에 머물러 있었기에 학교교육은 유명무실해졌으며, 그 피해는 고스란히 백성들의 몫으로 돌아갔다. _규장각한국학연구원, 《조선 전문가의 일생》에서

조선시대 관학의 몰락을 설명한 말이다. 교사가 설 수 없는 곳에는 교육도 바로 설 수 없음을 역사는 알고 있다.

방학이 있어
교사가 월급충이라고요?

"방학 있어서 좋겠네. 방학 때 솔직히 놀지 않아?"

하도 많이 들어서 익숙해질 법하지만 들을 때마다 여러 감정이 교차한다. 어떤 대답을 해도 질문자를 만족시킬 수 없다는 걸 알기 때문이다.

"못 놀아요. 공부도 하고 출근해서 일할 때도 있어요" 하면 "에이~ 놀면서. 좀 솔직해지지?" 하고, "일도 하고 쉬기도 해요" 하면 "에이~ 솔직히 놀 때가 더 많잖아?" 한다.

자포자기의 심정으로 "예. 놉니다. 노니까 좋네요" 하면 "거봐. 그럴 줄 알았어!"라며 드디어 만족하는 것 같지만 대부분 이런 말을 덧붙이며 합법적으로 '놀지' 못하는 자신의 신세를 한탄한다.

"좋겠다. 나도 방학 좀 있었으면 좋겠어."

2018년 7월, 지글지글 녹는 아스팔트처럼 청와대 국민 청원 게시판이 뜨겁게 달구어졌다. 방학 중 교사들의 자가 연수가 가능한 '교육공무원법 제41조'를 폐지해달라는 청원이 올라왔기 때문이다. 청와대의 답변을 들을 수 있는 청원 기준 인원은 20만 명이다. 이 청원은 1만 6천여 명의 동의를 받는 걸로 그쳤다. 이런 청원이 등장하기 전에는 대중 사이에서 교사의 방학에 대해 물밑에서만 이견이 분분할 뿐이었다. 그런데 이 청원으로 인하여 교사의 방학이 공론화되었다. 정확히 말하면 교육공무원법 제41조의 실효성이 공론화되었다.

교직의 현재, 지금 교사들이 직면한 질문 중에 방학은 빠지지 않는 논란거리이다. 교육공무원법 제41조 연수가 필요한 이유는 무엇인가? 필요성을 묻는 사람들에게 당당하게 말할 수 있는가? 교육공무원법 제41조 연수에 임하는 교사는 어떠해야 하는가? 방학은 교사의 역할과 본분, 책무성에 대해 생각해 볼 수 있는 중요한 화두이다.

방학에 대한 논란은 교사가 쌓아온 업적과 가치를 일부 폄하하기도 하였다. '방학 때 놀면서 세금만 축내는 월급충'이라는 이미지가 알게 모르게 교사를 따라다닌다. 아이들은 "놀면서 월급 받는 교사"같이 교사의 방학에 문제제기를 하는 뉴스를 접하고 주변 어른들의 말을 들으며 어떤 생각을 했을까? 교육공무원법 제41조 폐지 청원이 올라온 후 인터넷상에는 "월급충 취급받는 교사가 되어 부끄럽고 한탄스럽다. 사기가 꺾인다"는 교사들의 글이 많아졌다.

교직사회 외부에서 교사의 방학을 문제 삼는 이유는 정확히 말하면 '아이들의 방학이지 교사의 방학이 아닌데, 교사들은 법을 악용하여 직무 태만과 직무 유기를 하고 있다'는 인식 때문이다. 교육공무원법 제41조는 폐지될 수 있을까? 결론부터 말하면 직업 특성상 원론적으로 불가능하다.

2012년 교육부 교원정책과에서 교육공무원법 제41조에 따른 근무지 외 연수의 업무처리 요령을 안내했다. 정확한 법률조항은 이렇다.

> 교육공무원법 제41조(연수기관 및 근무장소 외에서의 연수) 교원은 수업에 지장을 주지 아니하는 범위에서 소속 기관의 장의 승인을 받아 연수기관이나 근무장소 외의 시설 또는 장소에서 연수를 받을 수 있다.

제41조 연수의 취지는 "교원이 방학 등에 교과지도 및 교재연수 등 연찬을 독려하고자 연수기관 및 근무장소가 아닌 장소에서 다양한 연수를 받을 수 있도록 하는 것"이다. 가르치는 일을 하는 교사에게 방학을 이용하여 전문성을 한 단계 업그레이드시키기를 바라는 의도를 법적 제도로 뒷받침해주었다. 남을 가르치는 직업인 교사에게 꾸준한 연수와 발전은 필수이다. 실제로 교사는 법적으로도 연수에 대한 의무가 있다.

교육공무원법 제38조(연수와 교재비) ① 교육공무원은 그 직책을 수행하기 위하여 끊임없이 연구와 수양에 힘써야 한다.

자기연찬과 발전에 대한 의무를 교육공무원법에 규정해 놓았으니 국가는 교사가 그 의무를 수행할 수 있도록 법적으로 보장할 필요가 있다. 연수의 종류는 교사가 교육 활동에서 감당해야 하는 인간 성장의 범위만큼 다양하다. 당연히 학교에서만 이루어질 수는 없을 테니 혼란이 없도록 제41조에서 연수의 장소에 관한 범위를 명시하게 되었을 것이다.

교원 등의 연수에 관한 규정 제2조(연수기관의 종류 및 설치 등)를 보면 "연수기관"에는 교육연수원, 교육행정연수원, 종합교육연수원, 원격교육연수원이 포함된다. 원격교육연수원 빼고는 이름들이 다 비슷해서 헷갈릴 수 있지만 기본적으로 교육 연수가 이루어지는 대학, 산업대학 또는 교육대학이 포함된다. 여기에 종합교육연수원에는 방송통신대학이 포함되고 교육청과 교육부장관이 지정하는 기관 또는 법인이 들어간다.

실제로 교사의 연수는 교육연수원에서만 이루어지지 않는다. 도서관, 박물관, 미술관, 예술회관, 예절교육원, 스포츠센터와 같이 교육과 밀접한 기관들도 해당되고 심지어 금융감독원같이 교육과 별 관계가 없어 보이는 기관도 포함된다. 한 사람의 성장을 위해 교사가 알고 가르쳐야 할 내용이 너무나 넓고 깊기 때문이다.

따라서 교육공무원의 연수에 대한 법 조항인 제41조에는 "근무지 외 기관"이라는 말이 빠질 수 없다. 교사도 공무원이므로 365일 학교가 근무지여야 한다는 주장은 '교육' 공무원이라는 특수성을 제대로 이해하지 못한 주장이라고 볼 수 있다. 그러므로 제41조는 폐지될 수 없다.

또 "수업에 지장을 주지 아니하는 범위에서"라고 한 부분에 대해서도 "수업이란 교과수업지도뿐만 아니라 생활지도·상담 등 학생의 성장이라는 목적을 가지고 계획하에 이루어지는 모든 교육활동을 말함"이라고 처리 요령에 명확히 규정하였다. 수업의 의미가 교과수업 외에도 학생의 성장에 영향을 미치는 교육활동 전반으로 확장되었다.

수업에 지장을 주지 않아야 한다는 말은 학생이 학교에 나오지 않는 날인 휴업일에만 연수가 가능하다는 말인데 교육청(교육부)은 "휴업일은 학생들에게 수업이 없는 날일 뿐 교원의 근무가 면제되는 날은 아님"이라고 분명히 명시하였다. 이런 점을 보았을 때, "수업이 없는 방학에도 월급을 다 받는 것은 무노동 무임금 원칙에 어긋난다"는 말은 틀렸다. 교사는 휴업일에도 근무의 의무가 있다. 휴업일에 하는 근무인 연수나 업무, 교육과정 연구 또한 수업의 연장선에 있기 때문에 무노동이 아니다. 단지 그 장소가 다양해지는 것뿐이다.

수업능력과 같은 전문성 함양을 위해서도 연수에 집중할 수 있는 시간은 방학뿐이다. 8시 반에 출근해서 4시 30분에 퇴근할 때까지 교사는 매일 4~6시간을 수업하고 다른 업무도 해야 한다. 내일 수업까지 준비하고 나면 4시 반 퇴근은 정말 촉박하다. 그러다 보면 학기 중에는 연수를 받기가 거의 힘들어서 이전 방학 중에 받은 연수나 그 전부터 쌓아온 내공으로 버텨야 한다.

교사가 부딪치는 교실 현장은 매일 새로운 도전을 안긴다. 어떤 면에서 해결에 어려움을 느끼면 연수를 받고 싶을 때가 있다. 그런데 시간과 체력이 부족하면 다음 방학을 기약해야 한다. 그럴 때는 꼭 보릿고개를 넘는 기분이다. 그래서 풍성한 창의력과 새로운 경험이 차고 넘칠 가을 같은 방학이 소중하다. 교사인 나에게 방학은 일과 쉼이 공존하는 오묘한 시간이다. 내가 어떻게 계획하고 보내느냐에 따라 질이 달라지는 자율성의 시간이다. 그러나 교사의 본분을 잊지 않고 살아야 함을 느끼며 책무를 돌아보는 시간이기도 하다.

교사가 근무 장소의 다양화를 보장해준 법을 악용하여 근무에 태만하다면 당연히 질책받아야 마땅하다. 그러나 단순히 방학에 교사가 '해외에 자주 나간다' '기관에서 근무하는 게 아니라 집에 있다'는 이유를 들어 방학 때도 자기 일에 최선을 다하는 교사들의 노고를 폄하해서는 안 된다. 교사도 방학 때 놀 권리가 있다. 우아하게 말하면 쉴 권리이다. 교사는 학기 중에는 암묵적으로 연가를 쓰지 못한다. 방학 때만이라도 사용

가능한 연가가 20일이라도 다 쓰지 못하는 경우가 많다.

가령 연수의 종류에 따라 일정이 다르지만 여름방학에 과학실험안전에 관한 현장연수에 참여한다면 방학 한 달 중 일주일이 간다. 과학실험안전 연수는 학교별로 참여 인원이 할당된 교육청 의무 연수이기 때문에 내가 학기 중에 정말 필요하다고 느꼈던 연수와는 별개이다. 그래서 또 듣고 싶었던 원격 연수 30시간짜리를 신청하면 5일 내내 4~6시간씩 들어야 한다. 업무에 따라 학교에 출근해서 처리해야 하는 날도 며칠 있다. 5년 차에는 방송업무를 받았는데 개학 첫날부터 방송을 해야 하기 때문에 방학 때 방송시스템을 점검하고 개학식 준비를 했다. 업무 때문이 아니더라도 새 학기 준비로 의무 출근일을 일주일씩 정해놓는 학교도 있다. 새 학기 교육과정도 연구해야 한다. 그러면 연가 20일은 다 쓰지 못하고 1년이 가기도 한다. 연가보상비는 없다. 실제로 내가 보냈던 방학이 이랬다.

교사가 방학을 보내는 모습은 도시와 농촌에서 큰 차이를 보인다. 도시는 그래도 좀 나은 편이다. 시골로 갈수록 방학 때 돌봄전담사와 방과 후 강사를 구하기 힘들어 교사가 대신 해야 하기도 한다. 그러면 교사는 학교에 상주하며 방학 업무를 하느라 제41조 연수는 꿈도 꿀 수가 없다.

교육공무원법 제41조에 따라 재택근무도 가능하다는 인식 때문에 더 반발을 사기도 한다. 그러면 법 조항에 "자택은 제외하고"라는 말을 넣어야 하는가? 그것은 업무의 효율성, 생활과 일의 균형을 위해 재택근무를 확대해가는 사회적 분위기에 역행한다. 정부는 사회적으로 지향하는 제도를 선행해서 실천해보여야 할 의무가 있다. 다만 교사 스스로 어디서 연수를 수행하든지 간에 방학에도 교육적 능력계발에 힘써야 한다는 인식이 필요하다.

근무 장소에 상관없이 방학은 잠시 학생과 떨어져 지낸다는 점에서 그 자체로 큰 부담을 더는 시간이다. 아이들은 예쁘고 귀엽고 함께 있으면 즐겁지만 한 명 한 명 서로 다른 인격체를 상처 주지 않고 만나려면 선생님도 엄청난 에너지가 소모된다. 잠시 감정노동을 쉴 수 있다는 점만으로도 학기 말쯤 나가떨어지기 직전이었던 교사는 몸과 마음이 회복된다. 실제로 방학 중에 교사 마음 치유 연수가 많이 이루어진다.

청와대 국민 청원에 올라온 "교육공무원법 제41조를 폐지하라"는 글을 천천히 읽어보았다. 교사들 입장에서는 속상할 만한 부분들이 있기는 했다. 현장에서 피땀 흘리는 선생님들이 할 말이 엄청나게 많을 대목이 곳곳에 보인다. 그런데 신기하게도 이 글을 읽는데 생각보다는 화가 나지 않았다. 청원자가 정말로 하고 싶었던 말을 알 수 있었기 때문이다. 이 청원의 핵심은 뒷부분 한 문장에 모두 담겨 있었다. "사교육 없이 공교육만으로도 아이들이 제대로 공부할 수 있는 환경을 만들어주세요."

사실 이 청원자는 교사들을 깎아내리려고 한 의도가 아니었을 것이다. 청원 글의 각 사례와 논리가 얼마나 틀렸고 무엇이 잘못되었는지는 상관이 없다. 결국 청원자도 바라는 것은 하나이다. 교사들이 법적으로 보장된 연수시간을 교사로서의 본분을 잊은 채 이기적으로 사용하지 말고 정말로 아이들과 교육을 위해 써달라는 말이다. 이 말에 공감하지 않을 국민이 있을까?

　　교사는 방학에도 휴식 없이 자기계발과 교육연구를 해야 한다는 뜻이 아니다. 교사도 쉬어야 한다. 하지만 교사의 방학에 이의를 제기하는 모든 의견 뒤에 숨은 큰 뜻은 결국 공교육 회복 그 한 가지라 믿는다.

애들이 줄면 정말
교사도 줄여야 할까

"저출산이라 애들도 없는데 교사는 왜 뽑아요?"

아이들이 줄어드니 교사의 수도 점점 줄이는 게 당연하다고들 한다. 정말 그럴까?

수요가 줄면 공급도 줄어드는 것이 당연한 이치이지만, 교육은 언제나 경제원리를 뛰어넘는 가치를 지켜야 하는 신비한 존재이다. 지금 교사들은 하루 동안 학급 아이들의 이름을 얼마나 불러줄 수 있을까? 하루에 한 번도 이름이 불리지 않고 선생님과 대화다운 말 한마디 나누지 않고 집으로 돌아가는 학생들이 얼마나 될까? 단도직입적으로 말하자면 교육 방식에 획기적인 변혁을 가져오려면 지금의 교원 1인당 학생수로는 불가능하다.

교육통계를 보면 2000년 기준 초등학교의 교원 1인당 학생수는 28.7명이었는데 서서히 줄어서 2019년에는 14.6명으로 나타났다. 그런데 실제는 어떤가? 실제 학교 현장에서 도서벽지 같은 특수한 상황이 아닌 이상 15명으로 구성된 학급은 찾아보기 힘들다. 현실과 통계가 크게 차이 나는 이유는 이 통계에서 말하는 '교원'에 교장, 교감, 수석교사, 특수교사, 전문상담교사, 사서교사, 실기교사, 보건교사, 영양교사까지 포함되기 때문이다. 수업을 주로 담당하지 않는 교사군까지 포함하여 작성된 통계라면 현실과 얼마간의 차이가 있는지도 가늠하기 힘들다.

우리나라 교원 1인당 학생수가 OECD 국가 평균에 근접했다는 기사들이 나오지만, OECD 국가들은 교원 1인당 학생수를 계산할 때 수업을 하는 교사만 포함한다. 그래서 OECD 교육지표라는 것을 따로 만드는데, 우리나라는 OECD 평균보다 높다. (2017년 기준 OECD 교육지표에 따르면 우리나라 초등학교 교원 1인당 학생수 16명, OECD 평균은 15명이다.) 그리고 이 수치가 현실을 대변해주지 못한다는 사실을 많은 교사들은 이미 경험적으로 알고 있다. 학교에서 교사가 만나는 학생수는 '학급당 학생수'에 더 가깝기 때문이다.

〈OECD 교육지표 2019〉에 발표된 초등학교의 학급당 학생수를 비교해보자. 우리나라의 학급당 학생수는 국공립 23명, 사립 27명, 전체평균 23명이고 OECD 평균은 국공립 21명, 사립 20명, 전체평균 21명이다. 학급당 학생수가 교원 1인당 학생수보다 교사들이 느끼는 체감 학생수에 더 가깝다. 이 수치로 보면 우리나라의 학급당 학생수는 OECD 평균보다 국공립은 2명, 사립은 7명 더 많다.

도서벽지에는 한 학급에 5명 미만인 곳들도 있지만 대도시, 그중에서도 학군이 좋다고 하는 데는 40명에 육박한다. 실제 2019 학교기본통계 초등학교 학생수별 학급수를 보면 전국에서 20명 이하인 학급은 전체 12만 3,761학급 중 3만 1,850 학급으로 25퍼센트 정도이다. 21~30명인 학급이 8만 6,959개로 70퍼센트에 달한다. 31~35명인 학급은 4,679개이고 36~40명인 학급은 265개이다. 41~50명에 달하는 학급도 부산에 7개, 경기도에 1개가 있다.

지역별로 살펴보면 역시 대도시인 서울, 부산, 대구, 인천에 31명 이상인 학급이 몰려 있다. 경기도는 31명 이상인 학급이 1,658개이다. 경기도 외에 도 지역에도 31명 이상 학급은 900여 개에 달한다.

2018년 교육부가 발표한 2019~2030 중장기 교원수급 계획에 따르면, 초등학교의 학생수는 2018년 271만 명에서 2030년 230만 명으로 15퍼센트 감소한다.

만약 지금처럼 학급당 20~40명의 학생수를 유지한다면 저출산일수록 교사가 덜 필요한 상황이 맞을지도 모른다. 경제적 효율성을 따지며 소규모학교를 통폐합하는 움직임이 더 거

세질 것이다. 그러나 지금 이 수치로 개별화된 공교육이 가능한가 묻는다면 답은 "아니요"라는 사실을 교육당사자 모두가 알고 있다. 정부는 앞으로도 지금처럼 개별 학생보다는 전체가 중요한 평준화된 교육을 하길 바라는 걸까?

나만 해도 첫 학교에서 한 학급당 30명이 넘는 학생을 가르치다가 학교를 옮겨 한 학급에 24~26명씩 가르쳐보니 5명 정도가 줄었는데도 학생들을 개별적으로 대할 수 있는 시간과 여유에 엄청난 차이를 느꼈다. 하지만 학생수가 24명인 학급에서 수업을 할 때조차도 학생 1명당 교사가 해줄 수 있는 개인적인 피드백은 극히 적다. 학생들이 그때그때 반응하고 교사와 조율하며 교육과정을 실현해나가기에는 저쪽 모둠에 가 있는 교사가 너무 멀게 느껴진다.

실제로 학급이 어느 정도로 소규모여야 교사와 학생 간에 효과적인 교육효과가 나타나는지에 관한 연구들이 이루어지고 있다. 초등학생의 중요 기본 발달 요건인 사회성에 관한 연구[13]에 따르면 학생수가 6명부터 15명 이하일 경우 학생들이 상호작용하는 과정에서 사회성이 두드러지게 발현되었다. 교사들 또한 6명 이상 15명 이하의 규모가 사회성 발달에 적정하다고 동의했으며 학급 내 모둠은 4인 기준 3모둠에서 5모둠 정도가 적정하다고 응답했다. 연구는 여러 사례를 종합하여 적정한 학급당 학생수를 최소 12명에서 최대 20명까지로 제안했다.

우리나라 초등학교의 70퍼센트 이상이 21명 이상 학급으로 구성되어 있다. 교사 한 명이 한 학급에서 만나는 학생수를 15~20명 이내로 맞추려면 교원수를 지금 수준으로 유지하고 저출산으로 학생수가 자연 감소해야 겨우 맞춰갈 수 있다.

그런데 2018년 교육부가 발표한 내용을 살펴보면 자연 감소하는 학생수와 같은 비율로 혹은 더 큰 감소폭으로 새로 임용되는 교원을 줄이려고 한다는 점을 알 수 있다. 2030년 신규채용 예정 규모는 3,100~3,500명으로, 2018년 4,088명에 비해 약 14~24퍼센트 감소한 인원이다. 이 보도자료를 읽어보면 중장기 교원 수급 계획이라는 중대한 정책 결정에 도농 간 환경적 차이에 관한 고려도 들어가 있지 않고 전국 학생 전체 인원수라는 산술적 수치로만 계획이 세워져 있다. 실제 교육 환경과 교육 수요자인 학생과 학부모의 입장은 고려하지 않은 계획이다. 전국의 모든 학생을 한곳에 모아 교원수대로 나누어 학급을 운영할 생각이 아니라면 어떻게 이런 단순한 계획을 만들어낼 수 있는 걸까.

또 이 계획에서 초등학교의 교사 1인당 학생수가 2018년에 16.4명이라고 했는데, 그 말에 동의하는 교사가 얼마나 될까? 진정으로 양질의 교육을 원한다면 허울뿐인 교사 1인당 학생수가 아니라 학급 안에서 체감되는 학생수가 더 중요하다는 기본적인 사실부터 인지해야 한다.

시대의 흐름은 기존 교실의 변혁을 요구한다. 학생이 주체적으로 배움을 개척해가는 교육을 실현시키고자 한다면 교사 한 사람이 소수의 학생과 몰입하여 소통하는 형태의 교육이 전제되어야 한다. 한 사람이 너무 많은 학생을 만나면 인간 대 인간의 소통보다는 통제를 부른다. 학생이 자기만의 스토리가 있는 고유한 개인이 아니라 전체의 일부가 될 때 개성은 말살되고 소통은 획일화된다.

전통적인 정보처리방식을 뛰어넘은 고차원적 능력계발이 가능하려면 학생 개인의 관심과 문제와 해결방식에 집중해주어야 한다. 그러자면 현재 교사 한 사람이 한 번에 가르치는 학생수가 줄어야 한다는 결론은 당연하다. 교사 한 명이 학생 다수에게 지식과 기능을 주입하는 전통적인 교육을 벗어나 학생 개개인의 창조 능력을 키워줄 수 있는 교육을 해야 한다. 앞으로는 교육 내용이나 방식에 따라서 교원 1인당 학생수가 아니라 학생 1인당 교원수가 몇 명인지가 더 중요하게 여겨질 날도 올 것이다. 학생 한 명이 융합인재로 자라나기 위해 도움을 줄 수 있는 분야별 교육전문가가 얼마나 배치되어 있고 실제 어느 정도의 상호작용이 일어나는지가, 학교나 교육기관을 평가하는 데 중요한 지표가 될 수 있다.

물론 수업 상황에서 학생수가 9명 이내로 너무 적으면 학생들은 그 이상일 때보다 폭넓은 사회적 경험을 하기 힘들다. 교사 입장에서도 학생이 너무 적으면 모둠의 인원이나 내용의 다양화가 어렵다는 한계가 있을 수 있다. '무조건 적게'도

능사는 아니다.

기준이 교사 한 명이든 한 학급이든 이상적인 학생수에 관한 연구자료는 저출산이 교원 감축의 이유가 될 수 없다는 사실을 대변한다. 막연히 학생이 줄어드니 교사도 줄어야 한다고 말하기에는 교육 현장이 너무 복잡하다. 학부모와 학생들은 점점 더 개별화·고급화된 교육을 요구하고 있다. 학생수는 줄지만 다문화 학생이 느는 등 교사 한 명이 감당해야 할 다양성은 더 커지고 있다. 시대의 흐름에 맞는 전문성, 언어능력, 문화적 감수성을 교사 한 사람이 갖춰야 하는 상황이다. 이것저것 해내야 할 몫이 많아지는데 학생수는 그대로 유지하겠다면 좋다고 할 교사가 얼마나 있을까? 가능하지도 않은 일이다. 이런 현실을 감안하면 수치를 기준으로 하는 교원수급정책은 시대착오적인 발상이다.

저출산이라는 시대적인 상황을 가장 간단한 합리화의 이유로 오용하고 있지는 않은가? 그 간편한 이유와 단순한 경제 논리가 학부모와 학생들이 원하는 양질의 공교육을 외면하고 있지는 않은지 의문이다.

4장

AI 시대를
준비하며

《2020 미래교육보고서》에서는 디지털 시대에 들어와 이미 영상이 문자를 대신해 공감대를 이끌어내는 역할을 하고 있으며, 첨단기술이 발전할수록 글을 필요로 하지 않는 '최고급 교육을 받은 문맹'이 길러질 수 있다고 설명한다. 머지않은 미래에는 글자를 한 자도 쓰지 못해도 박사학위를 받게 될 것이라는 예언은 지금 보면 충격적이기까지 하다. 그런 격동에 교사는 어떤 파격으로 대응해야 할까?

미지의 세대를 가르친다는 것

새로운 세대의 등장과 성격은 대개 '지나고 보니' 알게 되는 경향이 있다. 사회의 중심 무대에 등장하면서 그들로 인한 변화가 시작되고 나서야, 이전 세대와 다르게 보이는 일련의 사례들이 모여 새로운 세대의 정체성을 정의한다. 그래서 뒤늦게 세대가 보이는 특성의 이유를 과거의 어떤 사건으로부터 찾고 의미를 부여하려고 애쓰는지도 모른다.

그러니 우리가 지금 가르치는 학생들이 어떤 특징을 보일 세대일지는 정확히 예측하기가 힘들다. X세대의 자녀 세대로서 Z세대라고 불리는 현재 학생 세대는 열심히 자라는 중이다. 이 세대 또한 10여 년 후에는 밀레니얼 세대를 기성세대라고 부르며 사회를 새롭게 전환시키는 그들만의 세대를 만들어 나갈 것이다. 새 세대는 존재하지만 아직 정체성을 알 수는 없다는 점에서 이들은 '미지의 세대'이다.

　사회를 이루는 각 연령대의 사람들은 분명 다수가 인정하는 어떤 공통점을 갖게 된다. 인간은 개인인 동시에 공동체의 구성원이기 때문이다. 공동체가 함께 겪는 일련의 사건들은 공동체 전반의 특성을 규정하는 전환점으로 작용하기도 한다. 이것을 '세대별 지표'[14]라고 말한다.

　아이들에게도 그들만의 세대별 지표가 있을 것이다. 물론 학생과 교사는 현재를 함께 살기에 시대적 사건을 함께 겪고 각자 능력껏 이해하고 적응해나간다. 지금 나이가 몇 살이냐에 따라, 연령이나 사회경제적 여건에 따라, 이해도와 성숙도, 출생 당시부터 어떤 경험을 해왔는지 따라 다르게 이해하고 받아들인다. 그래서 세대 차이는 어느 시대에나 존재한다. 결국 어른들은 평생 아이 세대를 완전히 이해할 수가 없다.

　그럼에도 불구하고 어른들은 알 수는 없지만 분명 오고 있고 어리지만 눈앞에 존재하는 이 세대를 이해해야 하기 때문에 힘들다. 학교에서 아이들과 '지지고 볶다' 보면 '어떻게 이런 생각을 할 수 있지?'라는 생각을 할 때가 있다. 이 말은 긍정적인 의미로 쓰이기도 하고 부정적인 의미로 쓰이기도 한다. 질문이 내포하는 괴리는 나라는 사람의 가치관과 아이 개인의 가치관 사이의 괴리일 수도 있지만 내가 속한 세대의 가치관과 아이 세대 가치관의 괴리일 수도 있다. 그래서 차이의 원인을 당사자인 아이 개인의 가정사와 환경이나 나의 교육

방식에 근거해서 찾을 때도 있지만 '요즘 아이들'이라는 새로운 연령대 집단의 특성에서 찾기도 한다.

가장 쉬운 예가 글쓰기이다. 교사들은 문장보다는 짧은 단어나 어구로 된 문자에 익숙한 요즘 아이들이 확실히 쓰기를 싫어하고 문장 구성력이 떨어지는 것 같다고 생각한다. 이런 현상은 단순히 문해력이나 글쓰기 능력에 한정된 문제가 아니다. 아이들이 자기표현을 하는 방식, 세계를 이해하는 방식에 관한 문제이기 때문에 미디어를 어떻게 교육에 활용하느냐로 이어지는 사회적 화두이다. 또 자신을 공개하는 과감성, 저작권 문제, 창조력까지 관련되는 복잡한 세대의 특성이다.

그래서 어른들은 아이들의 행동과 결과를 1차원적으로만 받아들이지 않고, 요즘 아이들이 사는 시대의 트렌드를 알고 아이들이 살아가는 환경을 하나의 사회 문화적 배경으로 보고 이해해야 한다고 요구받는다. 그래야 아이들과 소통할 수 있기 때문이다.

미지의 세대를 가르치는 것은 쉽지 않다. 이 아이들이 어른이 되었을 때 어떤 능력이 필요한지 눈으로 보지 못했기 때문이다. 그러나 이런 어려움은 지금에서야 드러난 문제가 아니다. 지금 학교에서 근무하는 다양한 연령대의 교사들도 그들의 스승이 살았던 세대로부터 가르침을 받았고, 그 스승들도 지금 세대를 정확히 예측하지는 못했다. 그래도 꿋꿋이 가르쳤다. 정확한 미래를 알 수는 없지만 가능성을 생각하며 스승의 스승의 스승 시대 전부터도 제자를 가르쳐왔다. 그리고 지금 어른이 된 사람들이 살아가는 데 별문제가 없는 걸 보면(소소한 문제들은 끊이지 않고 사람들은 끝없이 적응해나가지만), 과학기술의 발전이 아무리 빨라도 사람을 적응하게 하는 무언가를 스승들은 잘 가르쳐왔음이 틀림없다.

그 무언가가 도대체 무엇일까? 지금 아이들을 가르치고 있는 우리들은 아이들에게 무엇을 가르쳐줄 수 있을까? 이 아이들이 어른이 되어서도 중요하게 여길 무언가는 어디에 있을까? 지금까지는 간과되었지만 유난히 중요해질 무언가는 또 무엇일까?

아직 완전히 알 수는 없지만 사회의 중심으로 오고 있는 세대를 가르치기 위해서는 여러 세대를 관통하는 무언가를 찾아야 한다. 그리고 그 무언가를 찾기 위해서는 다음 세대가 살아갈 미래를 알아야 한다. 배경을 알아야 어떤 능력과 가치가 여전히 유효할지를 알 수 있기 때문이다. 아이들이 살아갈 미래는 단순히 '4차 산업혁명'이라는 말로 설명할 수 없을 만큼 더 복잡하고 역동적일지도 모른다.

《2020 미래교육보고서》에서는 디지털 시대에 들어와 이미 영상이 문자를 대신해 공감대를 이끌어내는 역할을 하고 있으며, 첨단기술이 발전할수록 글을 필요로 하지 않는 '최고급 교육을 받은 문맹'이 길러질 수 있다고 설명한다. 머지않은 미래에는 글자를 한 자도 쓰지 못해도 박사학위를 받게 될 것이라는 예언은 지금 보면 충격적이기까지 하다. 그런 격동에 교사는 어떤 파격으로 대응해야 할까?

알 듯 말 듯 두려운 너

하도 많이 들어서 익숙하고 그래서 아는 것 같다. 그런데 정확히 무엇인지를 물어보면 막상 말하기는 힘들다. 설령 알지 못함을 인정하더라도 그렇다고 궁금한 마음도 별로 안 든다. 그런데 코앞으로 다가왔단다. 내 생활을 바꿀 거란다. 그래서 은근히 걱정되고 조금 알아야지 싶긴 한데 너무 넓고 깊어서 엄두가 안 난다. 나를 혼란스럽게 하는 너의 이름은 4차 산업혁명.

'4차 산업혁명 시대의 미래 교육' '4차 산업이 일자리를 바꾼다' 등등 참 많이 듣는 말이다. 4차 산업이란 도대체 무엇인가? "4차 산업혁명이 뭐냐"고 주변 사람들에게 물었다. 다섯 명의 교사와 다섯 명의 일반인은 공통적으로 AI, 로봇 등을 언급했다. 틀린 것은 아니지만 누구도 분명히 말하지는 못했다.

다행이었다. 나만 그런 게 아니었다. 아무튼 알아나 보자는 생각에 공부를 시작했다.

기획재정부가 만든 시사경제용어사전에 따르면 4차 산업혁명이란 물리세계, 디지털세계, 생물세계가 융합되어 경제와 사회의 모든 영역에 영향을 미치는 새로운 산업시대라고 한다. 그것을 가능하게 하는 것이 사물인터넷IoT, 로봇공학, 가상현실VR, 인공지능AI이다. 한마디로 3차 산업혁명이 '정보화'였다면 그 정보통신기술IT·Information Technology 발달이 한 단계 업그레이드되어 모든 세계를 융합시키는 산업의 혁신이다. 과학기술의 발달이 현실과 가상, 물리와 사상의 경계를 허물어버리는 세상이라고 하니 쉽게 상상이 되지 않는다.

이 글을 쓰기 위해 도서관에 있는 4차 산업혁명에 관한 책 20권과 인터넷 자료를 종합해서 기관마다, 학자마다 다른 4차 산업혁명의 의미를 하나로 모아보려고 했다. 그런데 이럴 수가, 울산과학기술원 연구팀에서 AI를 활용해 국제저널 논문 660편과 영문 기사 3,907건을 수집해서 4차 산업혁명이 무엇인지를 분석해놓았다는 기사를 발견했다(아, AI 앞에 인간 능력의 미약함이란! 20권을 언제 다 보나 했는데 수천 건의 자료를 분석했다니. 이 AI 친구는 얼마나 걸렸을까? 아무튼 고마웠다).

AI가 분석한 4차 산업혁명은 5단계를 거친다.
• 1단계: 연결 인프라 구축

- 2단계: 데이터 활용 AI 개발
- 3단계: 시스템과 프로세스 최적화
- 4단계: 산업혁신
- 5단계: 사회 발전

또한 6C로 불리는 핵심 특징을 보이는데, "사람, 사물, 조직의 연결Connection과 데이터 수집Collection, 소통Communications, AI연산Computation, 시스템과 프로세스 제어Control, 가치 창출Creation"이다. 이 6C 중 두 가지 이상의 결합이 일어났을 때 '융합'이라고 한다.

아, 말은 어렵지만, 어쨌든 4차 산업혁명 시대에는 융합과 연결이라는 키워드가 특히 중요하다는 점을 알겠다. 3차 산업혁명까지는 컴퓨터와 정보기술이 발달한 정도였다면 4차 산업혁명부터는 그 기술이 가공되고 연결되는 업그레이드가 일어나나 보다.

그래서 3차 산업까지는 전문 분야가 중요했지만 4차 산업부터는 한 분야만 깊게 알고 있음은 그다지 중요하지 않다고 한다. "스페셜리스트Specialist(한 분야의 전문가)를 지배하는 것은 제너럴리스트Generalist(여러 분야의 지식과 경험을 가진 사람)"라는 말이 있다. 한 분야에 정통한 사람도 결국은 어떤 집단이나 체계 내에서 역할을 하려면 종합적으로 경영하는 사람의 지시를 받아야 한다는 말이다. 이제는 더욱더 구체적이고 전문적인 각 분야를 한 단계 상위 차원에서 융합시킬 수 있는 종합적인 능력이 중요해진 시대가 왔다.

IT 분야 경력자가 제조회사나 금융회사 또는 물류회사로 이직하는 일이 이제는 생소하지 않다. 물류 분야에서 O2O Online to Offline로 경계를 초월한 이동도 많아지고 있다. 한 예로 뉴욕의 월스트리트에 있는 투자은행에서 근무하며 파생상품 판매에 대한 리스크 모니터링을 하다가, 승객과 차량을 이어주는 차량 공유 서비스 제공 스타트업의 오퍼레이션 매니저로 입사한 사례도 있었다. 전혀 다른 업종에서 근무했음에도 이들이 새 직장을 선택할 수 있었던 것은 빅데이터를 이용한 비즈니스를 알고 있었기 때문이다. 기업은 이런 인재를 탐내고 있다. _김혜양 외 7명, 《4차 산업혁명 시대 내 자리는 안전한가!》에서

자, 여기서 잠깐. O2O란 무엇이냐, 온라인 기술이 오프라인 시장으로 연결되는 현상이란다. 택시 앱으로 택시 부르기, 배달앱으로 배달음식 주문하기 모두 O2O이다.

3차 산업 사회에서는 IT 분야 경력자는 IT 분야에서만 종사하다 은퇴하는 경우가 많았다. 주로 IT 업체에서 일을 하거나 IT가 일부 필요한 다른 업종에서 IT 기술을 제공하는 보조 역할을 할 뿐이었다. 하지만 이제는 IT와 상관없어 보이는 분야에서도 중심 역할을 할 수 있을 정도로 영역을 확장하게 되

었다. 월스트리트 투자은행에서 차량공유 서비스 스타트업으로 이직한 IT 경력자는 금융회사에서 필요한 금융지식 전문가도 아니고 여객서비스 전문가도 아니다. 그러나 그가 가진 빅데이터를 이용한 비즈니스 기술이나 지식이 다른 전문분야들을 연결하고 작동하게 하는 원리나 일종의 상위 시스템처럼 작용하기 때문에 타 전문분야를 아우르는 일이 가능한 것이다.

한 분야를 깊게 알고 있다는 점은 전문가로서 매우 중요하고 전통적으로 인정받아온 능력이다. 하지만 이제는 한 가지에 정통한 사람조차도 다른 누군가와 소통하고 연결되지 않으면 능력을 펼치기 힘들게 되었다. 소통하고 연결되어 새로운 차원의 결과물을 창조해낼 파트너는 이제 사람일 수도 있고 로봇이나 AI일 수도 있다.

일반 대중도 IT기술을 알게 되고 알아야 살아갈 수 있는 세상이 되었다. 이미 우리는 IT기술이나 AI에 대한 공학적 지식을 의식적으로 배우지 않아도 어느 순간 생활 속에서 함께하는 삶을 살고 있다. 나도 마찬가지이다. 활용할 줄 아는 IT기기란 스마트폰과 노트북, 집에 있는 스마트TV가 다인 나조차도 4차 산업혁명을 온몸으로 맞고 있는 혁명가(?)이다. 내가 가장 애용하는 쇼핑앱은 쿠팡이다. 이 신통한 녀석은 내 소비패턴을 분석해서 마음에 들 만한 상품을 먼저 보여준다. 또 IT기술, 빅데이터 기술과 접목된 독특한 물류시스템이 다양한 물품들을 주문한 지 9시간도 안 되어 받아볼 수 있게 한다. 결제방식도 엄청나게 간단한데 모두 데이터 사이언티스트 등 엔지니어가 활약하는 덕분이다. 이렇게 나는 오늘도 4차 산업혁명을 '소비'하고 돈과 노동력으로 발전에 일조한다.

이미 나도 이 시대를 잘 살아나가고 있다니, 잘 알지 못한다는 막연함으로 두려웠던 4차 산업혁명도 알고 보면 사실 별게 아닐지도 모른다. 비유적으로 생각하면 4차 산업혁명은 바이올린, 첼로, 클라리넷, 드럼, 글로켄슈필 등 각각의 악기가 따로, 혹은 어쩌다 3중주, 4중주 정도로 연주되었던 음악세계에 오케스트라가 등장한 것과 비슷하지 않을까? 정보통신기술이나 공학이 충분히 발달했고 앞으로 재화와 서비스, 값을 매길 수 있는 모든 형태의 존재는 IT와 공학이 어떻게 변주하느냐에 따라 가치가 달라지게 된다는 사실은 확실히 알 것 같다. 원하든 원하지 않든 우리는 이미 이런 사회에서 살고 있다.

AI는 정말로 교사를 대체할까

'교사는 미래에 없어질 직업 중 하나이다.' 당신은 이 말을 어떻게 생각하는가? 교사가 없어지리라고 예측하는 근거는 두 가지이다. AI와 저출산. 2013년 영국 옥스퍼드대학교에서 나온 보고서에 따르면 미국에 있는 직업 702개 가운데 20년 안에 사라질 직업이 47퍼센트에 달한다고 한다.[15] 다행히 그중에 초등교사는 없다. 702개 직업 중 10퍼센트에 해당하는 70개의 직업을 없어지지 않을 순서로 보았더니 1위는 0.28퍼센트인 레크레이션 치료사였고 교사는 0.44퍼센트로 20위였다.

꼭 세계 명문대학의 권위를 빌리지 않더라도 차분히 따져보면 교사가 하는 일은 AI로 대체될 수 없다는 사실을 알 수 있다. 핵심은 간단하다. 학생들은 교사에게 무엇을 배우는가? 그것을 AI가 대체할 수 없다면 교사라는 직업은 없어지지 않는다. 교사가 없어질 것이라는 예측은 교사를 '지식전달자'로만 바라본 관점에 가깝다. 지식전달자로서의 역할은 전통적으로 강조되어온 교사의 역할이다. 문자독점이 곧 지식독점이었던 시기를 벗어나 문맹률이 거의 없고 일반 대중을 위한 교육이 발달하는 과정에서도 지식교육은 중요했다. 산업화에 기여하는 인력을 길러내는 데는 학교에서의 평준화된 지식교육이 주효했다. 빠른 지식 전달, 빠른 습득, 빠르고 정확한 평가 3박자가 딱딱 맞으며 우리나라의 산업화는 빨라졌다.

그러나 지금은 세상이 달라졌다. 아이들은 궁금한 것이 있으면 교사보다는 검색포털에 묻는다. 교사도 검색포털에 묻는다. 검색포털 사이트에 AI 기능이 도입되고 자연어 처리 기능이 높아짐에 따라 사람에게 묻듯 "차이지 않고 고백하는 방법은?"이라고 입력해도 검색자의 취향과 개인정보까지 간파한 검색 엔진이 정답을 쏟아놓는다. 사회 교과서 한 권에 있는 지식의 양보다 포털 사이트에 '우리나라 산업 단지'를 검색했을 때 받는 정보의 양이 훨씬 많다. 인간의 기억력이 계발하기에 따라 무한대라고 보는 시각도 있기는 하지만, 어쨌든 교사 한 명이 갖출 수 있는 지식보다는 인터넷에서 찾을 수 있는 지식이 더 많은 것이 현실이다.

이렇게만 보면 당연히 AI가 교사의 역할을 대체할 가능성이 커 보인다. 하지만 여전히 '그 수많은 지식 중에 과연 무엇을 선택할 것인가?'라는 지식 선택의 문제가 남는다. 선택이라는 행위에는 가치평가와 판단이 개입된다. 평가와 판단을 할 때 인간은 이성과 감성을 함께 사용하고 어느 쪽이 더 힘이 센지에 따라 결과가 달라진다. 반면 컴퓨터의 판단은 빅데이터를 기반으로 한다. 인간의 행위에는 감성과 이성 사이에서 줄타기하는 '사고'가 개입되고, 컴퓨터의 작동에는 알고리즘에 따른 '계산'이 작동한다.

세계적인 IT 미래학자인 니콜라스 카Nicholas Carr는 《생각하지 않는 사람들The Shallows》에서 뇌의 사고를 정확히 모방하는 컴퓨터 모델을 만들기 위해서는 뇌의 모든 단계의 복제가 필요하지만, 인간은 뇌의 체계를 해체하는 데에 근접조차 못하고 있다며 인공적인 사고 제작은 다음 세대에도 불가능할 것이라고 하였다. 이 미래학자에 따르면 AI가 교사의 사고 과정을 그대로 실현해낼 수 없는 이상 그 일은 인간만의 역할로 남는다.

앞에서 교사는 세대를 뛰어넘어 이어져온 인간만의 무언가를 찾아야 하고, 그것을 가르쳐야 한다고 이야기했다. 교사에게는 정보의 홍수 속에서도 지켜내야 할 것들이 있다. 인류의 문화를 지탱하는 핵심 지식과 인간을 이롭게 할 관점과 가치체계의 상징, 그리고 이들의 융합으로 이루어지는 인간의 사고가 그렇다. 교사와의 공존이 AI의 숙명이다.

AI와 교사가 공존하는 시대에는 긍정적인 효과가 더 많으리라 기대한다. 인간은 고전 지식과 체제만으로는 살 수 없다. 교과서가 인간이 대를 이어 전수하고자 하는 지식의 상징이라면, 기술과 관점이 빠르게 변하는 현대 사회에서는 교과서 밖의 지식까지 아울러야 한다. AI와의 코티칭Co-Teaching은 그런 점에서 교과서에 갇힌 지식에 정보 업데이트라는 변화의 문을 열어준다. 교과서는 한번 만들어지면 몇 년간 거의 같은 내용을 배우지만 요즘 AI는 빅데이터를 기반으로 업데이트도 실시간으로 가능하니 최신 정보가 중요한 시대 흐름에도 맞는다.

또한 AI 같은 과학기술이 교사 대신 학생별 특징을 반영한 맞춤식 교육과정을 생성해줄 것이다. 지금 학교에서 개별화 교육이 불가능한 이유는 학생수가 많은 문제도 있지만, 만약 학생수가 많지 않더라도 교사가 학생 각자에게 필요한 교육과정 분석과 자료 개발을 할 여유가 없기 때문이다.

5년 차 3학년 담임을 할 때, 수학 국어 두 과목에 대해 단원이 끝날 때마다 학생들의 수업 태도와 교과서 문제풀이 수준 등을 종합하여 개별 코멘트를 적어주었다. 4~5줄에 불과한 그 몇 문장을 적기 위해 내가 살펴보아야 할 데이터는 양이 어마어마했다. 30명 모두 해야 하는데, 진단이 오래 걸리니 개별화 교육과정 자료는 꿈도 꾸지 못하는 것이 현실이었다.

조벽 교수의 책《나는 대한민국의 교사다》에는 새 시대 교육자의 생존전략이 제시되어 있다. 임용시험 합격자 발표 후 내가 가장 먼저 읽은 책이다. 2004년에 초판이 나왔는데 지금 읽어도 도움될 말이 너무나 많다. 시대의 변화 속에서 교사가 어떤 방향으로 가야 하는지를 조언해준다. 특히 학생은 교사에게 지식을 전해 받으려고 교실에 모이는 것이 아니라, 교사를 받아들이려 교실에 나온다는 부분이 가슴에 남았다.

교사에게 학생은 여러 명 중의 한 명이지만 학생에게 교사는 유일한 사람이다. 참 당연하고 식상한 말이라서 그런지 교사들은 종종 잊고 산다. 하지만 앞으로 기술이 더 발달하고, 교사가 그것을 적당히 활용할 줄 알면 교사는 학생을 관찰하고 반응하고 소통하는 데에만 집중할 수 있다. 자신을 받아들이려고 온 학생들을 교사 자신도 여유롭게 받아들일 수 있다.

교사는 AI가 제안하는 개별화 교육과정이 학생들 각자에게 실제로 적절한지, 학생들과 소통하면서 조절해나갈 수 있다. 아직 이런 일이 가능할 정도의 과학기술 발전은 딴 세상 얘기처럼 느껴지기도 한다. 하지만 이미 변화는 가까이에 와 있다. 실제로 한 학습지 교육업체는 실리콘밸리 회사와 합작하여 AI 수학 학습 상품을 내놓았다. AI 학습매니저가 학생의 습관부터 결과까지 분석하고 학생에게 맞는 문제들과 오답노트까지 제공한다.

AI와 코티칭을 하게 될 날도 얼마 남지 않았다. 미래에 아이들은 기계와 결합하여 일해야 한다는데, 교사는 다를까? 오히려 더욱 적극적으로 정보통신의 발달을 껴안아 맞이해야 할 사람이 교사이다. 앞으로 교사의 역할은 현재의 교육과정 운영자에서 AI와 함께하며 맞춤형 교육과정을 개발하는 교육과정 코디이자 매니저로 바뀔 것이다. 그리고 교사가 주도했던 교육과정 운영은 학생이 함께하는 진정한 공동 작업이 될 것이다. 학생과 함께 탐구하고 배우며 성장하는, 코러닝Co-Learning에 몰입하는 교사의 모습이 그려진다. 교사가 교육과정을 개발하고 선택하고 적용할 때는 언제나 학생의 의견이나 개성을 반영하게 될 것이며, 함께 배움을 완성해나갈 것이다. 그래서 앞으로는 학생과의 대화와 소통, 교사의 개별적인 기록과 분석이 더 중요해질 것이다. 교사와 학생 사이에 이루어지는 교류의 결과가 모두 AI 교사의 데이터로 작용할 테니까 말이다.

덕질과 노마드

AI가 사회의 구성원이 되어가는 세상에서 어른들은 기대감보다는 두려움이 많은 것 같다. 우리 아이가 어른이 됐을 때는 지금 있는 일자리 중에 47퍼센트가 없어진다는데, 어떻게 교육을 해야 하나? 당장 내 일자리를 AI에 빼앗기지나 않을까 걱정한다.

아이들은 어떨까? 20년 후에 지금 있는 직업 중에 반이 없어지는 것을 걱정할까? 오히려 없어진 47퍼센트를 대체할 새로운 직업이 무엇일지 궁금해할 것 같다. 물론 미래의 모습이 어떨지 모르기 때문에 당장 무엇을 준비해야 하는지 막연한 두려움은 있을 수 있다. 하지만 아이들은 지금 인스타그램으로 보는 세상이 재미있고 유튜브에 올린 콘텐츠에 열광하는 얼굴 모르는 수많은 사람들의 반응이 재미있다고 느낀다.

2018년에는 초등학생들의 진로희망 직업에 유튜버가 등장했고, 2019년에는 유튜버로 대표되는 크리에이터가 3위에 올랐다.[16] 유튜브를 수익의 수단으로만 보는 사회의 일면이라며 우려하는 어른들도 있지만 아이들은 나름대로 시대의 변화를 즐기고 맞춰가고 있는 셈이다.

인간이 해오던 단순노동일을 로봇이 해주고, 혼자 하느라 시간이 오래 걸리던 과정을 AI가 도와주면 미래에는 더 많은 시간을 하고 싶은 일에 몰두하며 살 수 있지 않을까? 또 연결과 융합이 일어나는 사회에서는 '정규직'에 목매지 않아도 된다. 가령 에어비앤비나 우버처럼 공유 플랫폼만 있다면 서비스나 능력, 재화를 원하는 때에 원하는 형태로 제공하고 대가를 취할 수 있다. 앞으로 그런 플랫폼은 더 늘어날 것이다.

자연스럽게 자신이 잘하는 것, 원하는 것, 재미있는 것에 집중하여 사는 쪽으로 진화해갈 것이다. 일의 의미가 '노동력'에서 '인간 고유의 창조력'으로 바뀐다는 점에서 더 인간적인 방향으로 한 차원 업그레이드된다고 보는 편이 맞는 것 같다.

그렇다면 미래에는 어떻게 '능력자'가 될 수 있을까? 일본 미래 세대의 리더라고 불리는 호리에 다카후미堀江貴文의 저서 《10년 후 일자리 도감》에 따르면 미래에는 일의 의미가 노동하기에서 놀기로 바뀐다. 그는 "이제 스스로 살아가는 법을 디자인하지 않으면 안 되는 시대다"라고 이야기한다. 더불어 시대에 맞는 '새로운 일'에 성공하는 사람들의 공통점 세 가지를 꼽았다.

첫째, 작업에 푹 빠진다. 좋아하지 않는 일을 이를 악물고 열심히 하는 것이 아니라 푹 빠져 몰두한다.

둘째, 사명감을 갖고 매일 다른 사람들과 공유한다. 페이스북, 인스타그램 같은 SNS뿐만 아니라 유튜브 등을 이용해 자발적으로 자신을 알리는 사람이 성공한다.

셋째, 방심하지 않는다. 푹 빠질 만한 좋아하는 일을 발견하고, 열심히 배우고 나누는 것보다 더 중요한 것이 방심하지 않는 태도라고 말한다. 그러면서 신이 내린 야구 천재로 알려져 있지만 지독한 연습으로 최고의 경지에 오른 스즈키 이치로鈴木一朗를 예로 들었다. 한마디로 자신만의 '덕질'을 아무도 따라올 수 없을 정도로 하라는 뜻이다.

미래에 성공하는 사람들의 법칙이 이미 '아이다운' 본성과 참 잘 어울린다는 생각이 든다. 아이들은 좋아하는 일에 푹 빠지면 어른이 굳이 하라고 안 해도 자꾸 말하고 싶어 하고 알리고 싶어 한다. 성공하는 사람들의 세 가지 공통점을 달성해서 성공하기는 어른보다 아이들에게 쉬울 수도 있다. 그리고 이미 좋아하는 일이라면 푹 빠져 기꺼이 시간과 비용을 투자하는 밀레니얼 세대 어른들도, 그럴 마음만 있다면 세대 불문 누구라도 가능한 일이다.

좋아하는 일이 직업이 되어 먹고살 수 있는 삶. 많은 사람들이 꿈꾸는 '워라밸을 따질 필요 없는 경지'이다. 이런 삶에 어울리는 생활 방식이 디지털 노마드Digital Nomad이다. 디지털 노마드는 퇴사 이후에 가장 이상적인 삶처럼 여겨지기 시작한 새로운 삶의 방식이다. 노마드는 원래 유목민이라는 뜻으로, 중앙아시아 일대에서 옮겨 다니며 사는 사람들을 가리키는 말이다. 하지만 최근에는 디지털 기기와 함께 언제 어디서든 자유롭게 일하며 사는 사람들을 뜻하는 말로 쓰이고 있다. 디지털이라는 무형의 힘이 그들을 묶고 있던 공간과 시간의 제약을 허물어준 것이다.

이미 변화는 시작됐다. 미국의 IT기업 오토매틱Automatic은 리모트 워크Remote Work, 즉 원격근무로 운영된다. 집이든 어디서든, 여행 중에도 근무할 수 있다는 점에서 기존의 재택근무와 구별되는 개념이다. 오토매틱은 워드프레스Wordpress라는 웹사이트 제작도구로 유명한 회사로 2019년 1월 기준 소속 직원 800여 명이 총 68개국에서 84개 언어를 사용하며 각자 다른 시간에 다른 장소에서 일하고 있다.

상상 속의 회사가 이미 등장해 자유와 일, 직장과 소통의 개념을 다시 쓰고 있다. 밀레니얼 세대가 추종하기 시작한 노마드라는 삶의 방식은 앞으로 더 일반화될 것이다. 그리고 20~30년 후에 지금 아이들이 청년층이 되면 상당수가 원할 때만 협력하는 노마드로 살거나, 리모트 워크 기업의 일원으로 일하고 있을 것이다.

직업과 직장의 개념도 변하고 있지만, 배움과 시공간의

개념도 변하고 있다. 화상회의 앱이나 플랫폼을 활용하면 교사는 스마트폰만으로 어디서든 아이들과 화상 만남을 할 수 있다. 야외수업을 할 때 떨어져 있는 아이들과 소통하는 데 활용할 수도 있고, 아이들끼리 방과 후 화상 조별모임을 진행하여 녹화본을 교사에게 보내는 것도 가능해진다.

사람의 흥미, 능력, 시간, 공간, 일과 공부, 직장과 학교를 바라보는 관점이 달라지고 있다. 작은 관점, 기술의 변화는 점점 아이들의 소통 방식과 활동 장면 자체를 바꿔놓을 것이다. 소통은 진화한다. 커뮤니케이션 기술의 발달에 주목하고 활용해 나간다면 어른들뿐만 아니라 아이들도 기술의 혜택을 누리며 자기 삶을 뜻대로 이끌어가는 행복한 노마드가 될 수 있을 것이다.

미래의 직업 판도에 대한
지극히 사적인 견해

미래에는 무엇으로 먹고살 수 있을까. 솔직히 내 아이보다 내가 더 걱정이다. 아이는 알아서 자기 길을 찾을 테지만 나는 벌써 어른이니 아이보다 더 치열하게 적응해야 한다. 그래서 4차 산업혁명에 관한 책, 기사, 자료를 찾아 나름대로 생각을 정리해보았다.

미래에는 분명히 노동의 질을 구별하는 등급이 있을 것이며 가장 아래 급의 단순노동부터 로봇으로 대체될 것이다. 그렇다면 단순노동은 무엇일까? 콘베이어벨트 앞에서 아무 생각 없이 반복하는 일을 떠올리기가 쉽다. 실제로 자동화가 가능한 많은 분야에서 로봇이 인력을 대체해가고 있다. 그러나 미래 시대에 단순노동은 사고 과정 없이 체력으로만 하는 일을 뜻하지 않는다. 단순 사무직, 대표적으로 공무원이 하는 일도 단순노동에 속한다. 정확히 말하면 '단순 두뇌+손가락' 노동이다. 기록하고 정리하고 찾아보고 관행대로 하는 작업은 AI와 알고리즘으로 가능하다. 경리같이 계산이 필요한 일들은 말할 것도 없다. 심지어 회계사도 애널리스트와 함께 사라질 직업으로 예언된다. 정원사, 미용사 같은 직업은 쉽게 사라지지 않으리라는 전망도 있다. 창의력과 미적 감각이 더 중요하게 여겨지는 일들에서 기술이 인력을 대체하기에는 효과 대비 비용이 지나치게 높기 때문이다. 한마디로 '가성비'가 떨어진다는 의미이다.

노동의 질을 등급화했을 때 상위급에 있으리라 여겨지는 직업들, 예를 들어 판사나 의사처럼 인간의 판단력과 엄청난 지식이 필요한 일들은 AI의 도움을 받는 직업이 될 것이다. AI가 할 수 있는 빠른 정보 파악과 최신 업데이트의 보조를 받아, 인간이 인간만의 감수성과 직관을 더해 최종 결정을 내리는 일이 될 수 있다.

'사' 자 직업들의 변화를 예언하는 자료들을 보며 앞으로는 어쩌면 배심원들만 필요할지도 모르겠다는 생각이 들었다. AI 판사가 빅데이터를 바탕으로 내린 결정에, 언제나 '예외성'이 있는 인간사에 대한 배심원들의 집단 지성과 판단력만이 필요할 수도 있을 것 같다. 통계와 데이터만으로 판단될 수 없는 인간사를 이해하는 애정과 가능성에 대한 안목은 인간만이 지닌다. 그래서 기계의 판단을 인간이 보완해주어야 한다는 믿음은 변함이 없다. AI에게는 사람에게 정체성을 부여하는 자기만의 역사가 없기 때문이다. 언제나 사회에서 인간의 판단과 사고가 필요한 일들은 일어나고 모든 일들이 각각 다양하고 예외적일 것이다.

반대로 창조가 중요한 크리에이팅이 인간만 가능하다는 생각은 착각이다. 이미 소설을 쓰는 AI가 등장했다. AI가 만든 광고도 있다. 오히려 광고든 영화든 크리에이팅 제작물에는 인간보다 AI가 더 유리하다. 클라이언트의 스마트폰에 쌓인 정보만 있으면 마음에 쏙 드는 결말로, 방식으로, 출연자로 창작물을 만들어낼 수 있다. 넷플릭스에는 '인터랙티브 시리즈'라는 시청자마다 결말을 다르게 고를 수 있는 영화가 나왔다. 지금은 이미 촬영된 서너 가지 결말 중에서 선택하는 '보기'가 주어지지만 앞으로는 시시각각 개별 시청자의 취향에 맞추어 시청자수만큼 다양한 결말이 나올 것이다. 물론 이런 방식은 사람이 직접 연기하는 영화나 드라마보다는 캐릭터가 연기하는 애니메이션 분야에 적용되기 쉽다.

디자이너는 어떨까? 어떤 책에서는 살아남을 것이라고 하고 어떤 책에서는 대체될 것이라고 한다. 다양한 형태와 색채의 조합을 무한대로 시도하고, 소비자의 취향에 맞추는 완성은 당연히 AI가 유리해 보인다. 그런데도 디자이너가 살아남을 것이라고 이야기하는 근거는 무엇일까? 역시 개인을 이해하고 감성을 자극하는 디자이너는 살아남을 수 있는 걸까? '가

상공간 디자이너'처럼 무엇을 디자인하느냐에 따라 디자이너로서 생존 가능성이 다르기도 할 것이다.

실제로 패스트 패션의 선두 기업 자라ZARA는 어떤 옷을 만들지를, 매장 관리자들이 보고하는 내용을 바탕으로 하여 결정한다. 매장 관리자들은 매장 안을 돌아다니며 고객들과 이야기 나누고, 옷을 잘 입은 고객들이 어떤 옷을 고르는지를 살펴본 내용을 본사에 보고한다. 인간과 기계의 공생을 주제로 하는《제2의 기계 시대》공동저자인 앤드루 매카피Andrew McAfee 교수는 기계가 아닌 사람 기반의 주문방식을 이어가는 자라의 방식을 높이 샀다. 현장에서 사람들이 어떤 옷을 입고 어떤 이야기를 나누는지 보고 큰 틀에서 패턴을 파악하는 인지영역에서는 인간이 여전히 우위에 있으며 당분간은 앞으로도 그럴 것이라고 설명한다.[17]

무엇보다도 반드시 살아남으리라 기대하는 직업들의 공통점은 예측불가능한 상황에서 인간의 판단이 중요한 일이라는 점이다. 앞서 나온 옥스퍼드 보고서에서 '사라지지 않을 직업 1위'는 레크레이션 치료사Recreational Therapists였다. 사람들의 반응을 보며 치유해야 하는 직업의 특성이 반영된 결과이다. 심리 카운슬러처럼 면대면의 상황에서 대화를 나누고 치유가 이루어지는 직업들은 미래에도 중요할 것이다. 2위는 최첨단 수리공First-Line Supervisors of Mechanics, Installers, and Repairers이다. 수리는 로봇이 할 수도 있을 것 같지만 여러 문제점을 고찰하고 통찰력 있게 판단하는 데는 인간의 경륜이 중요하다는 의미로 해석된다. 또 인간의 손만이 해낼 수 있는 섬세함은 로봇이 따라오기 어렵다. 3위는 긴급사태 관리감독자Emergency Management Directors이다. 갑작스러운 비상상황에서 인간의 직관력과 판단이 중요하다는 점을 알 수 있다. 초등교사가 살아남을 가능성이 크다는 것도 같은 맥락이다. 사람의 인간성을 기르는 초기 교육은 얼굴을 맞대고 교감할 때 가능한 위대한 일이기 때문이다. 또 학생들에게 즉각적으로 반응하고 예측불가능한 상황에 대처하는 능력이 중요한 직업이기도 하다.

AI가 대체할 수 없는 창조적 발상과 인간성을 이해하는 판단력이 있는 사람들은 AI의 상사가 될 것이고, 인간 특유의 분별력을 발휘하지 못하는 사람들은 AI의 감독을 받을 것이다. 최고위에서 결정을 내리는 역할은 몇 안 되는 소수의 인간이 할 수 있다. 그러나 그 아래에서 수많은 인력을 관리 감독하는 역할은 카메라와 컴퓨터를 장착한 AI 로봇이 충분히 할 수 있다. 사회에서 최소 AI 이상의 위치를 잡지 못하는 인간들은 AI에게 자리를 뺏기거나 AI의 감독을 받는 조직원이 될 것이다. AI를 사이에 두고 사람이 제공하는 노동의 가치에도 빈익빈부익부 현상이 생길 수 있다. 지금 직업을 크게 두 부류로 화이트칼라와 블루칼라로 나누는데, 앞으로는 인간 고유의 능력을 최대한으로 발휘한 사람들과, 그렇지 못한 사람들로 나누게 될지도 모른다.

그러면 어른들은 미래 세대를 위해 어떤 교육을 해야 할까. 아이들이 기계와 결합하여 일할 수 있는 능력을 갖추도록 돕는 교육이 필요하다. 로봇공학과 생명공학이 사람과 비슷한 위치에 서는 사회에서, 아이가 자기 몫을 할 수 있는 사람으로 살기 위해서는 '과학기술과 함께 성장하는 사람'이 되어야 한다. 그동안은 과학기술을 선도하는 인간, 인공지능과 경쟁하는 인간으로 분리하는 관점이었다면, 앞으로는 로봇이나 인공지능과 협력하여 발전을 이끄는 인간, 발전하는 과학기술과 함께 자기 성장의 지평을 넓히는 인간으로 인간의 능력에 관한 관점 자체가 바뀐다. 인간이 기계나 인공지능과 '공존'한다는 관점의 전제는 정체성을 바로 세운 한 사람의 인간으로서 존재해야 한다는 점이다. AI는 가질 수 없는 인간만의 차별성이 중요해지는 이유다. 그 차별성이란 가장 단순하게 생각하면 인간성이 아닐까.

　20년 후 실제로 지금 존재하는 직업의 반 이상이 사라진다 하더라도 인간은 그 빈자리를 기술과의 협력으로 채워갈 것이며, 그 안에서도 인간은 인간만이 할 수 있는 자연의 능력을 선보이게 될 것이다. 사람이 만든 기계가 사람이 속한 자연을 능가하기는 불가능하다. 그래도 과학은 불가능을 가능하게 만들도록 발전하겠지만 그럴수록 인간만 지니는 판단력과 예리함, 시의적절한 발상, 인간 존엄의 바탕이 되는 감성은 더욱 중요해질 것이다. 아이들이 인간 본성에 집중하고 인간 고유의 능력을 발달시킬 수 있도록 철학이나 인문학, 인간적인 대화를 통한 교육이 앞으로 더 중요해지리라 예상한다.

미래에는 '비판적 질문을 하는 인간'이 꼭 필요할 것 같다. 인간만큼, 가끔은 인간보다 똑똑하다는 공학 발전의 결과물들이 내놓는 결론을 보고, "이게 최선인가? 지금 필요한 것은 정말 무엇인가?" 묻는 역할을 할 '사람'은 꼭 있어야 하지 않을까? 적어도 지금 기계나 AI가 하기 불가능한 질문 중 하나가 자성적 질문이다. 자성이란 스스로를 성찰한다는 뜻인 만큼 자성의 기본 전제는 자아가 확립되어 있어야 하고 의문을 갖는 호기심과 비판능력을 지녀야 한다. 컴퓨터가 바둑이나 체스에서 인간을 이기고 퀴즈쇼에서 우승해도, 컴퓨터에 자아가 있다는 말은 들어보지 못했다. 자아란 세상에 태어나 온갖 일을 겪고 그 속에서 끊임없이 생각하고 선택하는 가운데 생겨나고 키워지는데, 컴퓨터에게 그럴 기회가 있을까? 결국은 인간의 몫이다. 자신과 인류를 돌아볼 수 있는 질문을 할 수 있느냐, 없느냐의 능력이 인간을 인간답게 하고 기술과 공존할 수 있게 하지 않을까.

기계와 과학을 말하다 결국 인간 본성과 자아로 귀결되니, 결국 모든 것은 인간으로부터 나오고 인간으로 돌아오나 보다. 그래서 사회가 어떻게 바뀌어도 인간으로서 존엄을 느끼며 살게 하는 교육이 중요한 게 아닐까. 외유내강은 미래 사회에서도 미덕일 것 같다. 과학과 사회의 변화에 유연할 것, 그러나 인간으로서 내실이 있을 것. 그렇게만 되어도 아이들의 미래는 걱정이 없을 것 같다. 앞으로 반백 년 이상을 살아야 할 어른들도 마찬가지임은 두말할 필요도 없다.

유튜버 그 너머에

몇 년 전부터 스승의 날이면 문자나 전화가 아니라 영상 편지를 올린 유튜브 링크가 심심치 않게 날아온다. 아이들은 그렇게 유튜브를 통해 세계를 받아들이고 자신을 내보이는데 익숙해지고 있다. 세상을 만나는 통로이자 자신을 표현하는 무대. 아이들의 사랑은 내용면으로나 기술면으로 날이 갈수록 진화하고 있다. 2019년 초등학생의 장래희망 3위가 크리에이터로 조사되었다. 유튜브를 보며 자라고, 유튜브로 친구와 선생님을 만나고, 학습에도 유튜브 영상을 이용하는 아이들이 유튜브 스타를 꿈꾸는 것은 자연스러운 현상이다.

그런데 아이들은 아직 경험하고 배워야 할 것이 많아 보인다. 한동안 화제가 되었던 '엄마 몰카'가 그 증거이다. 엄마

몰카는 아이들이 몰래 엄마의 샤워하는 모습이나 일상생활 모습을 찍어 유튜브에 올리는 것이다. 사회학 박사 윤명희는 아이는 윤리적인 고민 없이 단순히 재미로 이런 행동을 한다면서 혼내기보다는 대화와 설득이 중요하다고 말했다. 이런 현상은 아이들의 정신적 문화수준과 기술수준의 차이로 일어나는 아노미상태라고 할 수 있다.

또 아이들은 얼굴도 모르는 사람들이 남기는 댓글에 무방비하다. 세상에는 별 사람이 다 있고, 모든 사람이 나를 좋아하는 것은 아니라는 진리를 어른들은 마음은 아프지만 경험적으로 알고 있다. 하지만 아이들은 인생의 긴 시간 동안 만나는 소소한 사건들로 서서히 체득하기 전에 유튜브 계정에 달린 댓글로 진하게 응축된 충격을 받는다. 이럴 때 필요한 것이 자아정체성을 바탕으로 뿌리내린 자존감이다. 외부의 어떤 충격에도 나로서 설 수 있는 힘 말이다. 그런데 이런 힘은 어린 시절 초기에 생기는 것이 아니다.

정신분석학자이자 심리학자인 에릭 에릭슨Eric Ericson은 《유년기와 사회》에서 인간의 평생에 걸친 자아정체성 발달과정을 8단계로 정리했다. 1단계인 0~1세 시기에는 기본적 신뢰 대 기본적 불신의 대립, 초등학생 시기인 4단계 6~11세에는 근면성 대 열등감의 대립 과제를 해결해야 하고 6단계인 성인기 초기에는 친밀 대 고립 단계를 거쳐 8단계인 노년기에 자아완성에 이른다는 것이다. 8단계에서도 자아완성 대 절망이 대립되는 과제를 극복해야 한다. 이처럼 인간은 전 생애에 걸쳐 자아를 완성하기 위해 투쟁한다. 그런데 어린이 유튜버들이 유튜브 스타를 꿈꾸는 시기는 3단계 3~5세 '주도성 대 죄책감' 단계이거나 4단계 6~11세 '근면성 대 열등감' 단계에 있을 때이다. 주도성이나 근면성보다 죄책감이나 열등감을 많이 느끼게 되면 그 나이에 이루어져야 할 자아정체성의 발달이 저해된다. 유튜브는 이제 어린이 유튜버가 운영하는 채널에 댓글을 금지하고 있지만, 일단 인터넷에 한번 올라간 영상은 캡처나 녹화 등을 통해 재생산될 수 있다는 점에서 다른 사람의 의도에 휘둘릴 위험을 언제나 안고 있다.

아이가 유튜버를 하고 싶다고 하면 고민해야 할 일들이 생각보다 많다. 딸 라임이와 함께 유튜브 채널 〈라임튜브〉를 운영하는 길기홍 씨는 《라임튜브와 함께하는 우리 아이 유튜브 스타 만들기》에서 아이는 돈이나 유명세에는 관심이 없고 오로지 재미만 추구하기 때문에, 아이가 좋아하고 주도할 수 있는 콘텐츠가 아니라면 아이에게 의미 없는 경험이 된다고 지적했다. 부모와 아이가 유튜버 너머로 같은 방향을 바라보는지 점검해보아야 한다.

더불어 어른들은 아이들이 유튜버를 꿈꾸게 된 배경도 고려해야 한다. 2017년까지 초등학생의 진로희망 1위는 교사였다. 2019년에 조사한 중학생의 진로희망 1위도 여전히 교사이다. 아이들이 교사를 꿈꾸게 된 배경에는 교사라는 직업에서 느껴지는 사명과 사회적 의미도 있겠지만, 안정성을 기반으로 삶의 질이 높은 직업을 갖고 싶다는 바람이 담겨 있다. 지금 밀레니얼 세대 교사들이 경험했듯, 우리 사회가 개인의 복지를 책임져주지 못한다는 두려움이 지금 학생 세대까지 이어지고 있다는 의미이기도 하다.

아이들이 유튜버를 꿈꾸는 이면에는 하고 싶고 재미있는 일만 해도 생계 걱정 없이 살고 싶다는 바람이 있다. 인기 유튜버의 한 달 수익이 몇 억에 달한다는, 억소리 나는 유튜버 생태계를 아는 아이들에게 유튜브는 유토피아처럼 느껴지지 않을까.

또 사람들을 사로잡을 개성만 있으면 충분히 대박날 수 있다는 유튜브의 생리는 아이들에게 '실력의 필요성'에 의문이 들게 할 수 있다. 중학교 교사 I는 얼마 전 중학생 아들에게 황당한 이야기를 들었다. 아들은 하루에 딱 30분 주어진 스마트폰 이용시간에 '먹방(음식을 먹는 방송)'을 보는 것을 유일한 낙으로 삼았다. 입이 찢어져라 음식을 욱여넣는 화면에 눈동자를 고정한 채 웃고 있는 아들의 모습이 어쩔 때는 참 한심하기도 하고 안타깝기도 하다고 했다. 그런데 그날따라 약속한 핸드폰 사용시간을 넘기며 계속 보길래 "너 학원 숙제는 했니" 하며 자연스럽게 공부 이야기가 나왔는데 아들이 불쑥 이렇게 말했다. "나중에 할 거 없으면 먹방이나 하지 뭐. 먹기만 해도 돈만 잘 버는데 공부 꼭 해야 돼?"

    I는 아이 입으로 그 말을 듣는 순간 가슴이 서늘해져서 할 말을 잃었다고 했다.

나중에 할 거 없으면 먹방한다는 말이 '황당하다'는 것도 내 입장이었던 것 같아. 애는 진심이 욱하고 나온 것 같더라고. _78년생 19년차 교사 I

    김도윤이 쓴《유튜브 젊은 부자들》이라는 책에는 성공한 유튜버들의 다양한 사례가 나온다. 먹방 콘텐츠로 100만 명 이상의 구독자를 모은 유튜버도 있는데, 그들의 인터뷰 내용을 보면 겉보기에는 편하게 맛있는 걸 먹기만 하는 것 같은 그들도 '무엇을 하면 재미있을까' 진지하게 고민하고, 먼저 한 사람이 있었는지 조사하고, 조회수가 잘 나왔던 영상을 보며 기획안도 작성한다는 사실을 알 수 있다. 콘텐츠를 개발하고 촬영하고 편집하는 모든 과정에도 다양한 실력이 관여하는데, 아이들의 눈에는 유튜버들의 숨은 노력은 보이지 않는다.

    "먹방 하면 되는데 공부는 뭐 하러 하나"라는 아이의 말에는 '공부하면 내 실력이 되냐, 그 실력을 제대로 인정받을 수 있냐, 노력 대비 가성비가 떨어지지 않냐'는 의문도 담겨 있다. 이처럼 유튜버의 출현과 유튜버 스타들의 성공은 '공부와 인내는 학생의 미덕, 노력하는 자에게 열매가 있을 것'이라고 교육받은 아이들에게 새로운 의문을 품게 한다. 별 실력이나 노력이 없어도 부를 누리는 것 같은 사람들을 보며 노력과 실력, 부의 관계에 대한 기본 인식체계가 흔들리는 것이다.

이 사실은 사회를 유지하는 가치체계, 자신의 능력과 자아효능감에 의문을 던지는 단계까지 확산될 수 있다는 점에서 매우 중요하다. 아이의 말은 '어른들이 인정하는 실력이 없어도, 죽어라 공부하는 만큼의 노력이 아니어도 부를 얻을 수 있다'는 관점을 내포한다. 이런 생각은 '유튜브로 한 달에 몇 억을 번 유튜버는 실력으로 돈을 번 거라고 볼 수 있나. 그렇다면 돈은 공정하게 분배된 것이냐. 나는 이렇게 고생하는데'라는 공정성의 관점으로까지 확장될 수 있다. 그리고 만약 성공한 유튜버의 부가 '때를 잘 만난 운'이라고 생각하면 이 역시도 '역시 인생은 한 방인가' 하는 심리적 박탈감을 불러올 수 있다. 어떤 생각이든 자신이나 사회를 위해서 건강하지 않다.

실력의 기준을 고민하는 동시에, '유튜브 스타가 되어 획득한 부를 어떻게 쓰는 것이 바람직한가'도 아이들과 생각해보아야 할 중요한 문제이다. '아이 기준으로 실력이 좋다고 느낀 유튜버'가 한 달 광고수익으로 몇십 억을 번다면, 그의 실력으로 번 돈이므로 어떻게 쓰든 상관이 없는지, 경제적 자유에 대한 관점은 무엇인지, 사회적으로 올바른 관점은 무엇인지 아이들과 진지하게 고민할 거리들이 '진로희망 3위인 유튜버' 뒤에 쌓여 있다.

광주교육대학교 교육학과 박남기 교수는 《실력의 배신》
에서 많은 사람들이 우리 사회를 실력에 따른 사회적·경제적
부의 배분이 이루어지지 않는 사회라고 믿고 실력주의를 강화
하려고 하지만, 실상 우리나라는 극단적인 실력주의 사회라고
말한다. 누구나 노력하면 다 할 수 있다는 노력에 대한 과장된
믿음과 실력 차이에 따른 보상을 과도하게 차별화하는 믿음이
우리 사회를 지배하고 있다는 것이다. 우리는 실력 차이로 인
한 책임과 보상을 모두 개인에게 돌리지만 사실 성공에는 사
람이 어찌할 수 없는, 예를 들어 운과 같은 비실력적인 요인의
영향도 크다는 사실을 직시해야 한다고 설명한다.

> 교육을 통해 개인의 능력은 자연(혹은 신)이 우연히 나라는 존
> 재에게 세상과 인류를 위해 사용하라고 전해준 것임을 깨닫도
> 록 이끌어야 한다. 개인이 이룬 성취가 오롯이 개인의 순수 노
> 력에 따른 결과가 아니라 상당 부분 타고난 능력과 노력적 특
> 성의 결과이고, 비실력적 요인이 작용한 결과임을 깨닫도록 교
> 육해야 한다. 모든 개인이 '노력순수개인책임론'과 '노력무한가
> 능론'에서 벗어나 자신의 성공을 사회와 나누도록 어려서부터
> 교육해야 한다. _박남기, 《실력의 배신》에서

지금 어른 세대가 어렸을 때에는 유튜버라는 새로운 직

업은 상상도 하지 못했다. 마찬가지로 지금 학생 세대가 어른이 되면 지금은 생각하지 못하는 또 다른 직업이 생길 것이다. 그때 지혜로운 어른으로서 어떤 선택을 해서 행복한 적응자로살 것인지를 결정하는 자존감, 실력 등 내면의 힘을 지금부터 길러주어야 한다. 무엇을 실력으로 볼 것인지에 대해 아이들과의논하면서 합리적이고 현명한 시선을 지닐 수 있도록 도와야한다. 또 아이들이 바라는 직업들이 보여주는 사회의 명암을이해하고 미래사회의 모습은 어떠해야 할지 고민해야 한다. 그중심에 교육이 있다.

무식함과 무한함 사이

어른들은 해가 갈수록 아이들이 무식해지는 것 같다고 걱정한다. 스마트폰이 아이들을 병들게 한다는 것이다. 실제로 아이들은 스마트폰에 많은 시간을 쓴다. 아파트 단지 놀이터에 나가보면 학교를 마친 아이들은 놀이기구를 타며 뛰어놀기보다는 평상에 모여 앉아 스마트폰으로 게임을 한다. 거리에는 커다란 가방을 멘 학생들이 남녀노소 할 것 없이 스마트폰을 보며 걷고 있다. 이제는 스마트폰 없이 생활하는 것이 도저히 불가능한 세대를 일컬어 '포노 사피엔스'라는 말도 생겼다.

디지털과 가까워지면서 젊은 세대는 책을 직접 펼쳐 읽는 아날로그 독서와는 멀어지고 있다. 책을 읽기보다는 책을 간단히 리뷰해주는 유튜브를 시청한다. 긴 글을 읽지 않으려는 경향이 있어 트위터나 인스타그램처럼 짧은 문장이 주가 되는 소통창구가 발달하고, 그나마 긴 인터넷 기사를 읽어도 제목 위주로 읽고 건너뛰는 F 자 시선이동을 보인다고 한다.

PISA(국제학업성취도평가)의 결과 역시 책을 읽지 않는 세대에 대한 어른들의 우려를 증명해주는 것만 같다. PISA는 2000년부터 3년마다 이루어지는 국제성취도평가로, 한국 학생들의 PISA 읽기 점수는 계속 하락하는 추세이다. 2006년에 1위였던 성적이 2018년에는 전체 79개국 중 6~11위로 내려왔다. 한글의 우수성으로 문맹이 거의 없다는 사실을 자랑삼는 우리나라에서, 학생들의 독해력이 떨어지고 있는 것이다. 실제로 국가수준학업성취도평가에서도 2017년에는 2퍼센트 정도였던 기초학력 미달 학생이 2018년에는 4.4퍼센트로 늘었다.

독해력은 왜 중요할까? 독해력은 단순히 글을 읽을 줄 아는 능력이 아니라 맥락을 이해하는 능력이다. 독해력은 상황과 입장의 맥락을 이해해야 가능한 공감능력과도 연결되고, 맥락에 따라 어떤 정보가 필요하고 중요한지, 옳게 말하고 있는지를 판단하는 비판력과도 이어진다. '행간을 읽는다'라는 표현은 문장과 문장 사이, 눈에 보이지는 않지만 글을 통해 알 수 있는 내용을 알아차린다는 뜻이다. 직접 드러나지 않은 의미를 추론할 수 있고, 단편적인 정보들(단어, 문장)을 근거로 종합적으로 판단할 수 있는 능력이 바로 독해력이다.

《대학에 가는 AI vs 교과서를 못 읽는 아이들》에서 대학

입시에 도전한 로봇 도로보군이 수험생들 중 상위 20퍼센트에 해당하는 성적을 거두었음에도 도쿄대학교에 입학하지 못한 이유도 다름 아닌 독해력 때문이었다. 도로보군은 세계사 문제는 정보검색을 이용하고 수학은 수식처리를 해서 그나마 고득점을 받을 수 있었지만 영어는 도저히 고득점이 어려웠다. 연구자들이 영어의 벽을 깨기 위해 도로보군에게 150억 개의 영어 문장을 가르쳤지만 영어 점수는 쉽게 오르지 않았다. '의미'를 이해하지 못했기 때문이다. 150억 개의 영문장을 알고 있어도 다양한 문제의 조건에 따라 의미가 통하는 답을 고르기는 힘들었다. 사람 세계에서 통하는 말을 이해하고 따라 하려면(고득점을 받으려면) 의미를 연결해주는 독해력이 필요한데 이 AI로봇에게는 그것이 없었다. 이 사실은 지식 정보의 무한한 확장을 눈앞에 둔 인간에게 중요한 시사점을 준다. 미래에는 인간이 자력으로 암기할 수 있는 용량보다 훨씬 많은 정보를 칩과 연결된 뇌에 저장할 수 있다고 한다.

유발 하라리Yuval Noah Harari의 책 《사피엔스》에는 생물과 무생물을 부분적으로 합친 사이보그기술이 새로운 생명의 법칙을 쓸 수 있다는 내용이 나온다. 저자는 호모 사피엔스인 우리 인간들이 점차 사이보그로 변해가고 있는 상황을 설명하며 "컴퓨터와 인간의 뇌를 연결한다면? 인터넷까지 연결되어 일종의 뇌 인터넷을 만들어낸다면? 이런 상황이 오면 인간의 기억, 의식, 정체성에 어떤 일이 일어날 것인가?" 묻는다. 이런 질문이 시기상조라고 생각하는 사람들도 있을 것이다. 하지만 유발 하라리는 2050년에는 70억 명이 '밥만 축내는 존재'로 전락할 가능성이 있고, 2100년이면 현생인류가 사라질 것이라고 전망한다. 현재 존재하는 인류가 한 번에 멸종하기 때문이 아니라 인간이 기술을 사용하여 스스로를 다른 존재로 바꿔버릴 것이기 때문이란다. 그의 말이 맞는다면 70억 명이 잉여 인간으로 전락하기까지 겨우 30년 남았다. 생각보다 멀지 않다. 그 말은 30년 안에 인류의 미래를 변화시킬 사건들이 일어나리라는 뜻이다.

AI의 뇌는 이미 인터넷과 연결되어 있다. 앞으로 자신보다 더 많은 것을 알고 있을 학생들을 만나는 교사들이 많아질 것이다. 학생들의 뇌가 확장하는 만큼 교사들의 뇌도 물론 확장하겠지만, 중요한 것은 그 확장된 지식 안에서 어떤 정보들로 어떤 의미를 만들어낼 수 있느냐이다. 이 키가 독해력이다.

요즘 아이들은 책을 읽지 않아서 문제인 걸까? 〈2019년 국민독서실태조사〉에 따르면 지난 1년 동안 일반도서를 1권 이상 읽은 사람의 비율은 종이책·전자책 합산 기준으로 성인 55.4퍼센트, 초·중·고 학생이 91.9퍼센트였다. 교과서, 학습 참고서, 만화 등을 제외한 일반 도서를 읽은 권수는 성인이 7.3권, 초·중·고 학생이 38.8권이었다. 독서시간은 종이책 기준으로 성인은 평일 25분, 휴일 21.9분이었고 학생은 평일 69.5분, 휴일 56.9분이었다. 어느 모로 보나 학생들의 독서 실태가 성인보다 낫다. 그렇다면 어른들이 단순히 "너희는 책을 안 읽어서 문제야"라고 말할 수 있는 상황은 아니다.

학생들은 나름대로 꾸준히 책을 읽고 어른들도 독해력 지도를 위해 꾸준히 노력했는데 독해력은 왜 자꾸 안 좋아지기만 할까? 이 말인즉슨 어른들의 시각이 달라져야 한다는 뜻은 아닐까? 책을 읽는 사람들은 문제가 없는데 책을 안 읽는 사람들이 문제인 걸까? 책을 안 읽는 아이들은 왜 안 읽을까? 책과 독해력의 관련성은 얼마나 되는 걸까? 이런 질문들을 하다 보면 결국 지금 정말 필요한 독해력이 무엇인지, 아이들이 처한 환경이 요구하는 독해란 어떤 것인지 어른들이 얼마나 고민해봤을까 하는 의문이 생긴다.

이제껏 우리가 지켜봐온 독해력의 기준으로 보면 요즘 아이들은 무식하다. 국제성취도평가의 결과가, 학교에서 만나는 아이들의 모습이 그 사실을 말해준다. 긴 글을 읽고 추론해서 답을 고를 줄 아는 능력이 독해력이라면 도로보군은 고사하고 지금 학생 세대인 아이들도 부족하다. 앞으로도 그 '기초학력 미달'은 계속될 것이다. 어른들의 기대수준을 맞추지 못한다는 생각에 아이들은 계속 고통스러워할 것이다. 지도의 수준과 방법과 내용의 기준을 디지털 시대에 맞게 바꾸지 않는다면 말이다. 평가하는 독해력의 수준을 낮추거나 글을 줄이는 등의 변화를 말하는 것이 아니다. 학생들이 실제로 살아가는 환경이 학교 환경과 다름을 먼저 인정하고, 어떻게 다른지, 무엇을 구체적으로 어떤 방식으로 키워줘야 하는지 찬찬히 되짚어보아야 한다는 뜻이다.

학교에서 아이들은 종이책과 교과서를 본다. 줄글과 그래프, 인쇄된 그림으로 이루어진 매체이다. 학교 밖에서 아이들은 핸드폰과 TV, 컴퓨터로 완전히 다른 차원의 매체를 접한다. 아이들이 학교에서 연습하는 독해의 세계와 교실 밖에서 실천하는 독해의 행위가 완전히 다르고 작용하는 뇌도 다르다. 《생각하지 않는 사람들》에 따르면 책과 같은 문서를 읽을 때는 뇌에서 언어, 기억과 관련된 부분이 활발하게 작동하는 반면, 문제해결이나 의사결정과 관련된 전전두 부분은 크게 활성화되지 않는다. 그런데 다양한 자극을 주는 인터넷 화면을 볼 때는 이 전전두 부분이 활성화된다. 어떤 링크를 클릭할지 끊임없이 선택해야 하기 때문이다. 이런 과정이 반복되면 이해력과 기억력이 저해된다.

인간의 고등사고력은 기억과 관련이 있다. 인간의 뇌는 장기기억과 단기기억을 가지고 있다. 장기기억은 우리의 뇌에 며칠에서 평생 동안 남고, 단기기억은 작업을 수행하는 잠깐 동안 남았다가 사라진다. 장기기억은 단순히 정보 자체를 오래 기억함만을 뜻하지 않고 깊이 있는 스키마Schema를 만들어감을 의미한다. 정보끼리의 관련성과 정보의 의미를 파악하는 이해의 틀, 즉 교육학에서 말하는 스키마까지 장기기억에 저장된다. 우리가 전문분야에 대해 이해의 폭이 깊고 넓을 수 있는 것은 그 분야에 대한 정보와 함께 스키마를 뇌에 장기기억으로 저장하고 있기 때문이다. 사고에 깊이가 있다는 것은 스키마에 새로운 정보와 개념, 관련 있는 의미를 계속 이어 붙여나갈 수 있다는 의미이다. 그리고 이것이 곧 지적인 기량이 된다.[18]

여기서 알 수 있는 사실은, 인간의 뇌가 인터넷과 연결되더라도 인간 스스로 직접 사용할 수 있는 이해의 틀, 관련성을 만드는 의미부여 경험이자 지식인 장기기억이 없다면 수많은 정보도 허공에 떠도는 신기루에 불과하다는 것이다. 대학에 가고 싶었던 AI로봇 도로보군에게 독해력이 부족했던 이유는 이해의 틀을 제공하는 장기기억이 부재했기 때문은 아닐까?

그래서 이해가 동반된 지식교육이 필요하다. 특히 기초지식교육이 이루어지는 초등교육은 타고나거나 가정환경 차이로 벌어질 수 있는 학생들의 지적 빈부격차를 학교에서 줄일 수 있는 시작점이기에 중요하다. 초등학교에서 이루어진 기초지식교육을 바탕으로 중등에서 더욱 심화된 지식으로 발전시켜가야 한다. 기본 어휘와 문장을 이해하는 교육이 충분히 이루어져야 하고 학생들에게 배경지식이 될 만한 내용들이 각 과목에서 충분히 다루어져야 한다. 필요하면 연습과 훈련을 시키면서 학생들의 장기기억을 발달시켜야 한다. 글에 대한 기본 지식과 각종 배경지식을 갖추어 뇌가 글 자체를 쉽게 이해하게 되면 깊은 의미를 이해하고 파악하는 진정한 독해가 가능해진다.

《생각하지 않는 사람들》에 따른 또 한 가지 중요한 사실은 장기기억은 해부학적으로도 뇌를 바꾼다는 점이다. 사람의 사고과정은 신경전달물질이 뉴런과 시냅스를 오가며 이루어진다. 단기기억이 강화되어 장기기억이 되는 과정에서 신경전달물질의 농도가 강해지고 뉴런 사이를 잇는 시냅스의 연결 개수도 많아지면서 시냅스의 말단도 새롭게 변한다. 이 생성 과정에 뇌에서 합성된 단백질이 쓰인다. 반복학습과 연습으로 경험이 반복되어 장기기억이 만들어지는 동안 뇌의 해부학적인 구조가 바뀌는 것이다. 아이들이 책을 읽기 위해 선생님과 새로운 단어를 공부하고, 지식을 습득해서 연습하는 동안 뇌는 바뀐다.

그런데 학생들이 학교 밖에서 접하는 환경은 뇌의 구조를 바꿀 필요가 없는, 단기기억만 쓰이는 읽기 매체들로 가득하다. 학교 숙제를 하려고 검색을 하다 읽은 글에서 모르는 단어가 나오면 바로 단어 찾기로 연결이 되고, 분명 '오늘날의 이동수단'을 검색하고 있었는데 어느새 모터쇼의 컨셉카 영상을 보고 있다. 아이들의 머릿속에는 차에 대한 감상만 남고, 그렇게 지식과 의미라는 실체로 남지 않은 감상은 단기기억에 있다가 쉽게 휘발된다. 어른들도 이런 경험을 매일 한다.

그렇다고 학교 밖의 변화를 막을 수는 없다. 아이들에게 종이책만 읽어야 한다고 강제할 수 없다. 책이 아닌 다른 매체를 통해서도 어떻게 깊이 있는 읽기를 가능하게 할지, 학교 밖에서는 쉽지 않은 만큼 독해력을 위한 기초를 학교에서 어떻게 더 탄탄하게 다져주어 지적 빈부격차를 줄일지를 고민해야 한다. 더불어 교육용으로 사용하는 매체의 한계와 장단점을 더욱더 정확히 분석해 활용하는 책임감이 필요하다. 스마트 교육 기기를 도입할 때는 아이들의 독해력에 어떤 영향을 미치게 될지 심도 있게 연구하여 연습을 거친 후에 부작용을 최소화할 수 있도록 적용해야 한다. 당연히 교실 선진화에 대한 기준과 요구도 성찰되어야 할 것이다.

무한함과 무식함이라는 양면성이 모두 가능한 지금 상황을 인식하고, 그 사이에 다리를 놓을 수 있는 교육을 해야 한다. 비단 학교와 교사, 교육당국만의 노력으로 되는 것이 아니라 사회의 모든 일원이 함께 해야 하는 일이다. 아이들이 마주치는 사회의 한 장면 한 장면을 만들어내는 사람들 모두에게 책임이 있다.

그러니 어른들의 태도도 조금 더 따뜻해지면 좋겠다. 아이들이 너무나 다른 학교 안팎을 오가며 누구보다도 고통스럽게 적응 중이라는 사실을 알아주고 조금 더 포용적으로 접근해야 하지 않을까. 교사들 또한 화면전환이 빠른 영상과 링크, PPT를 위주로 수업하면서 아이들에게 왜 책을 못 읽느냐고 묻거나, 수업시간에는 단기기억에 머무는 경험만 제공하다가 평가는 장기기억이 필요한 부분을 요구해 아이들에게 좌절감을 주어서는 안 된다. 부모 또한 모든 교육의 책임을 학교에만 일임하거나, 홈러닝 로봇에 아이를 맡겨놓고서는 나중에 아이에게 네가 스마트폰만 본 탓이라고 다그친다면 역시 아이들에게 공감 없는 상처만 줄 뿐이다. 정서적 능력을 포함한 아이의 기본 소양은 가정에서부터 시작된다는 점을 인식하고 가정에서부터 기초교육이 이루어질 수 있도록 부모들도 도와야 한다. 학교에서와 마찬가지로 집에서도 스마트 교육기기의 활용방법을 진지하게 성찰해보아야 함은 물론이다.

디지털 시대에 맞는 독해력이 무엇인지 찾는 과정에서 아이들을 보호한다는 명목으로 어떤 환경으로부터 배제시키거나, 논의의 수혜자로 인식하여 어른들만 대화하기보다는, 아이들의 생각도 함께 들어보며 방법을 찾아가야 할 것이다. 아이들이 앞으로 무한하게 열릴 지식의 세상에서 스스로 생각하고 길을 찾을 수 있는 인간으로 성장할 수 있게 도와주어야 한다. 독해력은 교육과정이나 교육방법의 차원을 넘은 환경의 문제이다.

불편러를 키우는 자

봉대를 감고 누워 있는 어린아이. 총을 들고 있는 군인들. 아이들의 울음소리가 뮤직비디오의 시작을 알린다. 노래는 부드러운 목소리로 사랑이라는 것이 당신 안에 존재함을 나지막이 속삭인다. 풀 하나 없는 황무지 같은 마을에 힘겹게 서 있는 사람들. 굳은 표정으로 서로를 경계하는 군인들과 탱크 사이로 아이들이 뛰어든다. 전 세계 다양한 아이들의 얼굴에는 전쟁과는 상관없는 미소가 떠오른다. 한 여자아이가 총을 들고 서 있는 군인에게 꽃을 건넨다. 군인은 꽃향기를 맡는다. 하나둘씩 들고 있던 총을 놓기 시작한다. 총을 잡았던 손에는 초가 들린다. 수십 수백만의 사람들이 촛불을 나누고 세상을 밝힌다. 마이클 잭슨의 노래 〈Heal The World〉의 뮤직비디오 내용이다.

자유와 안전으로부터 소외된 아이들, 세계 각국에서 여

전히 계속되는 전쟁과 투쟁. 탱크 옆에 아이들이 서 있고 총이 공존하는 현실. 지금 내가 사는 안전한 대한민국과 너무나 동떨어진 모습이라서 극단적인 예 같지만 실제로 이런 세상은 지구상에 많다. 그리고 손에 총만 들고 있지 않을 뿐 우리 사회에도 이런 모습으로 상징될 수 있는 삶의 현장이 여전히 있다.

뮤직비디오 속에서 어른들은 총을 던지기 전에 들고 있던 총을 바라본다. 그리고 무슨 생각이 들었는지 총을 던지기 시작한다. 그때 그들은 자각하지 않았을까. '우리가 왜 이러고 있는 거지?' 모든 의문의 시작은 자각이다. 생각이 깨어날 때 행동이 바뀌고 작은 행동의 변화가 모이면 세상이 바뀐다.

속도가 빠른 사회일수록 제대로 바라볼 줄 아는 깨인 의식이 필요하다. 사회가 바뀌어도 줄곧 유지해야 하는 교육의 중심축 중의 하나는 바로 의식화이다. 의식화란 어떤 대상에 의문을 갖게 하는 행위이자 사유체계이다. 의식화가 교육에서 중요하게 등장한 것은 브라질의 민중교육가인 프레이리Paulo Freire의 의식화교육에서부터였다. 포르투갈이 1500년에 브라질을 발견한 이후 브라질은 300년 넘게 식민지로 지내야 했다. 1822년에 독립했지만 브라질 민중들에게는 억압받은 자로서의 굴종과 체념, 침묵이 생존방식의 하나로 뿌리 깊게 자리하고 있었다. 프레이리는 문맹퇴치교육과 함께 계급에 상관없이 인간의 자유와 권리에 대해 인식하고 대화하며 사회의 모순을 극복해나가야 한다는 의식화교육에 힘썼다.

의식화는 무의식에 잠재하는 것들을 꺼내어 의문을 구체화하는 과정이다. 그러다 보니 사회의 모순을 지적하고 대항하게 하는 시작이 되기도 한다. 그래서 역사적으로 좌우대립이 심각했던 우리나라에서 의식화라는 말은 유난히 '좌익의 언어'처럼 인식되는 경향도 있다. 특히 1980년대 민주항쟁 당시에 민주화를 가능하게 한 수많은 데모와 항쟁의 바탕에는 학생들과 시민들이 금서를 읽으며 민주사회에 대한 생각을 깨워나간 의식화가 있었다. 그래서 의식화라고 하면 다소 폭력적이거나 정치색이 있고 불만이 많다는 이미지도 있는 것 같다.

그러나 나는 좌우를 떠나 '인간이 당연하다고 느끼는 것에 의문을 갖는 행위'를 의식화라고 생각한다. 당연하지 않은데 당연하게 인식되는 일들이 세상에는 너무나 많다. 지금은 표면적으로 계급사회는 아니지만 여전히 여러 가지 계층에 불평등과 억압이 존재한다. 실제로 의식화라는 말은 최근에 '젠더 의식화' '환경 의식화'라는 말에서 볼 수 있듯이 무의식적으로 맹신하던 것들에 의문을 갖고 개선하려는 움직임을 뜻하는 말로 쓰이고 있다.

의식화라는 말에 거부감이 느껴진다면 '감수성'이라는 말로 대체할 수도 있다. 같은 현상을 보고도 조금 더 세심하고 예민하게 반응할 수 있는 감수성 말이다. 부조리한 현상을 보아도 무의식 속에 너무나 당연한 일로 자리 잡아 의문조차 느끼지 못한다면 그 현상이나 대상에 무뎌졌다는 뜻이다. 사람들은 "둥글게 살아야 해" "수더분하게 살아야 해"라고 말하며 무던한 성격이나 취향이 미덕인 듯 내세우기도 한다. 하지만 세상을 돌아보면 둥글게 산 사람들보다는 모가 나서 어딘가에 걸려 넘어져본 적이 있는 사람들이 세상을 바꿔왔다. 어디에 부딪쳐도 아프지 않게 굴러가는 둥긂보다 뾰족해서 부딪치고 거치적거리는 불편함을 아는 모남이 더 필요할 때도 있다. 감수성이란 이 '아름다운 모남'이다.

요즘 생긴 말 중에 '불편러'가 있다. 어떤 상황에 대해 예민해서 적극적으로 이의를 제기하는 사람을 말한다. 사사건건 불평하는 사람에게 "프로 불편러구먼!" 하고 웃어넘기듯 말하기도 한다. 이 불편러에도 '화이트 불편러'가 있다. 화이트 불편러는 사람들이 의식하지 못한 채 지나칠 수 있는 일, 그러나 문제가 잠재되어 있는 일을 예민하게 인식하고 개선하기를 요구하는 긍정적인 불편러를 말한다. 개인의 이익보다 사회를 위해 문제점을 제기하는 사람이다. 쉽게 드러나지 않는 문제를 발견해내는 감수성이 있는 사람들이 바로 화이트 불편러이다. 화이트 불편러가 많다는 사실은 그만큼 사회에 개선의 여지가 많다는 뜻이다. 이렇게 새로운 변화를 이끌어내는 긍정적인 감수성을 이제 사회도 인정해주기 시작했다. 스무 살도 안 된 청년이 구의역에서 스크린 도어 정비 사업을 하다 숨진 사

고나 일본군 성노예 피해자를 조롱하는 행위에 분개하는 이유
는 '인간으로서 존엄하기 위해 지켜져야 할 선'에 대해 감수성
을 지니고 있기 때문이다.

특히 학교에서부터 감수성, 의식을 키우는 교육은 매우
중요하다. 교육은 가르치는 자와 가르침을 받는 자로 역할을
분담한다는 점에서 이미 권위의 불평등을 양산하기 때문이다.
학생은 교사의 말을 받아들이기를 요구받는다. 사회에서도 지
위나 경제력으로 정당화된 권위를 지니고 말하는 사람에게 상
대적으로 그렇지 못하는 사람은 억압받기 쉽다. 학교나 사회는
불평등하다는 면에서 크게 다르지 않다.

그러나 이를 의식하고 가르치기는 쉽지 않다. 교사 자신
도 그런 학교와 사회에서 자라고 길러진 사람이기 때문이다.
그리고 그 사회가 인정하는 자격 요건을 갖추어 채용된다. 사
회가 인정하는 자격요건에는 교사의 사고방식과 사상도 당연
히 포함되어 있다.

우리나라가 자유민주국가라고는 하지만 자유와 민주의
의미가 실제로 잘 이행되고 있는지, 워낙 익숙해서 인식하지
못한 부분들은 없는지 의식하며 살 필요가 있다. 사람이 사람
답기 위해 자유를 알고 누린다는 사실은 중요하다. 자유를 일
깨우고 추구하게 하는 시작이 자각이다. 내 안의 무언가, 자신
이 속한 사회의 무언가가 잘못되었다는 깨달음. 자기로부터 출

발하는 각성이 의식화의 시작이다.

수업을 통해 전수받은 지식과 상식, 그로부터 생겨난 지혜조차도 정당하고 의미 있는 것인지 질문을 던지는 의식화는 자연스럽게 이루어지지 않는다. 누군가가 불을 당겨줘야 한다. 교사, 부모, 혹은 주변의 어른이 그 역할을 해줘야 한다. 특히 교사가 자신의 사고방식이나 생각을 의식하는 것은 매우 중요하다. 교사는 학생에게 부모만큼 중요한 롤모델이며, 학생은 교사의 사고방식을 닮아가기 때문이다.

교사와 부모는 무에서 유를 창조하도록 돕는 사람이다. 의식하지 못하면 無이지만 의식하는 순간 有가 되는 일들이 세상에는 매우 많다. 결핍이 각성을 자극하는 경우가 많기 때문에 사회·경제·문화 면에서 대부분 긍정적인 면보다는 부정적인 면들을 발견하기가 더 쉽기는 하다.

그러나 교육이란 더 나아질 세상을 만들기 위해 존재하지 않던가? 아이가 무언가 의문점을 발견했을 때, 그저 '괜찮아' '원래 그런 거야' '넌 좀 꼬인 것 같다'라고 하지 않고 '그러게? 왜 그렇지?' 하고 동행해줄 수 있는 누군가가 필요하다.

다문화는 이미 학교에

　나의 첫 해외여행은 대학교 2학년 때, 교대에서 지원을 받아 유럽문화탐방 프로젝트로 떠난 동유럽 3개국 여행이었다. 여행은 즐거웠지만 차별이 아니면 설명이 안 되는 일들을 겪었다. 식당에 자리도 많은데 이유 없이 문전박대를 당하거나, 우겨서 들어가면 문가에 작은 테이블로 안내됐다. 곳곳에서 인종 차별이라고 생각되는 일들을 겪을 때마다 나는 '내가 예민한 걸까' 헷갈렸다. 분명한 인종차별이라 느껴도 말이 완벽하지 않으니 부당함을 제대로 따지지 못했다. 1년 뒤 미국 유학을 갔을 때는 첫 유럽 여행 때보다는 적극적으로 부당한 상황에서 대처할 수 있었다. 그러나 길에서 처음 보는 사람이 "Go home, Chinese!"라고 면전에 소리를 지르고 가는 일을 겪을 때는 여전히 적응이 안 됐다. 이런 일들을 겪다 보니 한 사회에서 소수로 산다는 것이 어떤 의미인지 생각하게 됐다.

내가 소수인 곳에서는 수시로 다른 사람의 태도를 살피느라 에너지를 소모해야 했다. 내가 있는 그대로 존중받고 있는지, 나를 대하는 태도나 결정에 내 말과 행동 말고 다른 것이 영향을 미치지는 않는지 항상 신경을 곤두세우고 관찰하고 이해하고 대처해야 했다. 그래서 피곤했다. 잠시 왔다 가는 나는 떠나면 그만이지만 몇 년을 혹은 평생을 사회에서 부당함을 느끼며 살아야 하는 사람들은 어떨까? 부모나 조상의 뿌리가 깊어 내 선택과 상관없이 평생의 끈을 이어가야 하는 국가라면?

2019년 5월 통계청이 발표한 〈2019 청소년 통계〉에 따르면 2012년에 46,954명이었던 다문화 학생이 2014년에는 67,806명, 2016년에는 99,186명으로 늘다가 2018년에는 122,212명으로 늘었다. 2017년에 비하면 11퍼센트나 증가했다. 전체 학생수에서 다문화 학생수가 차지하는 비중은 2012년 0.7퍼센트에서 매년 늘어 2018년에는 2.2퍼센트로 늘어났다. 다문화 학생수가 늘어나고 전체 학생수가 줄어서 비율이 더 커진 면이 있다. 어쨌든 다문화 학생수는 꾸준히 급격하게 늘고 있다.

《한국 교사교육》에서는 미래사회에서 교육에 가장 큰 영향을 미칠 요소로 남북통일이나 북한과의 교류 활성화, 국제교류 활성화 및 다문화 인구 증가를 제시하며, 이러한 상황에서는 차이를 인내하고 다양성을 존중하는 인재를 길러낼 수 있는 역량을 갖춘 교사가 필요하다고 하였다.

교대에는 다문화 학생 지원 전형이 있고 다문화 가정 출신 교사도 배출되기 시작했다. 비록 지금은 다문화 학생수가 100명 중에 2명인 정도라 하더라도 앞으로는 더욱 늘어날 것이다. 국경과 물리적 환경을 초월한 교류가 많아지면서 여러 문화권의 사람들이 만나 구성하는 다문화 가정이 많아질 것이기 때문이다. 또 국가 간 문화 간 인력 교류가 더욱 활발해지며 단일문화 가정이 임시 이주나 평생 이주를 하는 경우도 많아질 것이다.

다문화 학생수는 2012년 이후만 보아도 6년 만에 두 배 이상으로 늘었다. 앞으로 얼마나 빠른 속도로 늘어날지 알 수 없다. 다문화 학생이 늘수록 눈에 띄지 않는 다문화를 개인의 역사 속에 내재하는 학생들도 당연히 많아질 것이다.

안산의 한 초등학교는 2019년 전교 학생의 93퍼센트가 다문화 학생이었다.[19] 학교관계자는 "학생이 전학을 와도 통역사가 없으면 업무 진행이 안 되는 경우가 적지 않다"고 말했다. 수업이나 상담을 위해서뿐만 아니라 행정 업무에도 언어 문제는 중요하다. 내가 담임을 맡은 학생의 반 이상이 외국 국적이거나 외국어를 하는 학생들이라면 교사로서 필요한 것은 무엇일까 생각하게 된다.

문화 이슈는 단순히 언어에만 한정되지 않는다. 미국 유학 시절, 가을학기 중간에 일주일간 가을방학이 있었다. 그때 학생지원센터에서 주관하는 봉사캠프에 참가하여 5일 동안 덴버에서 봉사활동을 했다. 내가 선택한 주제는 '도시의 불의·부당함·불평등Injustice of City'이었다. 성폭행 피해자들이 일하는 사회적기업, 교도소, 노숙자 보호센터 등 도시의 정의롭지 못한 일면을 보여주는 기관에 방문해서 봉사활동을 하고 저녁에는 관련 주제에 대해 토론을 했다.

봉사캠프의 마지막 날, 토론 주제는 "내가 어쩔 수 없이 선택해야 한다면 미국에서 살 때 절대 선택하고 싶지 않은 조건은?"이었다. 보기는 4개였다. 불법체류자의 2세, 유색인종, 동성애자였고 하나는 기억이 나지 않는다. 아무튼 스무 명 정도 되는 멤버들은 각자 보기를 골라 그 보기를 고른 이유를 이야기했다. 보기는 모두 그동안 우리가 봉사활동을 하며 만난 사람들의 조건이기도 했다. 각자 현장에서 느낀 점과 생각했던 점들을 들어 해당 조건의 사람들이 어떤 어려움이 있을지 이야기하게 되었다.

한참 토론이 진행 중인데 갑자기 한 남학생이 "그러면 나 같은 유색인종에 게이인 사람은 어쩌라는 거냐!"며 소리를 지르고 나가버렸다. '훈남스러운 외모'와 신사적인 매너로 팀원들 사이에서 호감형으로 인정받은 한국계 미국인이었다. 그런데 그가 팀원들이 '미국에서 유색인종으로 살고 싶지 않은 이유' '동성애자로 살고 싶지 않은 이유'를 말하는 걸 듣고 있다가 그렇게 외치고 나가버린 것이다.

분위기는 순식간에 찬물을 끼얹듯 가라앉았다. 남은 사람들은 4일을 동고동락을 했는데 그 친구가 동성애자인 줄 몰랐다는 이유로 놀라거나, 토론 중에 이렇게 감정이입해서 분위기를 깰 필요는 없지 않냐는 이유로 황당해했다. 나는 그가 나가고 의견이 분분한 팀원들의 모습을 지켜보았다. 그때 옆에 있던 흑인 여자 팀원이 말했다.

"우리는 각자의 배경과 역사를 다 알지 못해. 다 알 수도 없지. 그런데 좀 더 섬세하지 못했던 것이 그를 상처받게 한 거야."

개인의 역사와 이야기를 모른 채 토론이라는 이유로 공개적으로 나눈 이야기는 그 친구에게 폭력이 되었을 것이다.

학교에서도 마찬가지이다. 학생들에게 다문화 사회에서 더불어 사는 삶을 가르친다는 명목으로 하는 교육적 활동이나 말들이 누군가에게 상처가 될 수도 있다. 특히나 토론과 같은 교육적 활동이나 행위는 그것이 '교육적'이고 꼭 필요하다는 명목으로 행해지고, 학생에게는 거부할 수 없는 권위이자 의무이기에 피할 수 없는 경우가 많다. 교사가 주제나 사례, 자료를 선정할 때 더욱 섬세해야 하는 이유이다. 또 부모로서도 아이의 친구에 대해 말할 때 더 신중해져야 하는 이유이기도 하다.

'다문화'라는 말에 '분리 관점'을 이입해 사용하고 있지는 않은지도 생각해볼 필요가 있다. 유타대학교에서 'Multicultural Education(다문화 교육)' 과목을 수강할 때 우리나라에서 쓰이는 '다문화'에 영어에서의 'multiculture'보다 더 배척적인 뉘앙스가 있다고 느꼈다. 아마도 인종과 출신국이 다양한 미국 사회보다는 우리나라가 '단일민족'이라는 믿음을 문화적 배경으로 하기 때문에 더욱 그런 것 같다. 다문화라는 말을 '우리와, 나와 다르다'는 의미로 간편하게 쓰고 있는 건 아닐까 하는 생각이 들었다.

또 특정 문화권에 뿌리 깊게 자리 잡은 국민적 반감이나 편견이 인식하지 못하는 사이에 언행에 드러나는 경우도 있다. 교대 동아리 선배의 일화인데 어느 날 학생이 숫자를 일본어로 말하길래 "네가 일본놈이야? 무슨 일본어야"라고 웃으며 한마디했는데 알고 보니 학생의 아버지가 귀화한 일본인이었다고 한다. 학생의 아버지를 비하하려는 악의는 없었지만, 아이는 얼마나 당혹스러웠을까. 순간 학생의 표정이 너무 안 좋아져서 선배도 뭔가 이상한 낌새를 눈치챘다고 한다. 이처럼 학교는 우리가 모르는 사이에 더 많은 과거와 이야기를 담아내며 다문화로 향하고 있다.

요즘 들어 정서적 학대, 아동학대에 대한 사회의 감수성이 높아지고 있다. 앞으로는 가해자도 깨닫지 못하는 사이에 피해자가 문화적 차별로 상처받았음을 뜻하는 '문화적 학대'라는 말도 생길지도 모른다. 내 아이에게도 다문화 친구들이 생길 것이다. 다문화 시대를 사는 교사로서, 부모로서 무엇을 준비해야 할까.

한국 학교니까 학교에서 한국어만 쓰는 것이 당연하니, 한국어 배우기가 다문화 가정의 의무라는 인식도 이제는 바뀌어야 한다. 교육학에는 다문화에 관한 두 가지 관점이 있다. 한 가지는 문화실조론의 관점이고, 다른 한 가지는 문화다원론의 관점이다. 문화실조론은 다수 집단의 문화를 정통문화, 기본조건으로 인식하고 그것이 결핍됐을 때 문화적 능력 결핍(실조)으로 여긴다. 그래서 다수 집단의 문화적 능력을 소수 집단에게 교육하는 데 초점을 둔다. 반면에 문화다원론은 문화의 다양성을 인정하고 소수에 속하는 학생에게만 다수의 문화를 주입하는 것이 아니라 다양한 집단의 문화를 학교에서 골고루 다루자는 입장을 취한다.

우리나라의 다문화교육은 학교에서 여러 문화에 대해 가르치고 교육과정도 그렇게 구성되어 있다는 점에서 문화다원론의 입장에 가깝다. 그러나 다문화 학생들에게 언어와 관련한 실질적인 도움은 제공하지 못하는 경우가 많다는 점에서 현실은 문화실조론의 관점에 가깝다. 실제로 다문화교육과 관련한 언어교육은 다문화 학생들을 대상으로 하는 한국어교육이 주류를 이룬다.

최근에는 다문화 학생이 급격하게 느는 현실을 반영하

여, 한국어와 외국어를 병행해서 정규 수업을 진행하는 학교도 생기고 있다. 이런 정책이 계속 이어지기 위해서는 외국어 능력을 갖춘 교원의 육성과 지원이 절실하다. 그러나 외국어 구사가 가능한 정규 교원 양성은 둘째치고, 다문화 학생수에 비해 다문화 언어강사의 수도 턱없이 부족하다.

다문화 언어강사는 다문화 학생 대상 한국어특별과정과 방과 후 수업을 맡고 정규수업 때는 보조교사로 투입되는 외국어강사이다. 2019년 교육부 자료에 따르면 다문화 학생은 13만 7천 명, 다문화 언어강사는 489명이었다. 다문화 학생들이 언어적 불편함을 덜 느끼며 수업에 몰입할 수 있도록, 외국어를 구사할 수 있는 보조 강사 양성과 정규 교사 양성이 요구된다. 일부 교육청에서는 초중등교원을 대상으로 수업에 외국어를 활용할 수 있도록 외국어교육을 하는 직무연수를 실시하고 있다.

87년생 10년 차 교사 O는 서울 금천구에서 근무하고 있다. 금천구는 서울에서 다문화 학생이 가장 많은 남부 3구(금천, 구로, 영등포구)에 속하며 서울 다문화 학생의 27.1퍼센트가 이 3구에 있다. 국적별로는 한국계 중국인과 중국인이 51.1퍼센트로 가장 많다. 교사 O는 중국어를 구사할 줄 알아 중국어를 사용하는 학생들을 이중언어로 가르칠 수 있다. 담임선생님이 중국어를 잘하니 중국어가 익숙한 학생들의 수업집중도도 높아지고 다문화 학부모들과의 소통도 원만해 학급 운영이 수

월해진다. O처럼 외국어가 능숙한 교사는 우리나라 교육계에 소중한 재원이다.

다문화는 더 이상 소수의 이야기가 아니다. 소수였던 사람들은 이미 우리 가까이에서 사회구성원으로서 함께하고 있고 문화적 배경을 따질 수조차 없게 자연스럽게 섞이고 있다. 모든 문화가 어우러지는 학교를 만들기 위해 다양한 문화적 배경을 존중하는 감수성과 소통능력이 필요한 시대이다.

가끔은 TMI도 필요하다

채팅창에 '방가'라고 치던 시절만 해도 무분별한 한글파괴, 줄임이라며 우려의 시선이 많았다. 초등학교 때는 삐삐가 있었지만 만져보지도 못했고 중학교 때 처음으로 핸드폰을 쓰는 친구들이 생겼다. 문자로 줄임말을 써도 거의 청소년들의 단말기 안에만 존재하는 언어였다. 일상생활에서 줄임말을 쓰면 이상하게 여기거나 예의 없고 개념 없는 아이로 여겨지기 일쑤였다.

그런데 요즘은 '할많하않(할말이 많지만 하지 않겠다)'이나 'ㅇㄱㄹㅇ(이거레알: 이거 진짜야)' 같은 초성줄임말까지 방송에서부터 널리 쓰이고 있다. 오늘날에 비하면 그 시대의 줄임말은 참 귀여웠다.

밀레니얼 세대 중에서도 더 젊은 세대인 90년대생이 줄임말 문화를 선도하고 있다. 간단한 것을 좋아하고 효율적인 경향이 있기 때문이라고 한다. 이런 흐름 속에서 신조어를 외면해도 되는 걸까? 안타깝게도 이제는 좀 더 적극적인 적응이 필요해졌다. 식당 메뉴판이나 TV광고에서도 신조어를 쓴다. 신조어를 알지 못하면 메뉴나 광조조차도 제대로 이해할 수 없는 상황까지 왔다. 이제 돈을 쓰고 소문을 내고 소비를 주도하는 것이 밀레니얼 세대, 그중에서도 효율성, 실속, 줄임말을 좋아하는 어린 청년층이기 때문이다.

게다가 더 경제력이 있고 사회에 먼저 자리 잡은 80년대생들조차도 학창 시절부터 줄임말에 익숙하다. 특히 80년대생이 자랄 때부터 인터넷과 모바일이 엄청나게 발달하기 시작하면서 영역과 종류를 초월한 정보 공유가 생활화되었다. '호갱(호구고객)'이 되지 않기 위해 스스로 찾고, 선택하는 주도성이 몸에 밴 사람들이다.

웹제너레이션이라는 80년대생과 앱제너레이션이라는 90년대생은 이런 특징을 공유한다. 그래서 한 세대로서 막강한 응집력을 보인다. 이 사회는 그들의 사회 경제적 선택을 더 이상 간과할 수 없다. 가장 어린 2000년생들조차도 대학생이 되고 사회인이 되었다. 그들도 경제활동에 참여하기 시작했다는 뜻이다.

상황이 이렇다면 기성세대는 새로운 세대에 적응을 해야 한다. '요즘 아이들 문제야'라고 생각하는 사이 굴러온 돌이 박힌 돌 빼내듯 그들의 언어와 문화가 자리를 차지해버린다. 이 나라의 경제 주체들도 이제 변화를 문제로 인식하기보다는 적극 활용하기 시작했다.

어느 순간 나도 아르바이트가 힘들다는 제자와 문자를 하며 "샘도 현타가 올 때가 있지"라고 입력했다. 현타는 현실자각타임을 줄인 신조어이다. 자기가 처한 현실을 자각하게 된 순간이라는 뜻이다. 제자와 이런 줄임말을 쓰며 대화한다고 해서 부끄럽지 않다. 나도 사회적 인간일 뿐이다. 생각해보라. "선생님 현타와요"라고 문자를 보낸 제자에게 "현타가 뭐니, 현타가"라고 타박하면 어떻게 될지. 오히려 다른 세대로부터 시작한 언어 변화를 이해하면 언어가 매개가 되는 소통을 더 자유롭게, 더 자주 할 수 있다.

한글의 소중함과 세대를 뛰어넘는 소통이 꼭 대치될 필요는 없다. 줄임말을 많이 쓰는 10대도 좋은 책을 알아보고 읽는다. 우리말 사용에 새로운 활용법을 제시하는 새 세대의 움직임은 연구 과제이기는 하나 '문제행동'은 아니다. 아름다운 한글을 어떻게 지켜낼 수 있는지는 또 다른 교육적 과제이다.

여기저기서 단풍잎 같은 슬픈 가을이 뚝뚝 떨어진다. 단풍잎 떨어져 나온 자리마다 봄을 마련해놓고 나뭇가지 위에 하늘이 펼쳐 있다. 가만히 하늘을 들여다보려면 눈썹에 파란 물감이 든다. 두 손으로 따뜻한 볼을 쓸어보면 손바닥에도 파란 물감이 묻어난다. 다시 손바닥을 들여다본다. 손금에는 맑은 강물이 흐르고, 맑은 강물이 흐르고, 강물 속에는 사랑처럼 슬픈 얼굴 - 아름다운 순이順伊의 얼굴이 어린다. 소년少年은 황홀히 눈을 감아본다. 그래도 맑은 강물은 흘러 사랑처럼 슬픈 얼굴 - 아름다운 순이順伊의 얼굴은 어린다. _윤동주, 〈소년〉에서

윤동주의 시 〈소년〉에 나오는 순이는 윤동주가 좋아했지만 이루어지지 못한 여인이다. 윤동주의 시에는 종종 순이라는 여자가 등장하는데, 윤동주가 연희전문학교(현 연세대학교)에 입학한 후부터 좋아했던 이화여전(현 이화여자대학교)의 여학생이었다고 한다. 윤동주는 순이를 4년 가까이 짝사랑하면서도 단둘이 밖에서 만난 적도 없고 애틋한 마음만 품었다. 이 시에서도, 순이가 등장하는 다른 시에서도 순이는 아름답지만 강물처럼 흘러갈 뿐인 닿을 수 없는 그리움이다. 그래서 순이를 윤동주가 추구했지만 닿지 못했던 이상향이라고 해석하는 학자도 있다.

이 시의 순이가 "세젤예(세상에서 제일 예쁘다)"라는 말로는 표현될 수 없다는 사실을, 이 시를 읽고 느끼는 사람이라면 누구나 알 것이다. 기성세대 눈에는 철없어 보이는 10대 학생조차도 말이다.

한글의 아름다움이 시에서만 느껴질 수 있는 것은 아니다. 한글 파괴가 만연한 시대에 시나 문학으로만 한글의 가치

를 알게 해야 한다는 뜻도 아니다. 기성세대는, 그리고 교사들 중 다수는 젊은 세대가 줄임말을 즐겨 쓰고 한글을 자유자재로 바꿔 써서 표준어 맞춤법조차도 제대로 아는 것이 없을까 봐 우려한다. 하지만 젊은 세대도 우리말의 아름다움을 느낄 줄 아는 가슴을 분명 품고 있다. 그 아름다움을 어디서 느끼고 어떻게 활용하는가, 일상 속 간편함과 어떻게 공존할 수 있게 하는가는 교육자들이 고민할 문제이다. 감성과 언어의 접점 찾기. 그 안에 답이 있을 것 같다.

미지의 세대를 이해하고 공존하기 위해 우리는 세대를 말한다. 중요한 것은 세대론의 목적은 결국 모든 세대의 통합이라는 사실이다. 언어를 하나의 사례로 들었을 뿐 세대 차이는 어디에나 존재한다. 밀레니얼 세대와 이전 세대도 차이가 있고, 밀레니얼 세대 안에서도 차이가 있다. 밀레니얼 세대 이후에 올, 하지만 아직은 정확히 어떤 특성을 보일지 알지 못하는 Z세대도 또 다른 변화를 가져올 것이다.

우리는 그 결과를 예측할 수 없다. 예측이 안 되니 준비도 안 된다. 하지만 그때그때 적응할 수는 있다. 이럴 때 TMI가 필요하다. Too Much Information의 약자인 TMI는 '정보가 지나치게 많다'는 뜻으로 때로는 "너 지금 TMI야" 하면 "너 말이 좀 많다"는 뜻으로 쓰이기도 한다.

하지만 TMI가 늘 나쁘지는 않다. 내가 모르는 요즘 세대의 말을 누군가 먼저 "알고 있느냐"고 물어봐주고 알려주면 세대 화합과 소통을 위한 TMI이니 참 소중하지 않은가. 신조어들이 많다는 건 알겠는데, 알기는 귀찮다는 마음이 곧 '아, TMI야(알아야 할 게 너무 많아. 나는 피곤해)'이다. 그런 마음이 들 때 'TMI도 필요하지'라고 조금 더 반갑게 맞아주면 어떨까.

세대 이슈를 어떻게 받아들이느냐, 갈수록 점점 많아질 후배들과 어떻게 소통하느냐, 새로운 아이들 세대와는 또 어떻게 소통하느냐 하는 문제야말로 '답정너'이다. 답은 정해져 있다. 당신은 대답만 하면 된다.

말할 수 있는 자유

교대 3학년, 미국 유타대학교에서 유학할 때 일이다.

교사론 수업이었다. 교수님께서 강의에 들어가며 신문에 실린 어느 작가의 칼럼을 하나 읽어주셨다. 읽어 내려가던 중에 캐시미어 카디건에 관한 이야기가 나왔는데 갑자기 한 남학생이 손을 들었다. 교수님이 말해보라고 하자 남학생은 이렇게 말했다.

"저 어렸을 때도 엄마가 캐시미어 카디건을 입었던 게 생각이 나요."

응? 뭐지? 뭔가 대단한 이야기를 할 줄 알았는데 고작 어릴 적 엄마가 입은 카디건 이야기를 하다니? 게다가 지금 핵심은 캐시미어 카디건이 아닌 것 같은데. 초등학교에서 아이가 선생님 말씀 중에 갑자기 끼어들어서 생각나는 대로 말하는 모양새라 나는 조금 황당함을 느꼈다. 그런데 교수님의 반응이 뜻밖이었다.

"아, 그랬어요? 흥미롭네요."

영어권에서 상대방의 이야기에 호응하며 흔히 "Interesting!"이라고 하기는 하지만 영혼 없는 자동 반사가 아니었다. 교수님은 진심으로 흥미롭다는 반응을 보여주셨다. 그 말을 들은 남학생은 생글 웃었는데 마치 발표를 성공적으로 하고 뿌듯해하는 어린 학생처럼 보였다.

다른 학생들의 반응이 더 신기했다. 누구도 "지금 그 얘기가 아니잖아"라든가 "아, 그러셨어요~ 네에네에" 같은 말로 타박하지 않았다. 그냥 교수님은 지금 칼럼을 읽어주고, 한 학생은 갑자기 생각난 이야기를 하고, 다른 학생들은 모든 상황을 자연스럽게 흘려보냈다. 심지어 "캐시미어 좋죠"라고 웃으며 말을 보태기까지 했다. 순간 나는 깨달았다. 내 안에 깊숙이 뿌리박힌 '눈치 보기' 혹은 '모멸감 주기'의 근성을 말이다.

만약 우리나라 대학교에서 같은 상황이 벌어진다면 어땠을까? 교수님이 칼럼을 읽어주고 있는데 누군가 손을 들었다. 교수님에게 발언권을 허락받은 학생이 "저 어렸을 때도 엄마가 캐시미어 카디건을 입었던 게 생각이 나요"라고 했다면 대략 이런 반응들을 예상할 수 있다. 먼저 교수님은 조금 당황해서 흐흠, 하고 바로 칼럼을 계속 읽어나갔을 것이다. 무시하기이다. "내가 지금 기사 읽고 있잖아"라며 무안을 주지 않으면 다행이다. 교수님이 조금 더 친절하다면 "아, 그래요? 계속 읽을게요"라고 했을 수도 있다. 다른 학생들 중 일부는 속으로 나처럼 '뭔 시답지 않은 소리야. 지금 핵심은 그게 아니잖아. 초딩이냐?'라고 비웃었을 것이다(초등학생 여러분 미안). 어떤 학생들은 자기들끼리 눈을 마주치며 '헐, 뭐야. 쟤 좀 사차원이다' 하는 눈빛을 주고받고 있을지도 모른다. 내 상상이 과한가?

학교에서 아이들과 수업하다 보면 누군가 무언가 떠오른 대로 갑자기 말할 때가 있다. 그럴 때 종종 "알았으니까 조용히 해"라고 내 눈치를 보며 나 대신 수업 집중도를 챙겨주는 아이가 나타날 때가 있다. 그럴 때 나는 나름대로 나를 배려해준 행동이기는 하지만 그 말을 들은 아이가 민망하지 않을까 하는 생각을 자주 했다. 하지만 그 상황에서 잘못한 사람은 아무도 없다. 선생님 대신 그렇게 단호한 말로 상황 정리를 한 학생도 누군가에게 그렇게 배웠기 때문에 한 행동이니까. 그러니 별도의 말을 보태기가 좀 애매하다. 떠오르는 대로 말한 아이에게는 "아, 그랬구나. ○○야" 하고, 챙겨준 아이에게는 "괜찮아"라며 웃어줄 뿐.

아무튼 그날의 수업 광경은 나에게 신선한 충격이었다. 미국에 가서 얼마 안 있다가 겪은 일이어서 '와, 여기는 이런 분위기야?' 하고 '발언권'에 대해 부담을 완전히 내려놓는 계기가 되기도 했다. 현지 학생들만큼 영어를 잘하지 못해도, 또 약간 핵심을 벗어난 이야기인 것 같아도 자신 있고 즐겁게 말을 할 수 있었다. 누구도 나에게 무안을 주지 않았기 때문이다.

나는 왜 이렇게 무안해질까 봐 두려워하는 어른이 되었을까? '별 시답지 않은 말 하고 있네'처럼 본능적으로 불쑥불쑥 튀어나오는 타박은 어쩌다 나의 무의식 속에 자리 잡았을까?

기억을 더듬어보면 어려서부터 나는 계속 이런 말들을 들으며 사회화되었다. 학교 수업 시간에 갑자기 생각나는 대로 말한 친구가 선생님으로부터 "쓸데없는 소리 하지 마라"고 한 소리 듣는 모습을 보고 '나는 저러지 말아야지' 생각했다. 초등학교 4학년 때는 전교회의에서 기타협의 시간에 건의사항을 이야기했다가 "아, 그건 건의사항이잖아. 그것도 모르냐?"라고 6학년 오빠에게 면박을 받았다. 그 후로 공식적인 자리에서 말을 할 때는 '이렇게 말해도 될까? 틀리진 않았을까? 또 틀렸다고 면박 주면 어떡하지?' 하며 자꾸 자기 검열을 하는 습관이 들었다. 어른들에게 생각을 말했다가 "쓸, 말대꾸하지마. 어디서" 하는 꾸중을 들을 때도 있었다. 하고 싶은 말을 제때 하지 못해 억울할 때는 집에서 이불킥만 했다. 모멸감을 느끼고 싶지 않은 마음에 나 스스로 말할 수 있는 자유를 옭아맸다.

우리는 왜 그랬을까? "아, 그랬구나." "그건 기타협의가 아니고 건의사항이란다." 혹은 더 단순하게 "흠, 그래?" 정도로 반응해도 될 텐데 우리는 왜 그렇게 서로 상처를 더 주어야 했을까. 사회학자 김찬호는 《모멸감》에서 우리 사회를 '모멸감'과 '존엄'이라는 키워드로 분석한다. 이 책에 따르면 우리사회는 개인에게 모욕을 쉽게 주고 개인은 모멸감을 쉽게 느낀다.

모멸은 '정서적인 원자폭탄'이라는 비유가 있다. 그것은 인간이 인간에게 가할 수 있는 가장 무서운 폭력이며, 평생을 두고 시달리는 옹어리를 가슴에 남기기 일쑤다. 〈올드보이〉(박찬욱 감독)나 〈디스커넥트〉(헨리 알렉스 루빈 감독) 같은 영화에서 잘 묘사했듯이, 사람들 앞에서 창피를 당한 기억은 세상에 대한 증오 또는 자기에 대한 혐오를 불러일으킨다. 억울하게 수모를 당했다는 피해의식은 다른 집단에 대한 맹렬한 공격성으로 이어지기도 한다. 히틀러의 광기와 그에 열광했던 당시의 독일 국민들의 경우가 그러했다. 인간 개인의 내면 그리고 사회에는 스스로 알아차리지 못하는 어두운 심연이 있다. 매일 접하는 뉴스에서 확인할 수 있듯이, 규모와 강도에서 차이가 있을 뿐 이유 없는 저주와 맹목적인 폭행이 지금도 세계 곳곳에서 벌어지고 있다. 많은 경우 그 씨앗은 모멸감으로 밝혀진다._김찬호, 《모멸감》에서

뉴스에는 이해할 수 없는 사람들이 매일 나온다. 사실 그들이 반사회적이고 무자비한 생각과 행동을 하게 된 계기는 어쩌면 학교에서, 가정에서, 직장에서, 사회에서 우리가 매일 뿌린 말과 눈빛일지도 모른다. 그 작은 순간들이 사건에 직접

불을 당긴 방아쇠는 아니더라도 최소한 아주 오래전부터 뿌리 내린 씨앗은 될 수 있다.

내가 오늘 아이의 말을 자르고 쏘아붙인 일의 시작은, 어릴 적 내가 어른에게 받은 상처 때문일지도 모른다. 그리고 그때 남은 모멸감이 살아 있기 때문이다. 사실 사랑스러운 눈빛과 말을 주고받을 때가 더 많을 것이다. 하지만 때로는 백 번의 사랑보다 한 번의 모멸이 더 큰 일을 불러올 수 있음을 우리는 알고 있다. 그 한 번의 모멸도 자세히 들여다보면 결국 상대에게 수치심을 느끼게 해 굴복시키고자 하는, 그래서 내 자존감을 지키려는 욕구가 숨어 있다. 하지만 그렇게 지켜지는 자존감은 무력하다는 사실도 우리는 알고 있다.

이미 기술은 얼마든지 말할 수 있는 통로를 마련해주었다. SNS로, 웹북으로, 유튜브로, 블로그로 자신의 이야기를 하는 사람들이 많아졌다. 그들은 그렇게 자기 생각을 다른 사람들 앞에 내놓는 용기를 발휘했다. 자유를 행동으로 옮기는 용기에 우리는 어떤 반응을 보이는 것이 좋을까. 창의인재는 어디서 갑자기 나타나는 사람이 아니다. 창의적이고 발상이 자유로운 아이가 성장하는 터는, 서로를 존중하는 어른들이 만들어간다. 소중한 아이디어를 밖으로 표현해내는 힘도 모멸을 모르는 자존감에서 나온다.

아이의 말을 끊고 싶은 마음을 참고, 학생에게 무심코 무안 줄 뻔한 말을 삼키고, 후배를 비난하려던 생각을 떨쳐내기.

그리고 자유롭게 말 한마디 할 수 있는 짧은 시간을 잠시 기다려주기. 학교와 사회에 말할 수 있는 자유가 널리 퍼지도록 오늘 내가 할 수 있는 작은 행동을 실천하자.

10대의 '스라밸'은
누구도 이야기하지 않는다

나의 10대는 찬란했다. 모든 시간을 최선을 다해 '불태웠기' 때문이다. 미래를 위해 최대한 노력했기에 후회가 없다. 외고 아이들은 공부도 치열하게 하고 놀기도 열심히 놀았다. 설, 추석 명절 당일만 빼고 항상 학교에 갔다. 공부를 하다 고개를 들면 친구의 뒤통수가 보였다. 같이 열심히 살고 있는 누군가가 옆에 있다는 사실에 위로를 느꼈다. 쉬는 시간 10분 동안에는 대체로 6분간은 영어 문제를 풀고 5분도 안 되는 시간에 화장실을 다녀오고 잠깐 쉬었다. 그 짧은 쉬는 시간에도 아이들은 기발한 장난을 치느라 분주했다. 고등학교 때 사진을 보면 우스운 모습을 많이 하고 있다.

나는 그렇게 보낸 10대가 아쉽다. 그 어린 생기를 교실 안에 가둬둔 시간이 안타깝다. 젊음을 책상 앞에서만 보내면 안 되었다. 지금 생각하면 그때 벌인 짓궂은 장난들도 모두 나름대로 생존을 위한 이벤트였다. 그런 일들이라도 만들지 않으면 우리는 숨 쉴 수 없었는지도 모른다.

3년 내내 같은 반이었던 우리반 30명 중에 10명이 교대, 사대, 경찰대, 사관학교로 진학했다. 스무 살에 미래가 정해진 사람들이 그렇게나 많았다.

대학에 간 친구들은 항상 바빴다. 쉴 줄을 몰랐다. 취업을 하고도 마찬가지였다. 승진 공부, 이직을 위한 자격증 공부를 하거나 국가고시를 준비했다. 어학연수를 가고 인턴을 하고 스펙을 쌓았다. 내로라하는 회사에 들어간 친구는 얼마 후에 그만뒀다더니 곧 로스쿨에 갔다는 소식이 들려왔다.

친구들만큼은 아니지만 나도 틈만 나면 뭔가를 했다. 알바를 하거나, 도서관에서 책을 읽었다. 제대로 읽은 적이 없는 타임지를 그렇게 들고 다니고 새벽 영어 학원을 다녔다. 유니세프에서 봉사활동을 하고 유학을 다녀왔다. 바쁜 일이 없으면 영어든 한자든 자격증 시험이라도 봤다. 딱히 필요도 없는 텝스 시험을 공부하고 1년에 한 번씩 다시 봤다.

그렇게 나는 증명중독증에 걸려 있었다. 그런데 성인이 되고 보니 자꾸 쓸데없는 의문이 들어 나를 괴롭힌다. 그때 그렇게 견뎌야만 했을까? 그 어린 날 책상에서 보낸 시간이 백세시대에 내 앞에 남은 80년을 결정한다는 사실은 타당한가? 왜 나는 그걸 당연하다고 생각했을까? 나를 칭찬해주는 어른과

성적 증명서가 없는 성인의 삶. 이제 나는 무엇을 찾아야 하는가? 자격증 시험에 떨어지면 나는 지금 못 사는 중이고 자격증 시험에 붙으면 잘 사는 중인가?

오직 자기 자신이 되어야 한다는 명령이 아니라 성과를 향한 압박이 탈진 우울증을 초래한다. 그렇게 본다면 소진증후군은 탈진한 자아의 표현이라기보다는 다 타서 꺼져버린 탈진한 영혼의 표현이라고 해야 할 것이다. 에랭베르에 따르면 우울증은 규율사회의 명령과 금지가 자기 책임과 자기 주도로 대체될 때 확산되기 시작한다. 그러나 실제로 인간을 병들게 하는 것은 과도한 책임과 주도권이 아니라 후기근대적 노동사회의 새로운 계율이 된 성과주의의 명령이다. _한병철, 《피로사회》에서

《피로사회》에 따르면 나를 몰아댄 증명중독증은 다른 말로 소진증후군이었고, 나는 탈진 우울증에 빠질 수도 있는 잠재적 환자였다. 정말로 우울증에 빠지지 않은 이유는 신세가 비슷한 친구들과 웃고 울고 하며 서로 마음을 다독인 덕분일까? 아니면 긍정적인 성격 때문일까.

이 책은 긍정성에 대해서도 의문을 던지며, 현대의 신경성 질환들은 긍정성의 과잉에서 온 병리적 상태라고 말한다. 열심히 하는 게 좋은 거고, 좋은 게 좋은 거라는, 나는 잘 살고 있다는 긍정적인 다짐과 끊임없는 채근이 사실은 사람을 지치

게 한다는 것이다. 무언가 끊임없이 생산적인 일을 해내야 한다는 긍정성이 지나치면 인간에게 돌아보고 생각하게 하는 심심함을 허락하지 않는다. 그렇게 현대인의 정신은 병이 든다는 철학자의 분석이 충격적이었다. 자신이 주체가 되어 선택하고 열정적으로 해나가는 줄 알지만 그조차도 착각일 수 있다는 말은 냉정한 직언처럼 들렸다.

우리나라는 세계적으로 자살률이 높기로 유명하다. 2018년 기준으로 10만 명당 26.6명이다. OECD 국가들 중 최상위이며 11.3명인 OECD 평균의 두 배 이상이다. 그중 10~19세의 자살률은 5.8명, 20~29세로 올라가면 17.6명으로 크게 늘어난다. 2018년 통계청에서 실시한 사회조사에서 〈연령별 자살 충동 이유〉 통계를 보면 13~19세인 10대의 자살 충동 이유 1위는 성적 및 진학 문제로 35.7퍼센트에 달한다. 20~29세의 자살 충동 이유 1위는 경제적 어려움으로 25.9퍼센트이고 직장문제가 24.8퍼센트로 2위이다. 그다음은 외로움과 고독으로 14.1퍼센트이다. 10대 역시 13.1퍼센트가 외로움과 고독을 꼽았다.

나는 이 통계수치가 '스라밸 없는 10대를 보낸 후 20대에 맞는 무력감과 무의미'와 관련이 있다고 생각한다. 또 10대의 삶이 20대에 미치는 영향이 너무나 큰 사회와도 관련이 있다고 본다. 그러나 10대의 스라밸Study-Life-Balance은 누구도 이야기하지 않는다. 우리 사회는 스라밸 없는 10대의 삶을 너무나 당연하게 받아들이고 유지하고 있다. 젊음을 억압하느라 응어리진 10대의 피로를 희생이 아니라 '바람직한 젊음의 헌신'으로 포장한다.

고등학교 1학년 자습 시간에 박완서의 《나목》을 읽고 있었다. 나 나름대로 스라밸을 유지하기 위한 방법이었다. 자습 감독 선생님께서는 "너는 자습시간에 다른 책을 좀 자주 보더구나. 자습시간에는 '이런 건' 읽지 말자"고 권유하셨다. 선생님이 나빠서가 아니고 나를 위해 하신 말씀이라는 사실 자체가 안타까운 현실이다.

앞으로 다가올 디지털혁명은 지금껏 보아온 어떤 혁명보다도 변화가 클 것이라는데, 산더미 같은 문제집, 시험지, 사교육시장과 변화 없는 학교만이 과거의 영광을 붙잡고 있다. 교육은 사회를 외면하고 있다. 사회도 교육을 외면한다. 쌍방과실이다. 스라밸 외면하기는 미필적 고의이다.

17년 전 《나목》을 읽던 학생은 이제 사회인이 되었다. 그 사회인이 이제는 부모가 되어 아이를 키운다. 아이는 교육을 받고, 커서 사회로 나갈 것이다. 그렇게 교육의 문제는 사회의 문제가 되고 순환한다. 사회에 대한 성찰 없이는 교육을 말할 수 없는 이유다.

우리는 모두
자기 자신이고 싶다

　솔직한 고백으로 긴 이야기를 마무리하려고 한다. 나는 미술치료를 받았다. 성당 아기학교에 엄마들을 위해 미술치료를 해주시는 분이 있어 받을 기회가 생긴 덕분이다. 처음으로 나 자신과 제대로 대면하는 시간을 보냈다.

　시작은 아이에게 좋은 엄마가 되기 위해서였는데 한 회기씩 치료에 참여할수록 나를 위해 필요한 시간임을 절감했다. 내 안에 오랜 시간 억압된 무언가가 잠들어 있었다. 교대 입학 이후 15년간 알 수 없는 답답함을 느끼면서 초등교사로서의 삶에 의문이 끊이지 않았던 이유를 알게 되었다. 먹고살 걱정보다 자기답고 행복한 일을 찾으라고 누군가 알려주었더라면, 충분한 탐색과 실패와 고민의 기회가 있었더라면 아마도 초등교사를 선택하지 않았으리라는 사실을 깨달았다.

그동안 너무 쉼 없이 공부하며 달리듯 살아왔다. 초등학생 때 우연히 시험에서 1등을 해보며 인정의 맛을 알게 된 이후에는 석차와 스펙이 될 만한 모든 증명거리에 집착하며 살았다. 교대 입학은 더 없이 좋은 증명서였다. 공부 좀 했다는 능력치를 증명하고 사회적 명예와 경제적 안정성도 보장된 길이었다.

그런데 이러한 선택을 해오는 과정 어디에도 나 자신에게 집중한 과정은 없었다. 성향과 기질이 이 일과 얼마나 맞을 것인지, 이 일을 할 때 즐겁고 만족할 수 있을지에 관한 물음은 없었다. 예비교사로 5년, 현직교사로 6년을 지낸 후 처음으로 휴식기에 들어서야 되물었다. 학교에 돌아가야 할 이유로 안정성과 워라밸 외에 또 무엇이 있을까? 교사로 살아야 하는지에 대한 물음은 곧 정체성에 대한 고민이었다. 교사로서 나의 정체성은 정말 안정성과 워라밸이 다인가. 이 부끄러운 질문을 하기까지 참 오래도 걸렸다.

초등교사가 되고 싶다는 생각을 해본 적이 없었는데도 교대에 입학한 사람으로서, 꿈꿔본 적 없는 일에 닿게 한 힘이 무엇인지 밝히고 싶었다. 87년에 태어난 일과 초등교사가 된 사실이 서로 관련이 있다고 생각했다. 또 마침 내가 속한 밀레니얼 세대가 사회의 화두가 되었고, 워라밸을 꿈꾸는 사람들에게 내 직업의 조건은 더없이 훌륭했다. 안정적으로 생계를 이어가는 능력자로서 살아남는 게 미션이 된 치열한 경쟁사회에서 나의 불만은 배부른 돼지의 허세처럼 여겨지는 것 같아 망설였지만 이제는 말하고 싶다. 교육전문가로서 학교, 교육, 사회에 대해 솔직하고 당당하게 말할 수 있는 교사이고 싶다.

특히나 밀레니얼 세대로서 직면한 교육문제와 미래사회에 대해 고민하지 않을 수 없었다. 우리가 살아갈 세상은 선배세대가 살아온 세상과 분명 다르기 때문이다. 교직의 장점인 안정성은 4차 산업혁명을 중심으로 일어날 직업, 환경적 변화로 인해 이제는 더 이상 유효하지 않다. 변화하는 현실을 제대로 알고 성찰하지 않는다면 교사 개인의 불행으로 그치지 않고 사회적·교육적 손실로 이어질 것이다.

이런 생각에 공감하고 함께 고민해준 사람들이 있어서 참 감사했다. 이 책을 낼 수 있었던 것은 세대와 직업, 교육과 사회에 대해 문제의식을 공유하고 공감하며 생각을 나누어 준 사람들 덕분이다. 올해 발령받는 97년생부터 20년 이상의 고경력 교사들까지 여러 분들이 나의 질문에 진지하게 답해주었다. 수다를 떨다가도, 메신저로 어느 날 갑자기 던진 질문에도 그들은 최선을 다해 생각을 나누어주었다. 교사로서, 한 인간으로서 신념과 생활을 돌아보며 질문에 성심성의껏 답하는 모습들을 보자니 교사란 얼마나 직업과 소명을 삶 안에 녹여내는 사람들인가 실감했다. 많은 교사가 평소에 자신의 일과 삶을 성찰하고 굳건한 철학을 지키며 살고 있었다. 그들 덕에 나 혼자만의 세계에 갇혀 있을 뻔했던 생각들이 열리고 다듬어졌다. 100여 명의 교사를 취재하며 세대를 뛰어넘어 서로 이해하는 과정을 직접 보고 겪은 점은 참 감사한 경험이다.

베이비붐 세대로서 언제나 교육전문가 못지않은 통찰력과 혜안으로 함께 고민해주시는 부모님께도 감사하다. 대화와 존중으로 나를 키워내신 부모님 덕분에 나는 의문을 가진 지성인으로 성장할 수 있었다.

교사이기 전에 한 인간으로서 행복한 길을 찾고 싶다. 풍족하다고 여겨지는 삶의 방식에 대한 사회적 인식이나 성별, 나이와 경력에 따라 자연스럽게 따라다니는 '교사는, 여교사는, 남교사는, 경력교사는, 초임교사는 어떠해야 한다'는 선입견과 편견은 남의 눈치만 살피게 하는 프레임이다. 모두 이 틀에서 좀 더 자유로워졌으면 한다.

전 세대를 통틀어 발견한 공통점 한 가지가 있다. 우리는 모두 자기 자신이고 싶은 사람들이라는 것이다. 어떤 압박에도 자유롭게 자기다운 모습으로 사는 것은 모든 세대의 과제였다. 밀레니얼 세대 교사들이 교사이기 이전에 한 사람으로서 행복하기 위해 노력하는 것처럼, 선배 세대 교사들도 마찬가지로 애쓰고 있었다. 교사를 향한 온갖 시선 속에서도 소신을 지키고, 평교사로서 자랑스럽게 늙어가며 자기 모습으로 살아내는 교사들이 학교에 있다. 후배교사들이 선배교사들을 존경과 이해의 눈빛으로 대하고 있었다는 것 또한 반갑고 다행스러운 발견이었다. 부디 이 책이 세대를 뛰어넘어 서로를 이해하고 대화하는 데 도움이 되길 바란다.

'87년생 초등교사'라는 말로는 나를 다 담아내지 못한다. 모두 마찬가지일 것이다. 몇 년생 초등교사든 회사원이든 엄마든 학생이든 무엇이든 상관없이 프레임을 걷어내고 있는 그대로의 모습으로 당당하게 살길 바란다. 사회의 영향을 받지 않는 개인은 존재할 수 없다. 그러나 조금 더 신중하게 말을 던지고 자신을 돌아볼 시간과 기회를 충분히 준다면, 교육이라는 틀로 자아를 억누르기보다는 각자 고유한 이야기에 귀를 기울여준다면, 그렇게 한 사람 한 사람에게서 시작된 변화가 세상을 바꿔나갈 것이라고 믿는다.

모두가 자기 자신일 수 있는
교육과 사회를 꿈꾸며
송은주

1 〈Enjoy the Waves 밀레니얼을 만나다〉, 인디스쿨, 2018.
2 양민경, "밀레니얼 세대를 입사, 퇴사하게 만드는 것들", 〈HR블레틴〉, 2018. 05. 17. 통계 출처는 〈2018 Deloitte Millennial Survey〉, 중복응답 가능 결과 이다.
3 동그라미재단·진저티프로젝트, 〈매거진 밀레니얼Magazine Millenial〉 제1권 제1호, 2016. 12.
4 조봉수, 《미래의 교육, 올린》, 스리체어스, 2017.
5 교육공무원 승진규정(2019. 02. 28 기준).
6 "지방 안테나", 〈연합뉴스〉, 1990. 05. 09.
7 박수진, "광주·전남 새내기 교사 성별·과목별 '성비 불균형'", 〈전남일보〉, 2019. 02. 10.
8 장지연 외 4인, 〈여성근로자 모성보호의 현황과 정책방안〉, 한국노동연구원, 2004.
9 〈2018 통계로 보는 여성의 삶〉, 통계청·여성가족부, 2018.
10 최병식, 〈여성잠재인력의 활용방안〉, 한국노동연구원, 1997.
11 최유란, "교대 입학생 10명 중 4명이 재수생… 연도별 교대 입학자 성비, 재수생 비율 분석해보니", 〈에듀동아〉, 2019. 02. 11.
12 임주환, "[법률프리즘] 훈육과 아동학대 어떻게 구분할까", 〈주간경향〉, 2019.

07. 22.

13 한주형, 〈소규모학급 아동의 사회성 관찰에 따른 적정학급규모 분석 연구〉, 한국교원대학교, 2019. 이 연구에서는 사회성의 요소를 '경쟁성, 능동성, 사교성, 우호성, 책임성'으로 나누어 분석하였다. '교원 1인당 학생수'를 따져야 하는가, '학급당 학생수'를 따져야 하는가에 대한 논란이 있지만, 통계자료를 보면 두 가지 교육지표가 큰 흐름은 같이한다고 보여 이 글에서는 한 학급에서 1시간 수업을 주로 교사 1인이 가르친다는 상황을 고려하여 함께 쓰였다.

14 래리 존슨·메간 존슨, 《세대 주식회사》, 위너스북, 2012.

15 Carl Benedikt Frey·Michael A. Osborne, 〈The Future of Employment: How Susceptible are Jobs to Comp uterisation?〉, Oxford University, 2013.

16 〈2019 초·중등 진로교육 현황조사〉, 교육부, 2019. 12.

17 배정원, "기계와 결합하라, 로봇보다 강한 인간 되려면", 〈조선비즈〉, 2016. 1. 30.

18 니콜라스 카, 《생각하지 않는 사람들》, 청림출판, 2011.

19 김광호, "이곳이 '국제학교 끝판왕'…23개국 어린이 다니는 안산 원곡초교", 〈연합뉴스〉, 2019. 04. 20. 기사 제목에는 '국제학교'라고 되어 있으나 정확하게 말하면 다문화영역 국제혁신학교로 지정된 초등학교이다.